D1747170

Warum Start-ups und Produkte floppen

Tina Müller, Dr. Hans-Willi Schroiff

Warum Start-ups und Produkte floppen

Die 10 Todsünden des Marketings im Zeitalter der Digitalisierung

2. Auflage

Haufe Group
Freiburg · München · Stuttgart

Bibliografische Information der Deutschen Nationalbibliothek

Die Deutsche Nationalbibliothek verzeichnet diese Publikation in der Deutschen Nationalbibliografie; detaillierte bibliografische Daten sind im Internet über http://dnb.dnb.de abrufbar.

Print:	ISBN 978-3-648-13609-6	Bestell-Nr. 01641-0002
ePub:	ISBN 978-3-648-13610-2	Bestell-Nr. 01641-0101
ePDF:	ISBN 978-3-648-13611-9	Bestell-Nr. 01641-0151

Tina Müller, Dr. Hans-Willi Schroiff
Warum Start-ups und Produkte floppen
2. Auflage, Mai 2020

© 2020 Haufe-Lexware GmbH & Co. KG, Freiburg
www.haufe.de
info@haufe.de

Bildnachweis (Cover): © Haufe

Produktmanagement: Judith Banse
Lektorat: Peter Böke

Dieses Werk einschließlich aller seiner Teile ist urheberrechtlich geschützt. Alle Rechte, insbesondere die der Vervielfältigung, des auszugsweisen Nachdrucks, der Übersetzung und der Einspeicherung und Verarbeitung in elektronischen Systemen, vorbehalten. Alle Angaben/Daten nach bestem Wissen, jedoch ohne Gewähr für Vollständigkeit und Richtigkeit.

Inhaltsverzeichnis

Vorwort zur 1. Auflage 9
Vorwort zur 2. Auflage 11

1	Einleitung	15
2	Die zehn Todsünden des Marketings	31
2.1	Todsünde Nr. 1: Kein einzigartiges und relevantes Marken- oder Produktkonzept, keine relevante Geschäftsidee	31
2.2	Todsünde Nr. 2: Keine Konsumentenorientierung	33
2.3	Todsünde Nr. 3: Keine Integration von Schwarmintelligenz und Co-Kreation	35
2.4	Todsünde Nr. 4: Keine empirische Überprüfung von Ideen und Konzepten	37
2.5	Todsünde Nr. 5: Keine klare Markenpositionierung	38
2.6	Todsünde Nr. 6: Keine Konsistenz zwischen Produktkonzept und Markenpositionierung	39
2.7	Todsünde Nr. 7: Keine Logik zwischen Marke und Marketing-Mix	41
2.8	Todsünde Nr. 8: Keine realistische (Finanz-)Planung	43
2.9	Todsünde Nr. 9: Fehlende Einführungskontrolle und falsche Korrekturmaßnahmen	44
2.10	Todsünde Nr. 10: Keine Organisationshygiene und politisches Powerplay	45
3	Innovation – Vom Consumer Insight zum Produktkonzept	47
3.1	Kein einzigartiges und relevantes Marken- und Produktkonzept	47
3.2	Keine Konsumentenorientierung	67
3.3	Keine Integration von Schwarmintelligenz und Co-Kreation	90
3.4	Keine empirische Überprüfung von Ideen und Konzepten	101
4	Marketing-Mix – Vom Produktkonzept zum Markenartikel	107
4.1	Keine klare Markenpositionierung	107
4.2	Keine Konsistenz zwischen Produktkonzept und Markenpositionierung	119
4.3	Keine Logik zwischen Marke und Marketing-Mix	129

5	Erfolgskontrolle – Von der Produkteinführung zum profitablen Wachstum	173
5.1	Keine realistische (Finanz-)Planung	173
5.2	Fehlende Einführungskontrolle und falsche Korrekturmaßnahmen	182
5.3	Keine Organisationshygiene und politisches Powerplay	195
6	Zusammenfassung und Ausblick	205

Literaturverzeichnis	211
Abbildungsverzeichnis	215
Stichwortverzeichnis	217
Die Autoren	221

Vorwort zur 1. Auflage

Niemand von uns beiden hatte die Absicht, ein Buch zu schreiben. Dass es dennoch dazu gekommen ist, beruhte – wie so oft im Leben – auf einer gehörigen Portion Zufall, der eine Konstellation von Bedingungen brennglasartig zu einer Situation verdichtete, die letztendlich bei uns zu dem spontanen Entschluss führte, unter die Buchautoren zu gehen.

Eine wichtige Vorbedingung ist sicherlich die, dass wir beide uns schon lange kennen. Fast 20 Jahre haben wir im gleichen Unternehmen zusammengearbeitet immer im Marketing und immer in der Marktforschung. Nicht immer konfliktfrei und nicht immer der gleichen Meinung, aber immer mit einer großen Wertschätzung füreinander.

In dieser Zusammenarbeit lassen sich neben den Erfolgen in der Tagesarbeit zwei Meilensteine feststellen: zunächst unsere gemeinsame konzeptionelle Arbeit an einem Programm, wie man die interne Innovationskraft eines Unternehmens global einfangen kann – die Entwicklung und Umsetzung einer »Innovation-Lounge« wurde zu einem großen Erfolg und innerhalb des gesamten Unternehmens weltweit ausgerollt. Und dann natürlich die gemeinsame Arbeit an einer großen Marke und einer wirklich großen und bahnbrechenden Innovation im deutschen Haarmarkt, die im Wesentlichen dafür verantwortlich war, dass wir 2009 den »Deutschen Marketingpreis« entgegennehmen durften. Unsere anschließende gemeinsame »Tournee« in 2010 durch die Marketingclubs Deutschlands schärfte in den Diskussionen unser Bewusstsein dafür, welche Dinge eher funktionieren als andere.

Die andere wichtige Vorbedingung für unsere Entscheidung, ein Buch zu schreiben, ist die, dass wir beide unabhängig voneinander fast zum gleichen Zeitpunkt dieses Unternehmen verlassen haben. Aus unterschiedlichen Gründen, aber mit der gleichen Motivation: Wir wollten beide etwas anderes machen. Und diese plötzliche geistige und »kalendarische« Freiheit lieferte punktgenau den Gratismut zu der Entscheidung, unsere gemeinsamen und doch so unterschiedlichen Erkenntnisse und Erfahrungen einmal als eine Art »persönlichen Erfahrungsbericht« zu systematisieren und aufzuschreiben.

Getroffen wurde die Entscheidung übrigens auf Vorschlag von Tina Müller auf dem Golfplatz »Hummelbachaue« bei Loch 3. Bei Loch 18 hatten wir schon eine Art Grobkonzept und beim abschließenden Weizenbier sortierten wir bereits mögliche Verlage. So schnell geht das immer bei uns. Das Rennen machte der Haufe Verlag, der unsere Idee begeistert aufgriff und uns bei der Realisierung dieses Projektes in jeder Hinsicht fantastisch unterstützt hat. Wir sind beide in formalen Dingen etwas pflegebedürftig, und daher danken wir ganz herzlich Jutta Thyssen für ihre Betreuung und

Peter Böke, der als Lektor unsere Manuskripte behutsam einer breiteren Lesbarkeit zuführte. Helmut Haunreiter hat uns ebenso kundig an die Hand genommen, als es um die Abbildungen ging.

Nun müssten wir eigentlich eine ganze Reihe von Weggefährten aufzählen, die uns über die Jahre in unseren Funktionen begleitet haben und die ganz erheblich dazu beigetragen haben, unseren Blick für das Wesentliche zu schärfen und das Wichtige vom Unwichtigen zu trennen. Stellvertretend bedanken wir uns bei Dr. Cordula Krüger, die mit ihren strategischen Analysen als Seismograf unserer Markenarbeit immer wieder den Finger in die Wunde gelegt und damit unsere Sinne geschärft hat, sowie bei Dr. Hans-Georg Häusel, der uns einen inhaltlichen Orientierungsrahmen für die immer komplexer werdende Markenarbeit geliefert hat. André Kemper, Kai Roeffen, Valerie Accary und Joerg Herzog haben mit überzeugender Kreativität unsere Kommunikationspolitik mitgestaltet. Vera Portz, Alexander Schild und Ralf Schipper verliehen den Werbefilmen einen hochklassigen überzeugenden Look und Nicole Weber sorgte für die herausragende PR-Arbeit. Dr. Gottfried Engels war und ist im Bereich Marktforschung immer ein Garant für Anregungen und wichtige Umsetzungsarbeit.

Nicht zuletzt ist das Schreiben eines solchen Buches auch nicht ohne Auswirkungen auf das persönliche Zeitbudget – ganz besonders danken wir daher Marina Kosse, die einem von uns vor allem in der Schlussphase kräftig unter die Arme gegriffen hat und ihm alles aus dem Weg schaffte, was irgendwie fortzuschaffen war.

Und ganz zum Schluss noch das Wichtigste: Unser Buch ist keine wissenschaftliche Abhandlung, keine Doktorarbeit, Habilitationsschrift oder eine andere Form eines akademischen Initiationsritus, kein Bericht für eine Forschungsgesellschaft, irgendwelche Stiftungen oder dergleichen, sondern die schriftliche Niederlegung der persönlichen Meinung von zwei Personen, die wir auch als solche verstanden wissen wollen. Das bedeutet, dass wir manchmal einfach Ansichten äußern, die wir nicht bis in die zehnte Nachkommastelle mit Signifikanztests belegen bzw. mit Endlos-Fußnoten und Myriaden an Literaturzitaten versehen werden.

Und nun geht es los! Viel Spaß beim Lesen und Nachdenken.

Düsseldorf, im August 2013
Tina Müller und *Hans-Willi Schroiff*

Vorwort zur 2. Auflage

Seit wir 2012 die erste Auflage von »Warum Produkte floppen« geschrieben haben, ist so manches passiert.

Zunächst mal mit uns beiden. Tina Müller hat eine Zeitlang als Marketingvorständin bei Opel die Marketingkampagne »… im Kopf umgeparkt« konzipiert. Und man hat an ihrem Beispiel festgestellt, dass Erfolge im Marketing nicht davon abhängen, dass man jahrelang in einer Branche gearbeitet haben muss, um erfolgreich zu sein. Dann ist sie 2017 CEO von »Douglas« geworden und hat sich wieder mit der Kosmetik beschäftigt, allerdings diesmal aus der Perspektive eines Handelsunternehmens. Über die Herausforderungen und Erfolge wird sie in diesem Buch berichten.

Hans-Willi Schroiff hat mit seinem Beratungsunternehmen »MindChainge« Kunden aus vielen Branchen und Ländern » … den Kopf verdreht« und sie Dinge anders denken lassen, damit sie bewusst anders handeln können. Auch hier gilt die allgemeine Erkenntnis, dass ein grundsätzliches Kundenverständnis als Erfolgsfaktor branchenspezifische Kenntnisse in den Schatten stellt. Seine Lehrveranstaltungen mit vielen Master-Studierenden an der RWTH in Aachen, an der Tuck School of Business (Dartmouth College) in Hanover (USA) und an der European Business School in Oestrich-Winkel haben entscheidend dazu beigetragen, jüngere (digitale) Zielgruppen besser verstehen zu können und ihnen kontemporäre Angebote zu machen. Auch in Zeiten der Agilität bewahrheitet sich sein Credo von der höheren Erfolgswahrscheinlichkeit durch ein regelgeleitetes Handeln bei der Konzeption und Einführung neuer Produkte.

Und dabei haben wir uns natürlich im Laufe der Jahre auch verändert und viele von unseren Behauptungen und Thesen aus der ersten Auflage auf den Prüfstand stellen können. Und am eigenen Leib erfahren können, ob das, was wir glauben, leben und lehren, tatsächlich auch zu besseren Entscheidungen und zu einem größeren Unternehmenserfolg führt. Darüber wird zu berichten sein.

Aber auch im Markt hat sich eine Menge verändert. Vieles von dem, was wir 2012 noch für gegeben und richtig erachtet haben, ist durch die Zeitläufte angenagt bzw. hinweggespült worden. Daher bedarf es dringend einer Revision der Randbedingungen, was wir vor nicht allzu vielen Jahren noch als gesetzt betrachtet haben. Das ist ein weiterer Grund für einen Kassensturz und die Prüfung, was davon aus unserer Sicht relevant ist und was wir getrost als vorübergehende Erscheinung betrachten sollten.

Der Haufe Verlag war es daher auch wieder, der uns sechs Jahre später empfohlen hat, das Buch zu aktualisieren und mit unseren neuen Erfahrungen anzureichern. Es ist viel passiert in den letzten Jahren. Erfolgreiche Markenarbeit im digitalen Zeitalter ist sehr viel komplexer und anspruchsvoller geworden. Gerade auf der Handelsseite erleben wir einen Schwarm von neuen Gründermarken und Start-ups, die mit Neuprodukten und Dienstleistungen den Markt erobern wollen und in die Regale und auf die E-Commerce-Plattformen und Marktplätze drängen. Die Floprate ist enorm. Um so wichtiger ist es, sich auf die Erfolgsfaktoren zu besinnen, die in der heutigen Zeit genauso gelten wie vor Jahren. Diese Erfolgsfaktoren gelten für Produkte und Dienstleistungen, für jede Geschäftsidee.

Deshalb nehmen wir auch in Anspruch, ein praktischer Guide für alle Gründer und Start-up-Unternehmen zu sein, denn wer auch immer mit einer neuen Idee am Markt bestehen will, muss sich die eine entscheidende Frage stellen: Ist die *Idee* für ausreichend viele Kunden relevant, um damit, wenn auch nicht sofort, aber irgendwann profitabel zu sein, und differenziert sie sich genug vom Markt. Nur wenn beide Fragen mit Ja beantwortet werden, hat eine Start-up eine Chance auf Erfolg. Der Schwarm der neuen erfolgreichen Start-up- und Gründermarken hat traditionelle Marken mehr als früher unter Druck gesetzt, sich weiterzuentwickeln und neue relevante Angebote zu schaffen. Wir beschäftigen uns damit, wie man Traditionsmarken disruptiert, um weiter erfolgreich zu bleiben. Das bedarf heute nämlich deutlich mehr Mut und deutlich größerer Schritte. Jeder Markenmanager in großen Konsumgüterkonzernen steht heute vor der Herausforderung dieses schnellen Wandels und muss aufpassen, dass die Marke für Innovationen nicht zum Negativ-Halo wird, da das traditionelle Image der Marke sogar negativ auf neue Angebote abstrahlt. Was dann? Anhand einiger Beispiele werden wir Wege aufzeigen, sich wieder neu zu erfinden, ohne den Kern der Marke zu beschädigen.

Obwohl sich vieles verändert hat, unterliegt der Konsument bzw. Nutzer zwar einer zunehmenden Vielzahl von äußeren Anstößen, die seine Präferenzen beeinflussen. Aber im Kern ist und bleibt der Verbraucher ein (menschliches) analoges Wesen, der mit allen Emotionen und Irrationalitäten eine Kaufentscheidung fällt ... und dabei immer recht hat.

Lange Rede, kurzer Sinn. Diese Neuauflage wird unsere grundlegenden Aussagen von 2013 nicht völlig auf den Kopf stellen. Aber wir werden an vielen Punkten präziser auf die sich verändernden Randbedingungen in der Konzeption und Vermarktung eingehen und damit unsere Mission auf eine kontemporäre Handlungsplattform heben.

In diesem Sinne wünschen wir unseren Lesern vergleichbare »Aha-Erlebnisse«, wie wir sie in den letzten sieben Jahren für uns verbuchen konnten.

Auch an dieser Stelle müssen wir uns bei einer Reihe von Personen bedanken, die uns seit 2012 mit neuen Ideen und Sichtweisen begeistert haben.

Tina Müller dankt ihren Wegbegleitern, die sie so tatkräftig unterstützt und ihr die Freiheit gelassen haben, große deutsche Traditionsmarken zu transformieren und wieder fit für die Zukunft zu machen.

Hans-Willi Schroiff dankt seinen Beratungskunden für viele herausfordernde Diskussionen und Situationen und seinen akademischen Kollegen, Doktoranden und Master-Studenten von der RWTH Aachen, der Tuck School of Business und der European Business School (EBS) für neue Einsichten.

Düsseldorf und Neuss, im Januar 2020
Tina Müller und *Hans-Willi Schroiff*

1 Einleitung

In jedem Jahr werden in Deutschland eine große Zahl an Produkten und Dienstleistungen neu eingeführt. Teilweise ersetzen sie bestehende Produkte, teilweise sind es mehr oder minder substanzielle Variationen bestehender Produkte und teilweise sind es völlig neue Angebote. Alle werden lanciert in der Hoffnung, dass sie sich im jeweiligen Markt erfolgreich platzieren und dem Unternehmen Umsatz und Ertrag bescheren, um dessen oberstes Unternehmensziel – profitables Wachstum – zu erfüllen.

Leider bestätigt sich diese Hoffnung nicht immer, die Rechnung geht nicht in allen Fällen auf. Unterschiedlichste Untersuchungen zeigen immer und immer wieder, dass sich die meisten dieser Hoffnungsträger nicht dauerhaft in ihrer Kategorie verankern können. In der ersten Ausgabe von »Warum Produkte floppen« (2013) haben wir uns auf faktenbasierte Aussagen von renommierten Marktforschungsinstituten wie der Gesellschaft für Konsumforschung (GfK) oder Nielsen bezogen. Je nach Erhebungsmethode finden sich zwischen 60 bis 80 Prozent aller Neueinführungen ein Jahr später im Handel nicht mehr wieder. Sie sind einfach verschwunden – und zwar meistens, ohne große Aufmerksamkeit erregt zu haben. Oder sie haben am Anfang zum Beispiel über Social Media einen guten Start, der nachhaltige Erfolg stellt sich jedoch nicht ein. Wohlgemerkt, hier handelt es sich nicht um ein singuläres Ereignis – nein, dieses Phänomen lässt sich Jahr für Jahr mit schöner Regelmäßigkeit bestätigen, Tendenz in der von Start-ups durchdrungenen Wirtschaft eher steigend. Das wirft eine Reihe von Fragen auf.

Zunächst die Frage, wie das passieren kann. Ist nicht jede Bilanzpressekonferenz getragen von dieser kollektiven Hoffnung auf Erfolg und werden dort nicht der Financial Community Aussagen präsentiert, die jeden Zweifel an Realisierung der Unternehmenserfolge im Keim ersticken? Niemand stellt offensichtlich zu diesem Zeitpunkt infrage, dass irgendetwas nicht klappen könnte.

Dann die Frage, warum das hinterher anscheinend keiner merkt. Oder zumindest nicht so offen darüber spricht. Wenn man schon eine Innovationsquote PR-mäßig propagiert, dann könnte man auch Flopraten in der gleichen Art und Weise kundtun. Das tut natürlich niemand, weil das der kollektiven Euphorie abträglich ist und auch ein ganz schlechtes Licht auf die verantwortlichen Manager wirft – aber ehrlicher wäre es schon, vor allem den Aktionären des Unternehmens gegenüber.

Es ist müßig, sich um Prozentzahlen zu streiten und ob es ein bisschen mehr oder weniger sein kann, aber Sie haben richtig gelesen: Deutlich mehr als die Hälfte aller neuen Produkte und Marken wird zwölf Monate später wegen offensichtlicher Erfolglosigkeit wieder aus den Regalen des Handels entfernt. Und bedauerlicherweise scheint es sich um ein alljährlich wiederkehrendes Phänomen zu handeln – und nicht um eine temporäre Ausnahme. Seit der ersten Auflage dieses Buches (2013) sind uns keine Untersuchungen bekannt, aus denen schlüssig hervorgeht, dass sich die Befunde von damals grundsätzlich verändert haben. Im Gegenteil – addiert man die große Dunkelziffer der Neueinführungen mit einem wie auch immer gearteten »digitalen Nutzen«, so können wir mit Sicherheit keine Besserung der Verhältnisse konstatieren: Der Großteil der Aktivitäten verschwindet immer noch stillschweigend in den Archiven der Anbieter-Unternehmen.

Heißt das, dass sich nach weiteren sechs Jahren praktisch nichts getan hat und wir nach wie vor den gleichen Status quo kommentieren werden, den wir bereits 2013 diskutiert haben? Das ist keineswegs der Fall – im Gegenteil. Seit dem Erscheinen der ersten Auflage sind wir alle Zeugen einer immer weiter fortschreitenden Digitalisierung von Produkten und Dienstleistungen geworden. Die wirkte besonders stimulierend und generierte eine willkommene Aufbruchstimmung bei Gründerinnen und Gründern, die wir als »Start-up-Mentalität« kennengelernt haben. Neue Konzeptionen des Produktentwicklungsprozesses (z. B. »Agilität«) sind hinzugekommen, die auch dazu geführt haben, dass sich Prozesse bei der Neuproduktentwicklung einer immer stärker werdenden Anforderung nach Verschlankung und der Kompression von Zeit und Kosten unterwerfen mussten. Mehr und mehr machen sich Grundhaltungen breit, wonach auch nicht final marktreife Produkte gelauncht werden – weil die Entwicklung eines Produktes nie aufhört, sondern ständige Weiterentwicklung die Regel ist, die aufgrund von schneller Rückmeldung durch die Nutzer nie aufhört. Traditionell geprägte Entwicklungszyklen, die einen Launch z. B. nur dann vorsehen, wenn das Produkt in der Entwicklung wirkliche Marktreife erlangt hat, geraten da im öffentlichen Meinungsbild dynamischer Macher leicht ins Hintertreffen.

Nicht zuletzt hat sich damit der Prozess der Ideengenerierung bzw. der Entwicklung von Prototypen in großen Teilen verändert.

Viele Unternehmen praktizieren mittlerweile Kosten-, Zeit- und Risikominimierung bei ihren Neuprodukt-Pipelines, indem sie ihre Entwicklungsschiene nach extern verlagern und sich mehr und mehr auf ein extensives Start-up-Monitoring beschränken. Die vielversprechendsten Start-ups werden dann von den Unternehmen absorbiert – also gekauft und in eine bestehende Unternehmensstruktur einverleibt. Was auf den ersten Blick durchaus Sinn zu machen scheint, erweist sich in den meisten Fällen als problematisch (vgl. Pöhler, 2019). Fragen wie z. B. die Tiefe der Integration in das neue Unternehmen und in dem Zusammenhang die Übernahme bzw. Neubesetzung der Führungsmannschaft des akquirierten Start-ups sind nicht einmal grundsätzlich geklärt und wahrscheinlich auch wegen der Verschiedenartigkeit der jeweiligen Konstellation kaum generell beantwortbar.

Sehr viele Start-ups scheitern allerdings, weil die Regelwerke von traditionell gewachsene Unternehmen mit den Regelwerken der »New Economy« deutlich inkompatibel sind. »Schnelles Scheitern« z. B. als akzeptable Handlungsmaxime von Start-ups ist nach wie vor den Finanzchefs von an der Börse notierten Unternehmen nur schwer zu vermitteln. Die Schwierigkeiten bei der Integration von Start-ups (vgl. Pöhler, 2019) und einer verbreiteten Unfähigkeit oder eines Unwillens auf deren Seite, sich den Regularien eines Großunternehmens zu unterwerfen, sind bekannt.

In der Konsequenz bildet sich das Erfolgsmuster von Start-ups noch deutlich negativer ab, als wir das in der Vergangenheit von klassischen Neuproduktentwicklungsstrategien gesehen haben. Nach wie vor verfügen wir nicht über belastbare Statistiken, wie wir sie aufgrund von konkreten Marktzahlen berichtet haben. Aber die empirische Evidenz über die wirtschaftlichen Erfolgsaussichten von Start-ups verdichtet sich dahingehend, dass wir momentan von einer Erfolgsquote von ca. 5-10 Prozent ausgehen müssen. Das ist noch einmal deutlich weniger als die Erfolgsquote von 20-40 Prozent, über die wir in 2013 berichtet haben.

Die Fragen, die sich heute wieder stellen, sind weitestgehend identisch mit denen, die wir bereits 2013 diskutiert haben. Deswegen bewegen wir uns in dieser Neuauflage bei den Grundfragen weitgehend innerhalb des gleichen theoretischen Grundgerüstes, dass wir seinerzeit aufgespannt haben. Aber wir werden uns im weiteren Verlauf immer wieder fragen, ob denn auch die Antworten die gleichen geblieben sind.

Wir gehen in der zweiten Auflage von »Warum Start-ups und Produkte floppen« wieder den Dingen auf den Grund und zerren diejenigen Themen ans Tageslicht, die man als die »zehn Todsünden im Marketing« beschreiben könnte. Und zwar nicht aus der Perspektive des akademischen Elfenbeinturms oder etwa der Betroffenen in den Unternehmen, sondern aus dem neutralen Blickwinkel einer Marketingexpertin und Unternehmensführerin und eines Marktforschungsmannes und Unternehmensberaters. Gemeinsam und doch komplementär vertreten wir ein einfaches *Prozessmodel der Faktoren des Markterfolgs* und diskutieren aus unserer jeweiligen Sicht heraus, welche Dinge schief gehen, warum sie nicht funktionieren und was man möglicherweise dagegen tun könnte. Das aber nicht mit der üblichen Stammtisch-Kollegenschelte und auch nicht mit dem zitatschwangeren akademischen Zugang zu Problemen, die keine sind – sondern mit dem professionellen Blick für das Wesentliche und einer klaren Ansage darüber, was man denn machen könnte. Letzteres nicht mit dem Anspruch auf Absolutheit, sondern vor dem Hintergrund unseres langjährigen Erfahrungspotenzials.

Zunächst stellen wir vor, worauf es nach unserer Ansicht in der erfolgreichen Vermarktung von Produkten und Start-ups wirklich ankommt. Hier glauben wir nach wie vor an ein einfaches, aber realistisches Erfolgsmodell mit den drei Basiskonstrukten Innovation, Marke und Performance-Messung.

1 Einleitung

Konsumenten begeistert man immer dann mit innovativen Ansätzen, wenn zwei wesentliche Merkmale vorhanden sind: erlebte Neuheit und persönliche Relevanz. Das sagt sich so einfach, ist aber in der Praxis nicht immer leicht zu realisieren. Wir führen die Leser durch ein Prozessmodel, dessen Umsetzung kanalneutral zu innovativen Produktkonzepten führt, die den großen Vorteil haben, nachweislich konsumentenzentriert zu sein. Die Tragfähigkeit der Konzeptidee bei den Verbrauchern bzw. Nutzern ist und bleibt der zentrale Wertschöpfungsanker bei einer Innovation überhaupt und dementsprechend befasst sich ein großer Anteil dieses Buchs auch mit den Erfolgsfaktoren eines »winning concept« und wie man die größten Fehler bei der Konzeptgenerierung vermeidet. Dabei ist es völlig unerheblich, ob ein Produkt oder eine Marke über analoge oder digitale Kanäle bzw. über den stationären Einzelhandel vermarktet wird, ob es einen Unternehmensmarke oder eine Persönlichkeitsmarke ist und welcher Weg der Bekanntmachung gewählt wird.

Die Marke als psychologisches Trägersystem
Die Bedeutung der Marke als psychologisches Trägersystem für Produkte ist unbestritten. Umso unverständlicher, dass in vielen Unternehmen Markenführung nicht als strikter Prozess etabliert ist und auf allen Touchpoints die Marke vielfach inkonsequent und für Konsumenten missverständlich geführt wird. Wir werden an die grundlegende Logik einer Marke als emotionales Nutzenbündel erinnern und schlagen auch hier wieder ein Prozessgeschehen vor, anhand dessen man grundlegende Fehler in der Definition der Marke, ihrer Inszenierung und der Passgenauigkeit zu den unter ihr vermarkteten Produkten minimiert. Im digitalen Zeitalter beobachten wir Hunderte von neuen Gründermarken, die zum Teil vielversprechende Produkte lancieren, jedoch daran scheitern, eine Marke aufzubauen. Wir erläutern, was die Voraussetzungen sind, nachhaltig und erfolgreich eine neue Marke zu platzieren.

Schließlich wenden wir uns dem gesamten Bereich der Performance-Messung zu – also den Feedback-Schleifen nach der Einführung eines Produkts. Hier werden zwei grundlegende Probleme diskutiert. Zunächst einmal geht es um alle Vorgänge bei der Festlegung eines Vermarktungsplans und der Einigung über die Absatzziele in einem definierten Vermarktungszeitraum. Pläne werden anscheinend immer mehr von einem primären Wunschdenken in den Unternehmen bestimmt und immer weniger von gesichertem Wissen über die konkreten Absatzmöglichkeiten, die das neue Produkt bzw. Start-up bietet. Hier offerieren wir gleich mehrere Zugangsweisen, wie man sich einem realistischen Plan nähert und was das zum Beispiel auch für die Budgetverteilung in einem Kommunikations-Etat bedeutet.

Faktoren der Vermarktungshygiene und Launch-Kontrolle
Ein weiteres Problem besteht in der Logik und in den Entscheidungsprozeduren im Zusammenhang mit einer *Launch-Kontrolle*. Das beste Produkt gepaart mit der besten Marke wird nicht erfolgreich sein, wenn grundlegende Faktoren der Vermarktungs-

hygiene außer Acht gelassen werden. Wir gehen auf die wichtigsten Vorgehensweisen und Kennzahlen ein und zeigen auf, unter welchen internen Bedingungen eine Launch-Kontrolle erfolgen muss und mit welchen konkreten Implikationen unter der jeweiligen Erkenntnislage gehandelt werden muss.

Wir diskutieren ebenfalls eine Reihe von weiteren Faktoren, die einen systematischen Einfluss darauf ausüben, ob ein Unternehmen mit neuen Produkten durchgängig erfolgreich ist. Dazu gehören selbstverständliche Themen wie die interne Organisation, Abstimmungen zum Beispiel zwischen Forschung & Entwicklung und Marketing, die Frage der Einbeziehung von Mitarbeitern und Kunden in den Prozess der Ideen-Generierung und den Entwicklungsprozess bis hin zu Fragen der Rekrutierungspolitik bei neuen Mitarbeitern.

Alle Teile des Buches zeichnen sich durch die große Praxisnähe aus, die den beiden Autoren zu eigen ist. Inhalte, Diskussion und Handlungsempfehlungen, die sich aus konkreten Problemstellungen ableiten, sind auf ihre Effektivität und Effizienz hin geprüft und haben sich in erfolgreichen Umsetzungen bewährt.

Markt- und Konsumentenorientierung

Ein weiteres Charakteristikum ist die fundamentale Markt- und Konsumentenorientierung, die unseren Überlegungen zugrunde liegen. Wir glauben mehr denn je fest daran, dass der Verbraucher als analoges Wesen das Maß aller Dinge ist und man daher gut beraten ist, sich immer wieder zu vergewissern, ob und inwieweit das Angebot dem entspricht, was Kunden erwarten bzw. was Kunden neu begeistert. Fast durchgängig an allen Stellen der Wertschöpfungsprozesse basiert unser Ansatz auf häufigen Interaktionen mit Verbrauchern. Das bedeutet in keiner Weise, dass der Konsument die Entscheidungen trifft. Ebenso klar wird daher aufgezeigt, wann die unternehmerische Verantwortung unter Beweis gestellt werden muss und dass man sich nicht hinter Verbraucher und Wettbewerb verstecken kann, wenn etwas nicht richtig läuft.

Dennoch ist das Buch weder ein Ratgeber noch ein Erste-Hilfe-Manual für Dinge, die schon in den Brunnen gefallen sind. Wir verstehen uns in erster Linie als Impulsgeber für interne Diskussionen zu den unterschiedlichen Themen, als Katalysatoren von konstruktiven Gesprächen und nicht als bloße Vermittler von vordergründigen Handlungsanweisungen. In diesem Sinne allein schon unterscheidet sich »Warum Start-ups und Produkte floppen« grundlegend von ähnlich gelagerten Managementbüchern zu diesem Thema.

Produktinnovation als gigantische Wertevernichtung?

Die Konsumgüterindustrie lanciert jährlich Zehntausende von neuen Produkten auf den Markt, Hunderte von neuen Gründermarken und Start-ups drängen auf den Markt in der Hoffnung auf nachhaltiges profitables Wachstum. Jahr für Jahr überschlagen sich auch die Statistiken der Unternehmen zu Innovationsraten. Alle glauben, dass eine immerwährende Steigerung der Anzahl neuer Produkte in der Bilanz als auch in den Augen der Financial Community positiv zu Buche schlägt. Hinzu kommen über die letzten Jahre zahlreiche Gründer- und Start-up-Marken, die ihren Weg häufig ausschließlich über die digitalen Handelswege zum Konsumenten finden. Auch der Handel wird immer professioneller in der Entwicklung von Premium-Eigenmarken und mit der Macht der Distribution setzt er den klassischen Hersteller damit unter Innovationsdruck. Es wird ein unglaublicher Aufwand betrieben. Hinter all den Produkt- und Markenneueinführungen steckt ein hoch komplexer und sehr kostenintensiver Prozess. Umso nüchterner das Ergebnis:

> **! Wichtig**
> Jahr ein, Jahr aus beträgt die Floprate aller Neueinführungen in Deutschland zwischen 60 und 70 Prozent (vgl. z. B. Wildner, 1999). Haller & Twardawa (2008) stellen aufgrund ihrer Analysen ernüchtert fest, dass es 2008 »in Deutschland mehr als 80.000 beworbene Marken (gibt). 30.000 Artikel werden allein bei den Fast Moving Consumer Goods (FMCG) Jahr für Jahr neu eingeführt. Rund 70 Prozent davon verschwinden innerhalb von zwölf Monaten aus den Ordersätzen des Handels und nur magere 30 Prozent überleben«.

Wir streiten uns auch hier nicht um Prozentzahlen und ob es ein bisschen mehr oder weniger sein kann, aber Sie haben richtig gelesen: Mehr als die Hälfte aller neuen Produkte und Marken wird zwölf Monate später wegen offensichtlicher Erfolglosigkeit wieder aus den Regalen des Handels entfernt. Und bedauerlicherweise scheint es sich um ein alljährlich wiederkehrendes Phänomen zu handeln – und nicht um eine temporäre Ausnahme.

Das ist schlecht, denn es bedeutet ganz klar eine gigantische Wertevernichtung, und sowohl Aktionäre als auch Unternehmen sollten entsprechend besorgt sein. Man stelle sich nur vor, in anderen Berufsgruppen wäre die Erfolgsquote so gering. Gar nicht auszudenken, wenn zum Beispiel bei chirurgischen Eingriffen nur 50 Prozent der Patienten mit einer gelungenen Operation rechnen dürften!

Die Erfolgsquote von Start-ups ist allerdings noch deutlich geringer: Man muss davon ausgehen, dass von zehn Start-ups durchschnittlich sieben oder acht scheitern, ein bis zwei Unternehmen erzielen einen beständigen Umsatz, jedoch ohne das erwartete Wachstum, und höchstens einem von zehn gelingt am Ende der erhoffte Erfolg. Die Erfolgsquote von nur 10 Prozent erklärt dann auch die sehr hohen Renditeerwartungen: Um ihr eingesetztes Kapital zurückzubekommen, muss für die Investoren im Mittel jedes erfolgreiche Unternehmen in ihrem Portfolio die Verluste von neun anderen Unternehmen auffangen.

> Eine Studie von 101 gescheiterten Start-ups (CB Insights, 2019) hat gezeigt, dass es drei wichtige Gründe gibt, warum Start-ups floppen:
> 1. Ein Produkt wurde entwickelt, das niemand kaufen wollte. (42 Prozent)
> 2. Das Budget war aufgebraucht, ehe hinreichende Umsätze erzielt werden konnten. (29 Prozent)
> 3. Das Gründerteam passte psychologisch nicht zusammen. (23 Prozent)

Der »Deutsche Startup Monitor 2018« ist für uns in der Wahrheitsfindung über die Ursachen nicht wirklich hilfreich. Die Auskünfte von 1.550 Start-ups informieren über z. B. den Anteil an Gründerinnen, die durchschnittliche Arbeitszeit, der Anteil an MINT-Studierenden bei den Gründern, die Orientierung an »Nachhaltigkeit« als einem wichtigen Merkmal des Produktes oder der Dienstleistung, die Erwartungen an Unterstützung durch die Große Koalition und ähnliche Dinge. Für unsere Bewertung ist allerdings eher entscheidend, wie die Erfolgsquote der zahlreichen Versuche ausfällt. Da entdecken wir, dass es nur einen sehr geringen Anteil an Start-ups gibt, die in der sogenannten »Later Stage« »… bereits zu etablierten Marktteilnehmern gereift sind und einen Trade-Sale/Börsengang planen oder durchgeführt haben« (a. a. O., S. 24). Laut Report sind das 1,5 Prozent. Hinzu kommen noch 2,4 Prozent aus der nachfolgenden Stufe (»Steady State«), die »… beabsichtigt oder unbeabsichtigt kein starkes Umsatz- oder Nutzerwachstum (mehr) aufweisen« (a. a. O., S. 24). Dies legt die Schlussfolgerung nahe, dass die Quote der mittel- bis langfristig wirtschaftlich tragfähigen Start-ups so um die 5 Prozent herum liegen könnte. Das ist nicht so viel.

Das allgemeine Gründungsgeschehen nimmt anscheinend ab. Die Gründerquoten sind seit 2003 rückläufig und haben vor allem seit 2014 noch einmal deutlich abgenommen. Sie liegt in 2017 bei 1,1 Prozent, die Nebenerwerbsgründungen liegen dabei über den Vollerwerbsgründungen.

Es ist nicht weiter verwunderlich, dass sich bei der Branchenzuordnung über ein Drittel aller Start-ups (31,6 Prozent) in der Informations- und Kommunikationstechnologie agiert. Bei der Biotechnologie, die wir mit vielen anderen Experten als nächsten großen Kondratjew-Zyklus sehen, finden wir nur 2,8 Prozent. Es kann damit als weitere Schlussfolgerung angedeutet werden, dass die meisten dieser »Innovationen« sich wohl auf die »Digitalisierung« von analog bereits existierenden Angeboten und Dienstleistungen beziehen. Über zwei Drittel ordnen sich konsequenterweise auch einem digitalen Geschäftsmodell zu. »Digitalisierung« hat nur für ca. 17 Prozent wenig oder keinen Einfluss auf das Geschäftsmodell eines Start-ups. 67,7 Prozent sehen sich als Dienstleister für B2B-Kunden.

Interessant für unsere Fragen sind auch die Gründermotive. Die werden in erster Linie mit »Herausforderung« (94 Prozent) und »Unabhängigkeit (86,8 Prozent) angegeben. Man ist persönlich überzeugt: 93,3 Prozent der Gründerinnen und Gründer schätzen ihr Produkt als hochinnovativ ein, 83,6 Prozent ihre Prozesse. Als wichtigste Key Performance Indicator (KPI) werden Umsatzwachstum und Profitabilität gesehen. Allerdings resultiert in 2017 bis 2018 nur bei etwas weniger als 5 Prozent ein Umsatz von mehr als 5 Millionen Euro (a. a. O. S. 65). Als primäre Herausforderungen zur Erzielung weiteren Umsatzwachstums werden gesehen: Vertrieb/Kundengewinnung als Erstes (54,7 Prozent), Produktentwicklung (48,7 Prozent), Wachstum (43,7 Prozent).

Insgesamt konstatieren wir in unserer persönlichen Bilanz, dass es um die Erfolgswahrscheinlichkeit von Start-ups noch deutlich schlechter bestellt ist als um die Flop-Statistiken, die wir für FMCG-Produkte im Jahre 2013 angeführt haben.

Hier lassen sich eine ganze Reihe von Fragen stellen, die weitestgehend identisch sind mit jenen, die wir bereits 2013 diskutiert haben. Von daher bewegen wir uns auch in dieser Neuauflage bei den Grundfragen innerhalb des gleichen theoretischen Grundgerüstes, das wir seinerzeit aufgespannt haben. Wir werden uns im weiteren Verlauf dieses Buches aber immer wieder fragen, ob denn auch die Antworten die gleichen geblieben sind.

Kein Wunder also, dass Marketing und Marktforschung bisweilen unter Beschuss stehen, zumindest aber unter starker Beobachtung seitens der Controller im Unternehmen. Es wird mehr und mehr nach dem Return on Marketing Investment (ROMI) gefragt. Unternehmensberatungen haben diese Fragestellung seit Langem entdeckt und bieten immer neue, immer subtilere Modelle der Markt-Modellierung, um der Unternehmensleitung Einsichten zu suggerieren, die es so nicht gibt und wohl auch nie geben wird.

Ist das Marketing?
Als sich einer der Autoren ein Butterbrot schmieren wollte, stellte er fest, dass Wertoptimierung, wie wir sie hier kritisieren, auch vor einer Scheibe Kasseler als Brotbelag nicht halt macht.

Abb. 1: Reduzierte Füllmenge – nicht sichtbar für den Konsumenten

Er öffnete die Packung und staunte nicht schlecht ob der vorher nicht sichtbaren reduzierten Füllmenge (siehe Abb. 1). Natürlich würde ihm die Rechtsabteilung des Unternehmens auf Nachfrage sofort erklären, dass in der Packung auf jeden Fall 100 g sind (und da er es sofort nachgewogen hat, würde er es auch glauben). Aber was rechtens ist, muss ja nicht richtig sein. Dann wird das Unternehmen darauf verweisen, dass alle anderen es genauso machen. Traurig genug, aber dadurch wird es immer noch nicht richtig. Und dann stellt ihm seine Ehefrau zu allem Überfluss auch noch die Frage, ob das denn jetzt »Marketing« sei.

Ein führender deutscher Hersteller von Wasch- und Reinigungsmitteln machte es im August 2013 genauso. In die Phalanx seiner 1.000 ml-Weichspüler-Varianten stellt er gleichpreisig (!) eine 900 ml-Variante – wie alle anderen in der 1.000 ml-Flasche und daher auf den ersten Blick nicht erkennbar. Man musste schon explizit alle Etiketten und Preise am Regal vergleichen bzw. die Flaschen öffnen, um festzustellen, dass die 900 ml-Variante bei gleichem Preis eine *deutliche* Unterfüllung aufweist und damit eine für den Kunden getarnte Preiserhöhung darstellt.

Und da stellt sich erneut die Frage, ob so etwas denn »Marketing« ist. Vielleicht versuchte man sich im Unternehmen an einer bestimmten Form von Wertschöpfung – Kundenorientierung oder Marketing wird hier jedenfalls nicht dokumentiert.

Aus unserer Sicht erfolgte auf diesen Kostenoptimierungswahn in den letzten Jahren für viele große Konsumgüterhersteller die Retourkutsche mit einer Fülle von Gründer- und Start-up-Marken, die ihre Haltung zur Qualität und zum Produktversprechen auf einem völlig neuen und hohen Niveau konzipiert haben, dass der Konsument es dankbar aufgenommen hat. Erfolgsfaktoren waren der Mut zu Innovation, das Bekenntnis zu hochwertigen Inhaltsstoffen und Manufaktur-Herstellprozessen sowie eine authentische Vermarktung über Social Media, fernab von »20 Sekunden-TV-Spots«.

Der Konsument war gelangweilt von den herkömmlichen Angeboten, die sich immer weniger differenziert haben. Die Zeit war und ist reif für ein wertebasiertes Marketing, das die Zielgruppe in den Mittelpunkt stellt und nicht auf herkömmliche Optimierungstricks fokussiert.

Und daher wollen wir gleich zu Beginn klarstellen, dass wir »Marketing« nicht verstehen als die Anwendung verhaltenspsychologischer Tricks zur bewussten Konsumententäuschung (vgl. Hennig-Thurau, 2013), sondern als zentral steuernde Funktion in einem Unternehmen zur Identifikation und Befriedigung von Kundenbedürfnissen – als primärer Wertschöpfungstreiber aus Konsumentensicht und nicht als Wertevernichter.

> **! Wichtig**
>
> Die größten Erfolge in der Marketinggeschichte wie Red Bull, Apple, Nivea, Lululemon, Starbucks, Nike oder Netflix sind Erfolge von Marketeers – schöpferisch starke Unternehmer, die ein Gespür für die Bedürfnisse ihrer Zielgruppe hatten und zur richtigen Zeit mit einer innovativen Marke auf den Markt kamen, die sich von anderen differenzierte und für den Konsumenten von höchster Relevanz war. Und dies wurde wissenschaftlich unterfüttert von dem theoretischen Konzept der *marktorientierten Unternehmensführung*, bei der die Orientierung am Kunden im Mittelpunkt steht.

»Unternehmen« statt »Unterfüllen«: Marketing als marktorientierte Unternehmenspolitik
Es erscheint uns daher an der Zeit, dass sich CMOs und Marketingfachleute wieder als Unternehmer (und nicht als Unterfüller) definieren und etwas *unternehmen,* überdauernde Werte schaffen und sich nicht in Randdiskussionen wie »Digital«, »ROI-Modelle« oder »Big Data« verlieren, sondern den Kern ihrer Aufgabe in Angriff nehmen, nämlich nachhaltigen Unternehmenswert zu schaffen durch den langfristigen Aufbau von profitablen Marken.

Denn nur *Marketing als marktorientierte Unternehmenspolitik* ist die Keimzelle innerhalb des Unternehmens für profitables Wachstum. Nur wenn die Marke als psychologisches

Trägersystem kontinuierlich selbstähnlich gepflegt wird und durch differenzierende und relevante Innovationen stetig genährt wird, kann ein Markenartikel-Unternehmen sich erfolgreich am Markt behaupten und Marktanteile gewinnen. Die Betonung liegt hier auf kontinuierlich und stetig, denn Ausrutscher werden nur einer starken Marke verziehen – und dies auch nicht dauerhaft.

Analyse der Ursachen des Misserfolgs
In den heutigen schnelllebigen und wettbewerbsintensiven Märkten muss ein Markenartikel ständig neue Anreize schaffen und auch im Wettbewerb mit Start-up- und Influencermarken sowie Premium-Handelsmarken immer einen Schritt voraus sein, um Mehrwert zu generieren, der sich kapitalisieren lässt. Deshalb ist die Innovations- und Neuproduktpolitik von zentraler Bedeutung und genau hier passieren die meisten Fehler, wie die hohe Floprate zeigt.

Mit genau dieser Fragestellung – der Schaffung von profitablem, nachhaltigem Wachstum – waren wir beide in den letzten Jahrzehnten in der Rolle des CMOs und CEOs und des weltweiten Marktforschungschefs und Markenberaters Tag für Tag intensiv beschäftigt. Basierend auf der langen Erfahrung von uns beiden in der Praxis des Marketings und der Marktforschung für die Markenartikel- und Konsumgüterindustrie sowie für einen der größten Premium Multi-Channel-Händler und aus der Sicht eines Lehrenden an deutschen und amerikanischen Top-Universitäten wollen wir wieder Bilanz ziehen, die *Ursachen des Misserfolgs analysieren* und aus unserer Sicht die Gründe aufzeigen, was im Wertschöpfungsprozess permanent falsch läuft. Und sicherlich auch unsere Meinung dazu kundtun, was man anders machen kann oder sollte, um das Ausmaß dieser Wertevernichtung bei Produktinnovationen und Start-ups etwas einzudämmen.

Und so handelt dieses Buch eigentlich von einer Selbstverständlichkeit – dem Anspruch des Marketings auf die Führungsrolle im Unternehmen. Von der Rezeption der Kundenwünsche bis hin zur Garantie für profitables Wachstum.

Wir haben zehn Hauptgründe herausgefiltert, die dazu führen, dass Produkte und neue Marken sich nicht dauerhaft in den Köpfen und Herzen der Verbraucher verankern. Wir diskutieren aus unterschiedlichen Blickwinkeln, wie es dazu kommen kann und warum dieser wenig wünschenswerte Zustand in den Unternehmen fortbesteht. Diese zehn Gründe orientieren sich hauptsächlich an drei Wertschöpfungsketten, drei konsumentenzentrierten Stufen, die alle perfekt inszeniert werden und ineinandergreifen müssen:

1   Einleitung

Innovation	Branding	Performance
From Insights to Concept	From Concept to Branded Product	From Branded Product to Money

Abb. 2: Die drei Wertschöpfungsketten des Marketings (Quelle: Schroiff, in Vorbereitung)

Vom Weltwissen zur Konzeptidee

Wir glauben, dass ein erster wichtiger Schritt bei der Wertschöpfung darin besteht, ein konsumentenzentriertes (Produkt-)Konzept zu generieren. Wohlgemerkt, kein Produkt oder eine Dienstleistung, sondern ein Konzept steht also am Anfang unserer »Schöpfungsgeschichte«. Dieses Konzept sollte in der aktuellen Konsumenten- und Marktrealität begründet sein. Natürlich wird das Konzept von einem psychologischen Trägersystem namens Marke getragen, aber zunächst einmal besteht die Voraussetzung für Erfolg darin, etwas zu schaffen, das einen neuen und relevanten Nutzen für Verbraucher darstellt. Das gestaltet sich nicht von alleine, sondern resultiert aus einer intensiven und kontinuierlichen Beschäftigung mit der sich beständig verändernden Realität von Konsumenten und Märkten. Die daraus entstehenden Vorstellungen über die Wirklichkeit bilden die Basis für das, was wir im weiteren Verlauf dieses Buchs *geleitete Kreativität* nennen werden. Wir glauben fest daran, dass Innovation Pipelines langfristig planbar sind und dass sie einer systematischen Organisation bedürfen, um dies zu leisten. Wir glauben nicht ausschließlich an die Faszination des kreativen Augenblickes, der den Schöpfer treffen kann – oder auch nicht. Der Zufall generiert nicht beständig so etwas wie 16 Prozent Umsatzrendite. Innovation ist zu wichtig, um das Thema allein dem Zufall zu überlassen. Sie muss systematisch orchestriert und inszeniert werden.

Von der Konzeptidee zum Markenartikel

Ideen sind noch keine Angebote im Regal – sie müssen systematisch und regelgeleitet geschaffen werden. Sei es hinsichtlich der funktionalen Produktleistung, der Aufmerksamkeit erregenden Verpackungsgestaltung, der zum Erstkauf hinführenden Kommunikation, der Konstellation an Maßnahmen, die im weitesten Sinne zusätzlich den Abverkauf fördern (Promotion). Alle diese separaten Wertkreise müssen zusammen und konsistent unter dem konzeptionellen Dach vereint werden. Am Ende steht idealerweise ein in sich geschlossenes Angebot, das in all seinen Facetten die konzeptionelle Idee implizit (und explizit) reflektiert. Die Summe der *Arbeit auf allen*

Realisierungsebenen des Produkts mündet im unmittelbaren Aufforderungscharakter, in der immanenten Attraktivität, in der ästhetischen Faszination und einer Reihe von weiteren Dingen, die untrennbar mit erfolgreichen Einführungen verbunden sind. Lässt nach dem Erstkauf die erlebte Produktqualität nichts zu wünschen übrig und steht sie im unmittelbaren Einklang mit den generierten Leistungserwartungen, dann steigt die Wahrscheinlichkeit für Wiederkäufe, die Wiederkaufsrate, aufgrund von erlebter Produktzufriedenheit. Ist dies nicht der Fall, dann sinkt die Wahrscheinlichkeit eines Markterfolgs.

Von der Produkteinführung zum profitablen Wachstum
Einer der Autoren hat – vor dem Hintergrund seines akademischen Interesses an den Ursachen von Markterfolg – über Jahre hinweg ziemlich viele Produkteinführungen analysiert und bewertet, dies über eine ganze Anzahl von Industrien hinweg und unabhängig von bestimmten Produkten oder Dienstleistungen. Eine Schlussfolgerung aus dieser Besessenheit drängt sich unmittelbar auf: Ein besonders großer Anteil der Flops resultiert entweder aus einer von der Realität völlig losgelösten Planung oder aber aufgrund teilweise ziemlich basaler Fehler bzw. *Unzulänglichkeiten im konkreten Launch-Prozess*. Das erscheint uns deshalb so tragisch, weil solche Fehler wenig zu tun haben mit der Attraktivität der Produktinnovation bzw. dem emotionalen Versprechen von Marken – es handelt sich einfach um grundlegende *planerische und exekutionale Defizite*. Bedeutsam erscheint uns auch, dass der planerische Fehler wohl sehr einseitig zu sein scheint. Es überwiegen eindeutig zu optimistische Planungen – d.h. der Einführung wird in der Regel mehr Umsatzpotenzial zugetraut, als sie tatsächlich später im Markt erreichen wird. Kommen gar die beiden Kardinalfehler zusammen, überoptimistische Planung und mangelhafte Exekution in der Umsetzung, dann ist das Erscheinen der Todesanzeige für das neue Produkt vorprogrammiert.

Dass in den Unternehmen bei der Planung zwar intern und extern hohe Erwartungen geweckt werden können (sprich: begeisternde Jahresplanungen) und dass man sich in der Umsetzung ebenfalls *ex ante* vorauseilend als Kostenoptimierer profilieren kann (sprich: ständig sinkende Kommunikationsbudgets bzw. Promotion-Etats), darf nicht darüber hinwegtäuschen, dass bei einer Kultivierung dieser Vorgehensweise am Ende sowohl das Unternehmen als auch der Aktionär feste draufzahlen.

In jeder dieser drei Wirkkreise lassen sich also Gründe für einen späteren Misserfolg am Markt diagnostizieren – aber gleichermaßen im Umkehrschluss damit auch Mittel und Wege, wie man es schafft, die Floprate deutlich zu verringern.

Was Ihnen dieses Buch bietet: Zehn Todsünden in drei Kapiteln
Wir wollen keine Zeit verlieren und Ihnen unsere Liste mit den zehn Todsünden des Marketings vorstellen. Keine Angst, auf jede einzelne Todsünde gehen wir später im Detail ein, aber jetzt muss der ganze Sündenkatalog zur Steigerung der Neugier erst

einmal in eine Gesamtübersicht, die auch die Organisation dieses Buches und seiner Inhalte insgesamt widerspiegelt:

Kapitel 3	Innovation – Vom Consumer Insight zum Produktkonzept
3.1	Kein einzigartiges und relevantes Marken- und Produktkonzept
3.2	Keine Konsumentenorientierung
3.3	Keine Integration von Schwarmintelligenz und Co-Kreation
3.4	Keine empirische Überprüfung von Ideen und Konzepten
Kapitel 4	Marketing-Mix – Vom Produktkonzept zum Markenartikel
4.1	Keine klare Markenpositionierung
4.2	Keine Konsistenz zwischen Produktkonzept und Markenpositionierung
4.3	Keine Logik zwischen Marke und Marketing-Mix
Kapitel 5	Erfolgskontrolle – Von der Produkteinführung zum profitablen Wachstum
5.1	Keine realistische (Finanz-)Planung
5.2	Fehlende Einführungskontrolle und falsche Korrekturmaßnahmen
5.3	Keine Organisationshygiene und politisches Powerplay

Wir deklinieren und diskutieren die einzelnen Prozessschritte – immer alternierend aus der Perspektive des Marketings und der Marktforschung. Wir vertreten persönliche Ansichten darüber, was geht und was nicht geht. Wir beleuchten unterschiedlichste Sichtweisen, wie man Wissen um Konsumenten kreativ in erfolgreiche Neuprodukte und Dienstleistungen transferiert und wie man Marken positioniert und implizit inszeniert.

Ziel des Buches ist es, Hilfestellung und Handlungsanweisungen zu geben, damit Sie in der Markenführung oder als Gründer die wesentlichen Fehler in der gesamten Wertschöpfungskette vermeiden. Wir wollen Ihnen unsere Ansichten vermitteln, die hoffentlich dazu beitragen, die Floprate signifikant zu senken.

Aber Vorsicht: Dies kann nur durch eine ganzheitliche Prozessoptimierung gelingen. Jede Ereigniskette ist immer nur so belastbar wie ihr schwächstes Glied. Nur an einer einzigen Stelle der Wertschöpfungssequenz operative Exzellenz an den Tag zu legen und in allen anderen Punkten zu versagen, führt nicht zu der gewünschten Erfolgsbilanz. Und es geht eben auch nur, wenn Marketing und Marktforschung sich als eine schöpferische Einheit begreifen und als Sparringspartner zusammen am gleichen Ziel arbeiten.

Dieses Vorhaben muss sich außerdem an den wirtschaftlichen Erfordernissen des Unternehmens ausrichten. Die Arbeit an der Marke ist keine losgelöste Aufgabe im luftleeren Raum, sondern hat sich in die Gesamtstrategie des Unternehmens einzufügen. Sie ist allerdings nach wie vor der größte Hebel eines Markenartikelunternehmens für zukünftige nachhaltige Gewinnmaximierung.

Am Ende bestimmt der Zuspruch des Konsumenten den Wert der Marke und des Unternehmens. Das sollte man nie aus den Augen verlieren und sich den Konsumentenwahrheiten auch stellen – so weh es manchmal tun mag. Die Unternehmensführung sollte die Marken im Unternehmen als größten und wertvollsten Aktivposten in der Bilanz identifizieren und auch dementsprechend behandeln und pflegen. Dabei müssen die CMOs auch innerhalb der Organisation den Rücken gerade machen und sich stark dafür einsetzen, dass Markenwerte nicht kurzfristiger Umsatz- und Gewinnmaximierung zum Opfer fallen oder in Preisaktionen oder auf dem Promotion-Wühltisch verramscht werden.

Wichtig
Mit Marken ist es wie mit einer heißen Herdplatte: Es dauert länger, bis sie kalt ist, aber wenn sie einmal kalt ist, dann bedarf es sehr viel mehr Energie, sie wieder warm zu bekommen.

Es tut gut, sich bei der Markenarbeit immer wieder auf die Grundprinzipien zurückzubesinnen und diese nicht durch jede noch so moderne Detaildiskussion aus den Augen zu verlieren. Marken haben nur dann eine Chance, Präferenzen aufzubauen und profitabel zu wachsen, wenn sie sich gegenüber dem Wettbewerb ausreichend differenzieren und diese Differenzierung von der Zielgruppe als relevant eingestuft wird. Die Arbeit des CMOs ist an diesen beiden Punkten auszurichten, denn die Welt ändert sich schnell und heutige Präferenzen und Differenzierungsmerkmale können morgen schon redundant sein. Kontinuierliche Markenführung ist kein demokratischer Entscheidungsprozess, sondern »visionäre Diktatur« durch unternehmerische Kraft und Verantwortung. Also brauchen wir Unternehmer wie zum Beispiel Max Barenbrug, den Gründer von Bugaboo, der sagte: »Man muss alles geben, wenn man sich vom Rest der Anbieter abheben möchte. Demokratie oder das Modell eines offenen Forums funktioniert hier einfach nicht.« Gestalten heißt Entscheiden – auch unter Bedingungen der Unsicherheit.

2 Die zehn Todsünden des Marketings

Die katholische Kirche versteht unter Todsünden besonders schwerwiegende Sünden. Das impliziert, dass es auch noch andere Missetaten gibt, die als lässliche Sünden bezeichnet werden. Aber von dieser Differenzierung sind wir weit entfernt – bei uns geht es nur um die Todsünden, denn die reichen in der Regel schon aus, um in die ewige Verdammnis der Flophölle gestoßen zu werden. Die katholische Kirche kennt sieben Todsünden. Eigentlich also ein ziemlich großes Risiko, in der ewigen Verdammnis zu landen, aber wir setzen noch etwas drauf und kommen im Marketing insgesamt auf zehn Todsünden – eine deutliche Steigerung um mehr als 40 Prozent! Das wird die himmlischen Controller freuen.

Wesentliches Merkmal einer Todsünde ist, dass sich der Sünder bewusst und aus freien Stücken dem göttlichen Willen, der durch die Gebote dokumentiert ist, entzieht und damit eine Abkehr von der Glaubensgemeinschaft billigend in Kauf nimmt. Bereut man zeitlebens nicht, so droht die Höllenstrafe.

Wenn wir über die zehn Todsünden des Marketings sprechen, dann natürlich nicht in einem biblischen Sinne. Aber auch die Todsünden im Marketing sind schwerwiegend, weil sie auch alle bewusst und aus freien Stücken begangen werden. Sie führen oft nicht unmittelbar in die Hölle, aber doch auf Umwegen dorthin – zum Beispiel über das Fegefeuer einer Bilanzpressekonferenz oder eines Gesprächs mit dem Vorstand. Und das können schon wirkliche Vorstufen zur Hölle sein.

Was sind aus unserer Sicht die zehn Todsünden des Marketings? Wir erheben keinen Anspruch auf Vollständigkeit, aber wir listen im Folgenden diejenigen auf, die wir für wirkliche Todsünden halten, von denen jede einzelne schon in die ewige Verdammnis führen kann.

2.1 Todsünde Nr. 1: Kein einzigartiges und relevantes Marken- oder Produktkonzept, keine relevante Geschäftsidee

Die Kernursache für einen späteren Flop am Markt findet sich meistens schon in der Marken-, Produkt- oder Geschäftsidee, die zu Beginn des Wertschöpfungsprozesses kreiert wird. Zwei Faktoren sind aus unserer Sicht notwendige, aber nicht hinreichende Vorbedingungen für einen Erfolg am Markt: *Differenzierung und Relevanz*. Nur wenn sich ein Angebot am Markt vom Wettbewerb differenziert und diese Differenzierung gleichzeitig relevant ist, wird sich ein nachhaltiger Erfolg einstellen. Das hört sich ziemlich trivial an, aber wir alle wissen, wie schwierig es ist, Neuheit und Relevanz gleichzeitig auf die Straße zu kriegen. Wir werden uns daher intensiv damit beschäftigen, was denn ein konsumentenzentriertes Konzept ist und wie man es so auf die Beine stellt, dass es Neuheit und Relevanz aufweist. Und wir wissen natürlich auch, dass es noch eine ganze Reihe von anderen wichtigen Vorbedingungen gibt – aber diese beiden sind und bleiben nun einmal für uns die allerwichtigsten.

Ergebnisse einer Studie zum Thema »Neueinführungen«
1999 erschien eine Mehr-Länder-Studie von Nielsen in Kooperation mit Ernst & Young zum Thema »Neueinführungen« (vgl. Schroiff, 2009). Die Vorgehensweise war eher schlicht: Man klassifizierte zunächst jede Neueinführung hinsichtlich ihres Neuheitsgrads (siehe Abb. 3 für die Klassifikation) und verfolgte dann über einen Zeitraum, wie sich dieses Produkt im jeweiligen Markt bewährte. Das alles basierte auf sechs europäischen Ländern und angeschaut wurden alle neu eingeführten Produkte (also diejenigen mit neuen EAN-Codes).

Neueinführungen in ausgewählten europäischen Ländern – klassifiziert nach Innovationsgrad

	Classically innovative	Equity transfer	Line extension	Me-too	Seasonal/ Temporary	Conversion/ Substitution	Total by country
Finland	9	16	54	888	113	68	1.148
France	153	88	565	2.977	1.872	0	5.655
Germany	64	23	240	1.908	143	0	2.378
Italy	15	25	239	1.419	162	259	2.119
Spain	21	0	99	5.337	78	26	5.561
UK	72	53	303	6.258	804	165	7.682
Total by cluster	334	205	1.500	18.814	3.172	518	24.543
	1,4 %	0,8 %	6,1 %	76,7 %	12,9 %	2,1 %	100 %
	2,2 %						

Abb. 3: Studie zur Klassifikation von Neuprodukten (Quelle: Ernst & Young und Nielsen 1999)

Zunächst einmal fällt die hohe Anzahl von Me-too-Produkten auf. Dabei handelt es sich um Kopien eines von einer Marke propagierten Nutzens unter einer anderen Marke. Dann sicher auch die hohe Anzahl an »Line Extensions« zu dem damaligen Zeitpunkt – also der Ansiedlung von neuen Produkten unter einer bestehenden Marke. Das geschah (und geschieht) häufig eher unabhängig davon, ob sich eine hohe Überlappung zwischen dem neu angebotenen Produkt und der Muttermarke feststellen ließ. Aber auch hier erinnern wir uns an den damals wie heute beliebten Rechtfertigungskatalog mit seinem Kardinalargument, dass durch »Line Extensions« ungeheure Marketingkosten eingespart werden könnten, weil man schließlich nur ein begrenztes Kontingent an Muttermarken zum Beispiel bewerben muss. Wirklich neue Produkte waren eindeutig in der Minderzahl.

Chancenverwertung im Markt
Ansonsten gestalten sich die Ergebnisse der Studie eher erwartungskonform: Man stellte fest, dass sich die Kopien deutlich schlechter verkaufen als die Originale. Das erscheint wenig verwunderlich. Interessant ist in dem Zusammenhang ein genereller Befund, wonach der Zweite im Markt etwa die Hälfte des Marktanteils des Ersteintretenden erreicht, der Dritte die Hälfte des Zweiten, der Vierte die Hälfte des Dritten usw.

Das ist natürlich kein Naturgesetz, sondern eher eine Art Heuristik bzw. Faustregel. Aber diese Heuristik spricht eine deutliche Sprache, was das Thema *Chancenverwertung im Markt* angeht. Natürlich kann man auch als »Fast Follower« etwas Geld verdienen (vor allem, wenn man preislich permanent unterbietet). Aber man muss schon ziemlich »fast« sein und seinen Aktionären permanent signalisieren, dass man bei Wachstum und Profitabilität bescheidener sein sollte.

Leider haben wir keine Aktualisierung der o. a. Studie finden können. Wir denken aber, dass sich die Erkenntnislage dazu in den letzten Jahren nicht wesentlich geändert hat: Die Regale des Handels sind voll von konzeptionellen Angeboten, von denen die allermeisten vor allem Neuartigkeit vermissen lassen.

Unser Plädoyer für ein neues und relevantes Produktkonzept können wir damit auch heute fortführen – es bleibt doch immer bei der gleichen Aussage: Mangelt es einem Konzept an Neuheit und Relevanz, wird es eng mit einem überdauernden Markterfolg. Natürlich gibt es immer die berühmten Ausnahmen von der Regel, aber hier geht es nicht um eine vordergründige Kasuistik, was einmal in einem Winkel der Welt aus unbekannten Gründen funktioniert hat. Hier geht es um ein faktenbasiertes Urteil darüber, was die Wahrscheinlichkeit eines Erfolgs beeinflusst und was nicht. Da bleiben wir hart: *Ohne ein neues und relevantes Konzept geht es einfach nicht.*

Und weil das Konzept eben diese tragende Bedeutung hat, steht die erste Todsünde auch im Zusammenhang mit einigen anderen – wie zum Beispiel der Todsünde Nr. 2.

2.2 Todsünde Nr. 2: Keine Konsumentenorientierung

Wer nicht weiß, wo er ist, kann auch schwerlich sagen, wo er hin will. Und wer den Markt und seine eigene Position darin nicht kennt, der kann nicht kontinuierlich und systematisch innovativ sein. Wissen über Märkte und Konsumenten existiert in vielen Unternehmen, aber nicht immer zeigt sich die Hebelwirkung dieses entscheidenden Wettbewerbsvorteils in einem erfolgversprechenden Ausmaß. Wer glaubt, dass Konsumenten eher passive Rezipienten dessen sind, was einem Unternehmen so einfällt, und wer glaubt, mit einer solchen Einstellung heutzutage dauerhaft erfolgreich zu sein, dem ist nicht mehr zu helfen.

Die positiven Auswirkungen einer Konsumentenorientierung auf Umsatz und Ertrag haben sich in unzähligen Studien gezeigt (vgl. dazu etwa Deshpande, 1999; Hanssens, 2009). Kernvoraussetzungen des Erfolgs sind

- eine fortlaufende Orientierung an den Veränderungen auf der Kundenseite,
- die faktenbasierte Antizipation von Bedürfnissen,
- die Bedeutung der Marketingfunktion als steuernde Instanz aller Aktivitäten im Unternehmen (einschl. Forschung & Entwicklung).

Dies sind Faktoren, die mit der Erhebung, der Distribution und der Reaktion auf die sich verändernde Realität von Konsumenten und Märkten zu tun haben. Krasnikow & Jayachandran (2008) haben 114 Studien zu der Frage der Bedeutung der Marktorientierung einer gemeinsamen Wertung unterzogen und stellen eindeutig die Bedeutung des Marketings über die Bedeutung von Forschung & Entwicklung und anderer operativer Einheiten.

Einer der Autoren hat an der RWTH Aachen zwei Dissertationen zum Thema »Absorptive Capacity« mitbetreut (siehe Flatten, Greve & Brettel, 2011). Die Fähigkeit eines Unternehmens, kontinuierlich aus vielfältigen Quellen sich selbst in der Vergangenheit zu erklären, in der Gegenwart zu beschreiben und eine Vision für die Zukunft zu entwickeln, ist damit wohl einer der größten Wettbewerbsfaktoren überhaupt. Beide Dissertationen haben das eindeutig bewiesen und stehen damit völlig im Einklang mit der jüngeren Literatur: Wer sich nicht mit der ständig verändernden Realität aktiv und fortwährend auseinandersetzt, kommt darin um.

Und nicht zuletzt rangiert das Thema der absoluten Konsumentenorientierung auch in den Jahren 2016 bis 2018 wieder einmal als die Nummer 1 in der Forschungs-Prioritätenliste der Marketingthemen, diesmal unter dem Titel »Cultivating The Customer Asset« (Marketing Science Institute (MSI), 2018). Hier hat sich seit Erscheinen der Erstauflage dieses Buches überhaupt nichts geändert. Das MSI erhebt unter seinen Mitgliedsfirmen alle zwei Jahre den Katalog der wichtigsten Erfolgstreiber aus Sicht der Unternehmen. Auch in der gerade laufenden Zweijahresperiode steht die Notwendigkeit der Konsumentenorientierung wieder ganz oben. Und deshalb diskutieren wir diese Grundvoraussetzung im Folgenden auch nicht mehr, sondern betrachten sie als die ultimative Voraussetzung in einem Unternehmen und als Basisvoraussetzung für dieses Buch ohnehin. Wie man die notwendige Tuchfühlung mit Konsumenten aufnimmt und behält, beschreiben wir ausführlich in Kapitel 3.2.

2.3 Todsünde Nr. 3: Keine Integration von Schwarmintelligenz und Co-Kreation

Keine geleitete Kreativität, keine Integration von Schwarmintelligenz und keine Co-Kreation – das sind gleich drei Todsünden *en bloc*, aber die lassen sich ganz gut zusammenfassen. Ging es bei der Todsünde Nr. 2 noch um die Orientierung am Konsumenten schlechthin und um die Kartierung von Wissen um Menschen und Märkte, so gehen wir hier noch einen entscheidenden Schritt weiter: Hier geht es um den Grad der aktiven *Einbeziehung von Konsumenten in den konzeptionellen Prozess*.

Das, was wir als *geleitete Kreativität* (guided creativity) bezeichnen (Schroiff, 2015; Schroiff, in Vorbereitung), hat enorm viel mit Konsumenten zu tun. Wir glauben nämlich, dass wir über die Integration von soviel Konsumentenwissen wie möglich besonders konsumentenzentrierte Innovationen generieren. Denn dieses Wissen dient uns als Sprungbrett für unsere Kreativität in der Konzeption neuer Ideen und Vorschläge.

> **Wichtig** !
> Wir sehen Innovation weniger als radikale Veränderung in ganz vielen Dimensionen, sondern begreifen Innovation als inkrementelle, also schrittweise Evolution aus der Konstellation des Bestehenden heraus.

Einbeziehung von Konsumenten in den Entwicklungsprozess

Ein bisschen ist es schon so wie damals im Biologieunterricht mit Darwin. Da wurde uns vermittelt, wie die Natur innoviert. Nicht in großen Schritten, sondern in kleinen zufälligen Veränderungen des genetischen Codes einer existierenden Spezies. Und wenn dann die aus dieser Mutation heraus entstehende Spezies sich in einem sich beständig verändernden Lebensumfeld durchsetzen und ihre Gene weitergeben konnte, dann war ein weiteres Erfolgsmodell der Evolution geboren. Und so geht das beständig weiter – was gleichermaßen heißt, dass Unternehmen zur Innovation verpflichtet sind.

Wir wollen diese Analogie mit der Entstehung der Arten nicht zu weit treiben, aber eine unmittelbare Konsequenz drängt sich absolut auf: Wer den genetischen Code der Märkte und der Verbraucher nicht kennt, wird niemals in der Lage sein, diesen Code gezielt zu brechen und willentlich Mutationen in Gang zu setzen, die diesen Code verändern. Insofern sehen wir in der *ständigen Aktualisierung des Wissens über Konsumenten und Märkte* eine unabdingbare Start-Voraussetzung für zukünftigen Markterfolg. Soweit zur *indirekten* Einbeziehung von Konsumenten in den Entwicklungsprozess von neuen Angeboten.

2 Die zehn Todsünden des Marketings

Bei der *direkten* Integration von Konsumenten in den Entwicklungsprozess sehen wir zwei grundsätzliche Probleme.

Da ist zunächst das Problem, dass Konsumenten *kategorisch* aus dem konzeptionellen Prozess ausgeschlossen werden. In vielen Unternehmen existiert offen oder latent eine Vorstellung, wonach proprietäres Herstellungswissen über das, was man verkaufen möchte, auf jeden Fall aus dem Unternehmen selbst kommen muss, unter Verschluss zu halten ist und darauf zu achten ist, dass auch niemand in die Nähe des Geheimnisses kommt. Auch solchen »make and sell«-Unternehmen wird in Zukunft nicht mehr zu helfen sein – sogar bei Coca-Cola, Underberg und 4711 kommt mittlerweile die Magie wohl eher von der Marke und weniger von den Inhaltsstoffen. Das haben Kavalkaden von Blindtests bewiesen. Deshalb ist man sehr gut beraten, wenn man sich auch in der Definition dessen, was man verkaufen will, mehr als je zuvor an der kollektiven Kreativität anderer Menschen orientiert und sich nicht für das Epizentrum der Schöpfung hält. Wir glauben, dass auch dies eine Todsünde ist, und befürworten daher ganz besonders eine beständige Fühlungnahme und Auseinandersetzung mit Konsumenten in den frühen Stadien der Konzeptgenerierung und entwicklung – eine Art Meinungskultur also und kein Urteilsdiktat.

Hinzu kommt das Problem, dass eine Idee möglicherweise noch nicht den Grad an Konsumentenzentriertheit erreicht hat, um Interessenten wirklich vom Stuhl zu reißen, und deshalb schon früh im Keim erstickt wird. Wir glauben, dass eine Chance intern etwas reifen oder sich entwickeln muss, um wirklich überzeugend zu sein. Bei den Baugenehmigungen der Gewächshäuser für Ideen sieht es trüber aus, als uns lieb sein kann. Hier beobachten wir immer häufiger eine Art Zwang, alles immer sofort bewerten zu müssen. Das gilt vor allem für Konzepte – der allgemeine Zwang zur Beschleunigung trifft uns auch hier hart. Urteilsfreude gilt als besonders dynamisch, eine spontane Meinung auch zu Dingen, von denen man nicht wirklich etwas versteht, indiziert offenbar eine Art intellektuelle Generalkompetenz. Leider ist das Gegenteil der Fall. Aber man drückt immer häufiger und immer zwanghafter irgendwelche Gefällt-mir-Knöpfe, ohne sich die Zeit zu nehmen, dazu eine qualifizierte Meinung zu entwickeln. Oder aber sich mit der Meinung von anderen Personen reflektiert auseinanderzusetzen. Gründlichkeit wird häufig mit Langsamkeit verwechselt und in Leistungsbeurteilungen offiziell als negativ vermerkt. Und viel zu früh verwerfen wir etwas, weil wir glauben, besonders rasch ein Urteil darüber abgeben zu müssen, ob es etwas taugt oder nicht.

Hier wollen wir nicht falsch verstanden werden. Wir betrachten das kreativ-schöpferische Moment in der Konzeptentwicklung nach wie vor als die primäre Verantwortlichkeit des Marketings und wir bleiben kategorisch bei unserer Meinung, dass man gerade diese Stufe der Wertschöpfung nicht an den Konsumenten delegieren sollte. Die »Crowd« beim Crowd-Sourcing zum Beispiel ist von ihrer Grundintention her kein »Fußvolk für Ideenlose«.

Aber die intensive Erfahrung bzw. Reflexion darüber, wie denn Konsumenten mit unseren Ideen umgehen, wie sie diese im Detail verstehen, was sie davon zwangsmodifizieren, was sie komplett ignorieren, was sie weitertragen und was nicht – all das sind wichtige Erfahrungsmomente, die durch Feedback unsere Bewertungen schärfen und die wir für die Generierung von wirklich konsumentenzentrierten Konzepten für unerlässlich halten. Und das alles sollten wir mit einer vorurteilsfreien Aufmerksamkeit rezipieren und nicht sofort das Fallbeil unserer eigenen Meinung herabsausen lassen, wenn man sich konträr dazu äußert.

Und selbst die beste Idee ist es wert, immer und immer wieder verbessert zu werden (siehe Barwise & Meehan, 2004), sogar schon im Stadium ihres Entstehens. Und daher heben wir die Ideen kontinuierlich auf den Prüfstand und entwickeln sie weiter – gemeinsam mit Konsumenten. Unsere Erfahrungen zeigen, dass die Auseinandersetzung mit Konsumenten – gegebenenfalls über mehrere Schritte hinweg – zu teilweise dramatischen Verbesserungen von Konzeptideen und -formulierungen führt. Sei es im Hinblick auf das zu vermarktende Nutzenspektrum oder nur hinsichtlich der Verbalisierung eines einzelnen Begriffs – die Stimme des Konsumenten besitzt Gewicht und Macht.

Die iterative, also schrittweise Annäherung an ein finales Konzept über eine Reihe von Interaktions-Momenten mit Konsumenten erscheint uns vor dem Hintergrund unseres Anliegens, die Rate nicht erfolgreicher Einführungen deutlicher als bisher zu senken, als unabdingbar und ebenfalls nicht wirklich Gegenstand einer Kann-Bestimmung zu sein. Sicher ist, dass nach unserer Erfahrung mehrere Optimierungsschritte in Folge (»iteratives Testen«) zu einer deutlichen Verbesserung der Werte in einem finalen Konzepttest führen. Diese Erfolgschance sollte man sich nicht verbauen.

2.4 Todsünde Nr. 4: Keine empirische Überprüfung von Ideen und Konzepten

Jeder von uns kennt diese Situation. Der Chef platzt in die Runde einer Präsentation von Konzeptideen und verkündet sofort, dass die Lösung des Problems klar auf der Hand liege und allein von Konzept Nr. 2 die nächste Jahrhundertinnovation zu erwarten wäre, das übrigens bereits vor Jahren von ihm vorgeschlagen wurde. Alle anderen Entwicklungen sind damit sofort zu stoppen und der große Unternehmensdampfer schwenkt ohne Seekarte und Echolot auf den Kurs von Konzept Nr. 2. Das hört sich vielleicht merkwürdig an, scheint aber eine weit verbreitete Praxis in Unternehmen zu sein. Irgendjemand muss ja auch wissen, wo vorne ist, und das Ruder in die entsprechende Richtung reißen, notfalls mit Gewalt. Das zeugt von Entscheidungskraft und Durchsetzungsfähigkeit und das ist wiederum wichtig für die nächste Beurteilungsrunde.

Wer so denkt und handelt, dem ist eigentlich nicht mehr zu helfen. Natürlich gibt es (angeblich) hin und wieder die großen (kreativen) Würfe, die auch in der Außendarstellung entsprechend überhöht als genial dargestellt werden. Wenn man zum Beispiel die Biografie von Steve Jobs aufmerksam liest (Isaacson, 2011), dann stellt man rasch fest, dass auch bei ihm hinsichtlich der Erfolgswahrscheinlichkeit von Projekten Licht und Schatten gleichmäßig verteilt sind. Ohne die Leistungen von Steve Jobs schmälern zu wollen, zeugen seine ebenso zahlreichen Flops (z. B. Apple Lisa) doch von einer gewissen Normalverteilung einer kreativen Leistung und nicht unbedingt von einer Grenzgenialität.

Auch hier wollen wir nicht falsch verstanden werden – wir propagieren nicht die bedingungslose Unterwerfung unter das Diktat der Befragten und wir meinen auch nicht, dass man jeden Vorschlag bedingungslos aufgreifen und umsetzen muss, aber wir extrahieren aus den Interaktionen mit Konsumenten die feinen Nuancen ihrer Befindlichkeiten, die sich dort manifestieren. Und dann müssen wir entscheiden, inwieweit wir diese in unser Gesamtangebot einbeziehen oder nicht. Auf ein trendiges Styling-Produkt für ganz junge Zielgruppen prominent einen Störer mit der Botschaft »mit neuer verbesserter Formel« zu pappen und auf mehr Umsatz zu hoffen, zeigt, dass man die psychologische Konstellation der Zielgruppe nicht wirklich verstanden hat.

Dem Konsumenten etwas anbieten, was er nicht braucht oder verstehen kann, ist eine vermeidbare Todsünde. Von daher sind wir gut beraten, den Konsumenten fortwährend in unsere Überlegungen einzubeziehen – nicht als Diktator, sondern als Berater, Impulsgeber und Feedback-Instanz.

2.5 Todsünde Nr. 5: Keine klare Markenpositionierung

»Marke? Haben wir auch«, sagt jemand zu uns, der sich wundert, warum sein Geschäft beständig Kunden verliert. »Wichtig ist uns aber in erster Linie ein gutes Produkt, dann werden die Leute schon zu uns finden und bei uns bleiben, wenn sie erst einmal die Qualität erkannt haben. Denn nur *unsere* Suppe hat diesen hohen Anteil an mexikanischen Feuerbohnen – das ist bislang im Wettbewerb unerreicht und wird es auch wohl bleiben.« Diese Meinung wird weniger selten vertreten, als man glaubt: Das Produkt ist alles, die Marke ist eigentlich nur kommunikatives Beiwerk.

Wer so denkt und handelt, dem ist eigentlich kaum noch zu helfen. Und dabei ist mangelndes Verständnis für Marken allgemein und für die eigene Marke im Besonderen eine ganz schlimme Todsünde. Wir werden uns in einem Kapitel über Marken ganz besonders mit diesem »Wertschöpfungswunder« beschäftigen. Und wir werden versuchen, den Leser davon zu überzeugen, wie wichtig eine konsequente und übergreifende Beschäftigung mit dem Thema Marke in einem Unternehmen ist. Dazu zählt in erster Linie ein gemeinsames und glasklares Verständnis darüber, was die Marke an emotionalen Benefits repräsentiert, für welche Werte sie steht und was sie über den funktionalen Nutzwert hinaus zum Beispiel als selbst-expressives Medium für den Konsumenten bedeutet.

Kein klares Markenbild
Wir sind hin und wieder sehr erstaunt, wenn wir mit unterschiedlichen Vertretern des gleichen Unternehmens über ihre Marken sprechen und was sie wohl für Konsumenten bedeuten. Hier herrscht nicht immer Einigkeit, häufig überwiegt eine Gemeinsamkeit eher in der funktionalen Sicht dessen, wofür die Marke steht (z. B. Fleckentfernung bei Waschmitteln oder Grauabdeckung bei Haarcolorationen). Dabei divergiert der subjektiv gesehene Schwerpunkt eines emotionalen Marken-Benefits beträchtlich zwischen den Mitgliedern der gleichen Führungsmannschaft. Wie soll denn unter solchen Bedingungen im Kopf der Konsumenten ein klares (emotionales) Markenbild entstehen?

Und so kommen dann auch viele kontroverse Diskussionen zustande, weil jeder die Marke aus seinem Blickwinkel sieht und es fast immer an einer gemeinsamen Denkplattform mangelt, auf deren Basis man überhaupt erst über einen psychologischen Inhalt wie emotionale Marken-Benefits sprechen kann. Einer der Autoren erinnert sich immer mit Schrecken an eine von ihm geleitete Executive Class an einer Top Business School, in der mehrere Teilnehmer des gleichen Unternehmens ihre Konflikte über die Positionierung ihrer Dachmarke im Hörsaal austrugen.

Deswegen glauben wir, dass es eine Todsünde ist, wenn ein Unternehmen es nicht schafft, das wichtigste Gut überhaupt – die funktionalen, emotionalen und selbst-expressiven Benefits ihrer Marken – konsistent aus Sicht der Kunden zu definieren und intern so überzeugend und verbindlich zu kommunizieren, dass man im konzeptionellen Gleichschritt marschiert, zumindest was die Markenpositionierung angeht. Wie soll man sonst im Kopf des Kunden ankommen?

2.6 Todsünde Nr. 6: Keine Konsistenz zwischen Produktkonzept und Markenpositionierung

Da gibt es Unternehmen, die haben das alles geschafft, wovon wir im vorigen Abschnitt gesprochen haben. Sie haben eine Marke definiert und inszeniert, die Markenpersönlichkeit besitzt die notwendige klare Gestalt. Und dann passiert es: Unter dieser Marke wird ein Produkt in den Markt gebracht, das sowohl von seinem funktionalen als auch von seinen emotionalen Nutzenspektrum überhaupt nicht mit dieser Marke in Einklang zu bringen ist. Wie einer der Autoren immer sagt: Es ist so, als würde der Papst über Nacht Chef einer Biker-Gang und sitzt mit seiner Mitra auf dem Kopf auf der dicksten Harley. Mit einer Legitimation ist man schnell bei der Hand – der Markt erfordere dieses Produkt, sämtliche Wettbewerber würden sich bereits mit dem Thema beschäftigen und auch die eigene Marke darf bei der Verteilung des Kuchens natürlich nicht leer ausgehen und muss sich auf jeden Fall an dem Rattenrennen beteiligen.

Inkompatible Produkt-Marken-Kombination
Auch hier erscheint es uns beiden nicht erstaunlich, dass eine inkompatible Produkt-Marken-Kombination nicht erfolgreich ist. Das Produkt profitiert nicht von der Marke und die Marke profitiert nicht vom Produkt. Wenn wir dieses Thema diskutieren, dann stellen wir uns manchmal vor, was passieren würde, wenn zum Beispiel Bayer unter der Marke Aspirin ein Mittel gegen Magenschmerzen auf den Markt bringen würde. Aspirin als Marke würde ja ohne weiteres »Schmerzkompetenz« mitbringen. Oder Opel würde sich an der Formel 1 beteiligen. Oder Harley-Davidson würde einen Rollator launchen – vielleicht mit Peter Maffay als Testimonial?

Nur wenn eine Passgenauigkeit zwischen dem psychologischen Trägersystem der Marke und der Ausprägung des Neuproduktes besteht, kann eine Innovation erfolgreich sein. Häufig hat die Innovation an sich einen hohen Differenzierungsgrad und eine Zielgruppenrelevanz – sie wird jedoch unter dem falschen Markendach vermarktet.

Damit sind wir also bei einer weiteren Todsünde, der unreflektierten Trennung zwischen dem, was sich nicht trennen lässt: Produkt und Marke (vgl. Schroiff & Arnold, 2004). Und wir werden uns intensiv damit beschäftigen, wie wir denn sowohl theoretisch als auch praktisch ein Modell finden, das uns hilft, diese Dinge besser aufeinander zu beziehen.

Negative Abstrahlung der Marke auf das Neuprodukt
Dieser Fall tritt ein, wenn eine Marke über die Jahre nicht mehr adäquat aufgeladen wurde, sei es durch »Verramschung aufgrund von aggressiven Preis-Promotions« oder mangelnden Innovationen. Die Marke hat an Bedeutung verloren, das Image hat sich signifikant verschlechtert, es strahlt negativ auf jede neue Produkteinführung ab. Das Markenimage wird zum Hindernis für eine zukunftsfähige Produktpolitik. Eines der besten Beispiele ist sicherlich die Automarke Opel, die in den Siebzigern neben VW die führende Automarke in Deutschland darstellte. Jahrzehntelang wurden aus Sicht der Autoren fast alle beschriebenen Todsünden begangen und Anfang des letzten Jahrzehnts erkannten die damaligen amerikanischen Eigentümer, dass ein letzter Rettungsversuch in einem radikalen Neuanfang bestehen muss. Oft hörte man zu der Zeit: »Die Autos sind ja gar nicht schlecht, aber es ist peinlich, ein Auto dieser Marke zu fahren.« Was macht man in einem solchen Fall?

Der Turnaround der Marke Opel, der aus unserer Sicht noch keineswegs abgeschlossen ist, gehörte sicherlich zu den größten Marketingherausforderungen der letzten

Jahre. Die Erkenntnis der Autorin als ehemalige Markenvorständin dieser Marke: Es bewegt sich nur etwas, wenn man disruptiv auf beiden Ebenen agiert: der Markenebene und gleichzeitig auf der Produktebene. Beide Ebenen wirken so eng zusammen, dass ein Turnaround nur gelingt, wenn beide Ebenen radikal erneuert werden. Jedes zeitliche Auseinanderlaufen führt zu Problemen. Kommunikativ kann man ein Markenimage in den Köpfen der Verbraucher positiv beeinflussen, wie es 2014 im Zuge der »Umparken im Kopf«-Kampagne bei Opel erfolgreich geschehen ist. Wenn jedoch zeitgleich noch keine wettbewerbsfähigen innovativen Modelle dazukommen, muss man einen längeren Atem haben und immer wieder und konsistent kommunizieren, um den Absatz nachhaltig anzukurbeln und Schritt für Schritt Marktanteile zu gewinnen.

2.7 Todsünde Nr. 7: Keine Logik zwischen Marke und Marketing-Mix

Viele Start-up- und Gründermarken zeichnen sich durch ein relevantes und differenzierendes Konzept aus, das auch inhaltlich im Marketing-Mix passgenau umgesetzt wurde. Häufig wird es zunächst von der Bekanntheit des Gründers oder der Gründerin getragen, die in ihrer Community eine gute Anhängerschaft mit hohen Engagement-Raten aufweist. Der erste Erfolg stellt sich ein. Für die Skalierung mit großen Handelspartnern fehlt häufig jedoch die Finanzkraft und von vielen überzeugenden Gründermarken bleibt nur ein Bruchteil im Handel, denn eine ausschließliche Vermarktung über die Social-Media-Kanäle reicht auf Dauer nicht, die Marke wirklich groß zu machen und vor allem der geforderten stationären Flächenproduktivität gerecht zu werden oder eine ausreichende Sichtbarkeit auf Plattformen wie Amazon zu erlangen.

Sichtbarkeit ist auch im digitalen Zeitalter teuer und unabdingbar, um unter der Vielzahl von neuen Marken herauszustechen. Da kann das Konzept noch so neu und differenzierend sein, es muss bekannt werden und Bekanntheit ist heutzutage bei der Flut von neuen Angeboten sicher das Schwierigste und das Teuerste.

Und nicht jede Gründerin hat wie Kim Kardashian oder Kylie Jenner Hunderte von Millionen Follower, die dann ein personalisiertes Produktkonzept in wenigen Wochen zur Nr. 1 im Handel katapultieren.

Eine in ihrer Zielgruppe authentische Star-Influencerin und Gründerin kann der entscheidende Faktor für einen weltweiten Erfolg sein, wenn Produkt, Marke und Person harmonisch und glaubwürdig zusammenkommen. Aktuelle Beispiele aus dem Beauty-Bereich sind nicht nur Kylie Jenner und Kim Kardashian, aber auch die Gründerin von IT Cosmetics Jamie Kern Lima, oder die deutsche Influencerin Shirin David mit ihrem Parfum-Erfolg »Shirin«.

Erfolgreiche Gründermarken aus den USA gehen häufig davon aus, dass der Erfolg sich mit den gleichen Mitteln auch in anderen Regionen der Erde einstellt. Dem ist aber nicht automatisch so, denn wenn die Gründerin hierzulande nicht bekannt ist und das Management glaubt, dass sich das über ein paar Posts auf Instagram lösen lässt, dann ist der Flop oft vorprogrammiert.

Viele Gründermarken erfahren aktuell, wie mühsam es ist, die Marke bekannt zu machen, wenn die finanziellen Mittel nicht reichen. Ein guter Ausweg ist, sich exklusiv mit starken Handelspartnern zusammenzutun, die die Marke über ihre eigenen starken Media-Kanäle und CRM-Programme bekannt machen können.

Abb. 4: Kylie Jenner (links) und ihre Beauty-Marke KYLIESKIN

Was für die Kompatibilität zwischen der emotionalen Positionierung der Marke und dem Produkt unter ihr gilt, muss in gleichem Maße auch für die Passgenauigkeit zwischen dem Produkt und der Umsetzung auf den einzelnen Realisierungsebenen gelten (vgl. Schroiff & Arnold, 2004). Nehmen wir also an, wir haben eine klare Markenpositionierung und unser Produkt wird von dieser Positionierung konzeptionell getragen und unterstützt. Dann müssen wir auch konsequent in der Kodierung bzw. Inszenierung der einzelnen Realisierungsebenen des Produkts agieren.

Das bedeutet zum Beispiel nichts anderes, als das ein Waschmittel, das auf Fleckentfernung als funktionalem Benefit setzt, keine blassrosa Sprenkel im Pulver haben sollte, wenn man es denn mit der Umsetzung der Positionierung ernst meint. Warum? Nun, weil schlicht und einfach eine dunkelblaue Farbe von menschlichen Urteilern eher als impliziter Hinweisreiz für etwas Kräftiges interpretiert wird als ein blasses Rosa. Letzteres wird dafür häufiger mit »Pflege« konnotiert. Und so ist es mit den meisten Dingen, die über ihr multisensorisches Profil von uns schnell und eindeutig dekodiert werden (z. B. Scheier et al., 2010). Wir tun uns leichter, wenn wir auf Codes bzw. Inszenierungen treffen, die bei uns aus den unterschiedlichsten Gründen in bestimmten Strukturen unseres Zwischenhirns fest verdrahtet (»hard wired«) sind. Auf diese grundsätzlichen psychologischen Themen werden wir im entsprechenden Kapitel noch sehr detailliert eingehen.

2.8 Todsünde Nr. 8: Keine realistische (Finanz-)Planung

»Wir haben das Produkt eingestellt, weil sich (auch nach substanziellen Investitionen) gezeigt hat, dass in einem schwierigen Wettbewerbsumfeld die notwendigen Umsatz- und Ertragsziele nicht dauerhaft erreicht werden konnten.« So etwas hat man vielleicht schon häufiger (vorzugsweise in internen Mitteilungen) gelesen. Und dahinter steht immer die Vorstellung, dass die an der Umsetzung beteiligten Einheiten es schlichtweg nicht zustande gebracht haben, dieses großartige Produkt zu dem werden zu lassen, was es eigentlich werden sollte – nämlich der nächste Shooting Star am Marketinghimmel und der nächste große Blockbuster für die Financial Community. Das Umfeld ist schuld, es hat nicht an Investitionen gemangelt und auch nicht an der Qualität des Produkts.

Die Realität spricht hier eine andere Sprache. Könnte es nicht zum Beispiel auch so sein, dass die Umsatz- und Ertragsziele deshalb nicht erreicht wurden, weil sie nicht vor dem Hintergrund der tatsächlichen Absatzchancen der Neueinführung geplant wurden, sondern vor dem Hintergrund der von oben herab verordneten Finanzziele? Könnte es nicht zum Beispiel auch so sein, dass eine mit dem Produkt verbundene »Umerziehung« von Konsumenten (zum Beispiel durch eine neue Applikationsform oder ein verändertes Wirkungsspektrum) mit dem geplanten Kommunikations-Etat überhaupt nicht zu leisten ist? Und was heißt »substanziell« und was heißt »dauerhaft erreicht«? Über welche Zeitspanne reden wir denn hier im Einzelfall? Ist die nicht auch von Kategorie zu Kategorie, von Land zu Land unterschiedlich?

Das Kainsmal der überoptimistischen Planung
Wir glauben, dass ganz viele Projekte bereits bei ihrer Einführung das Kainsmal einer überoptimistischen Planung in sich tragen. Wie wir im Folgenden noch weiter ausführen werden, laufen diese Projekte von ihrer ersten Minute an gegen einen nicht machbaren Plan. Das hat nichts mit den berühmten »stretched goals« zu tun, mit denen viele Unternehmen argumentieren, um ihre Prognosen zu verkünden und ihre (erhofften) Umsätze zu realisieren. Auch bei Fußballvereinen findet man ja häufig zu Saisonbeginn Aussagen des Vorstands über die am Ende angestrebte Position in der Tabelle – und eigentlich weiß schon jeder am Anfang der Spielzeit, dass mit diesem Management, diesem Trainer und diesem Spielermaterial an keine Realisierung der Absicht

zu denken ist. Und dann beginnt das Rennen gegen den Plan – in den meisten Fällen eine weitere gigantische Wertevernichtung, wie wir in Kapitel 5.2 ausführen werden.

Wir glauben zunächst, dass es eine ultimative Planungssicherheit nicht geben wird. Deshalb sollten Sie Versprechungen von Instituten und Managementberatern wenig Glauben schenken, die von einer Punktlandung ihrer Prognosen oder Einschätzungen sprechen. Was aber zu leisten ist, ist eine große Sorgfalt in der Chanceneinschätzung auf Grundlage von Daten sowie jeder Art von Konsumenten-Feedback. Was zu leisten ist, ist eine größere Zurückhaltung in der öffentlichen Deklaration von zukünftigen Unternehmensleistungen in Form von Umsätzen und Wachstumsparametern. Das wird unter Umständen die Financial Community nicht schätzen, aber die schätzt noch weniger das Eingeständnis von CEOs, dass sie ihre Quartals- oder Jahresziele nicht erreichen werden.

2.9 Todsünde Nr. 9: Fehlende Einführungskontrolle und falsche Korrekturmaßnahmen

Jetzt gehen wir optimistisch davon aus, dass alle vor dem Hintergrund einer optimalen Planungshygiene gearbeitet und realistische Planungen und Zielvorstellungen entwickelt haben, was denn die Neueinführung im ersten Jahr an Umsatz und Ertrag realisieren sollte. Leider ist selbst die qualifizierteste Planung kein Garant dafür, dass diese von uns geplante Zukunft auch tatsächlich eintritt. Planung ist nicht gleichbedeutend mit Risikomanagement, wie wir weiter oben bereits konstatiert haben. Und so geschieht es häufig, dass schon bei der Einführung der Erfolg gefeiert wird. Einer der Autoren hat in seinem Leben ganz, ganz viele Einführungen begleitet und analysiert und weiß, dass man das Fell des Bären erst dann verkaufen kann, wenn man ihn geschossen hat. Und bis dahin fließt immer noch ganz viel Wasser den Rhein hinab.

Konsequente und schnelle Launch-Kontrolle
Ist man nun dem Schicksal bedingungslos ausgeliefert? Keinesfalls, denn wir beide sehen die konsequente und schnelle *Launch-Kontrolle* als große Chance, bei realistischer Planung den Verlauf der Einführung konsequent, neutral und handlungsorientiert zu beobachten, zu bewerten und, falls notwendig, unmittelbar Korrekturmaßnahmen einzuleiten.

Es gibt immer wieder Stimmen, die sagen, dass man einer Einführung nur genügend Zeit lassen muss, dann wird das schon. Schnelle Panikmache ist verpönt und am Ende wird auch der begriffsstutzige Konsument schon erkennen und zu würdigen wissen, was man ihm Gutes angedeihen lässt. Und das mit der Kontrolle könne man schließlich auch übertreiben. Auch hier zählt in erster Linie das Bauchgefühl oben in der Hierarchie und der damit ausgestattete kompetente Manager wird schon zum richtigen Zeitpunkt erahnen, was wann zu tun ist.

Am Ende muss jedes Unternehmen in eigener Verantwortung entscheiden, wie lange es im Einzelfall dieses Prinzip Hoffnung subventioniert. Wir denken auf jeden Fall, dass die Zahlen für uns sprechen. Natürlich wird es hin und wieder vorkommen, dass sich nach längeren Investitionszeiträumen wie durch ein Wunder die Absätze stabilisieren, weil der Markt sich nun in die richtige Richtung entwickelt. Das ist aber nicht die Regel, sondern eher die Ausnahme. Simple und vordergründige Kasuistik hat eben wenig mit einer langjährigen Erfahrungsstatistik zu tun. Und die spricht aus unserer Sicht eher dafür, dass Produkte, die sich nicht in den ersten sechs Monaten auf einer realistischen Planungstrajektorie entwickeln, es in der Regel auch später nicht schaffen. Wunder gibt es immer wieder – aber für das Hoffen auf Wunder haben Aktionäre nicht investiert.

2.10 Todsünde Nr. 10: Keine Organisationshygiene und politisches Powerplay

Erfolgreiches Marketing hängt auch davon ab, inwieweit es sich auf die visionäre Markenarbeit konzentriert und sich nicht von internen Strukturen und Machtgefügen leiten lässt.

Wir erleben es leider in der Beratungspraxis viel zu oft, dass im Unternehmen zahlreiche konsumentenrelevante Ideen generiert werden, die aber rasch im internen Machtgefüge zermahlen werden. Die immer wieder beobachtbaren Immunreaktionen gegen die Etablierung einer systematischen und kontinuierlichen Innovations-Pipeline z. B. sprechen Bände. Man vertraut lieber auf das Ergebnis eines internen hierarchieabhängigen Entwicklungs- und Bewertungsprozesses, anstatt sich der Möglichkeiten und Instrumente zu bedienen, die nachhaltige Absatzerfolge quasi garantieren. Alles mit dem Argument, dass man ja den »Markt kennt« – die wohl gravierendste Möglichkeit zur Abwehr von Neuem.

Markenführung ist am Ende nicht das Ergebnis einer pseudodemokratischen Entscheidung nach dem Motto »Für jeden etwas, für keinen das richtige«, sondern ein klar strukturierter Planungs- und Entscheidungsprozess. Hier gelten Faktoren, wie die Verfügbarkeit von Informationen, die Extrapolation von Konsequenzen und das Eingehen eines mehr oder weniger bekannten Risikos. Und das alles vor dem Hintergrund einer Organisation, die sich ihrer Struktur und ihrer Verantwortlichkeiten bewusst ist.

Organisation zur Innovation
Durchbricht man diese Konsistenz und bewegt sich in einer organisatorischen Heterogenität und Komplexität, dann sollte man nicht erstaunt sein, wenn sich innovative Bemühungen nicht systematisch generieren und vor allem nicht konsequent im Hinblick auf globale Chancen selegiert werden. Insofern ist »Organisation zur Innovation« ein umfassendes und zentrales Thema von eminenter Bedeutung. Dazu zählt

eigentlich fast alles: von den Rekrutierungsprinzipien bis hin zur Incentivierung im Erfolgsfall. Wer zum Beispiel alle Marketingfachkräfte von der gleichen Hochschule rekrutiert und sie gar noch einem allgemeinen, stets gleichen Intelligenztest unterzieht, der versteht modernes Recruitment falsch. Da kommt es darauf an, systematisch und umfassend *konzeptionelle Heterogenität* aufzubauen, um eine möglichst große Pluralität von Meinungen zu gewährleisten: Eine unabdingbare Voraussetzung für Veränderung ist es, den Boden für ein Klima zu bereiten, in dem Konformismus mit der Unternehmensmeinung nicht im Vordergrund der Bemühungen einer HR-Abteilung steht. Sonst verkommt Personalarbeit zu einer neuzeitlichen Form von blankem Taylorismus aus dem vorigen Jahrhundert.

Motivation zur Veränderung
Wir glauben auch nicht unbedingt, dass monetäre Incentivierung das A und O sein sollte, wenn es um Motivation zur Veränderung geht. Viele Gespräche mit Mitarbeitern und vor allem jungen Kollegen haben uns davon überzeugt, dass die Chance zur Realisierung von eigenen Vorstellungen eine viel größere motivationale Triebfeder darstellt, als seine Ideen permanent an der »Babyklappe« eines Unternehmens abgeben zu müssen und dann vom weiteren Geschehen ausgeschlossen zu werden. Daher innovieren die Teilnehmer von Inno-Lounges auch häufig nur vor der eigenen Haustür ihrer Marke bzw. Produktgruppe, denn damit steigt die Chance, dass sie selbst es auch umsetzen dürfen. Das ist mit dem Sinn und Zweck von Inno-Lounges unvereinbar. Und aus diesem Grund widmen wir auch ein Kapitel dieser Art von »weichen Faktoren«.

Soviel also erstmal vorab zu den Todsünden. In einem Punkt sind wir mit der Kirche einig: Es reicht schon, eine einzige Todsünde zu begehen, um den vollen Strafkatalog verabreicht zu bekommen. (Das mit dem Fegefeuer lassen wir zur Vereinfachung außer Acht.) Und ähnliche Verhältnisse herrschen auch im Marketing. Nicht ganz so dezidiert, aber auch wir sehen es so: Versagen in einem Realitätsbereich kann nicht durch Exzellenz in einem anderen Fach kompensiert werden. Markterfolg basiert nicht auf dem Prinzip des Abitur-Durchschnitts. Da gibt es kein Wahlfach und keinen Leistungskurs, da müssen wir in allen Fächern spitze sein. Denn die Erfolgsfaktoren sind und bleiben multiplikativ miteinander verbunden. Ein fauler Apfel verdirbt das ganze Fass und ein eklatantes Versagen an einer einzigen Stelle der Wertschöpfungskette lässt eine sonst perfekt laufende Projektstruktur in sich zusammenbrechen.

Die Liste der Todsünden kann als Checkliste in der Markenarbeit verwendet werden oder als Mittel für Gründer und Gründerinnen, sich immer wieder auf das Wesentliche zu konzentrieren, ohne sich in Details zu verlieren. Auch den beiden Autoren dient sie als Brennglas und Leitlinie in ihrer vergangenen und zukünftigen Markenarbeit und bei der Auswahl eines konsumentenrelevanten Sortimentes.

3 Innovation – Vom Consumer Insight zum Produktkonzept

3.1 Kein einzigartiges und relevantes Marken- und Produktkonzept

Die Kernursache für einen späteren Flop am Markt findet sich meistens schon in der Produkt- oder Markenidee, die zu Beginn des Wertschöpfungsprozesses kreiert wird. Ein Produktkonzept ist ein Versprechen der Marke gegenüber dem Konsumenten. Die Formulierung einer Vermarktungsidee ist aus unserer Sicht die Keimzelle des späteren Markterfolgs, aber auch die größte Fehlerquelle.

> **Wichtig** !
>
> Die Konzeptentwicklung ist die Kernaufgabe in der ersten Phase des Innovationsprozesses. Das Verbalkonzept – die Niederschrift der Produkt- oder Markenidee – ist die Grundlage für die spätere Produktdefinition und die Produktentwicklung im Innovationsprozess. Das Konzept stellt die Plattform für die Einschätzung des Geschäftspotenzials dar und gilt als Basis für die Entwicklung des Marketing-Mix, besonders auch der Kommunikations- und Copy-Entwicklung.

Das Entwickeln von Verbalkonzepten dient der frühen Identifikation von Winnern und Losern. Stellen Sie sich vor, Sie würden eine Idee erstmals zu einem Prototypen entwickeln und erst dann darüber nachdenken, ob die Idee gut ist, und sie erst anschließend auf Einzigartigkeit und Verbraucherrelevanz testen, also der entscheidenden Prüfung unterziehen, ob sie vom Konsumenten angenommen wird.

Wir haben nichts gegen frühe Prototypen – allerdings unter der Voraussetzung, dass sie auf einem entsprechend recherchierten Konzept beruhen. Und nicht allein auf der immanenten Faszination einer technischen Lösung. Leider begegnen wir häufig Neuproduktideen, die allein auf dieser persönlichen Begeisterung beruhen. Das wird für einen späteren Markterfolg sicherlich nicht ausreichend sein – gute Ideen brauchen eine »Mehrheitsfähigkeit« bei den späteren Nutzern des Produktes.

Die Selektion der besten Konzepte dient dazu, Ressourcen auf die Projekte zu fokussieren, die schon in dieser frühen Phase das höchste Potenzial aufweisen. Da in dieser Phase keine signifikanten Investments nötig sind, ist intensive Konzeptarbeit ein hervorragendes Mittel, die Innovationskreativität in der Unternehmensorganisation zu stimulieren und gleichzeitig das finanzielle Risiko zu limitieren.

3 Innovation – Vom Consumer Insight zum Produktkonzept

Prozess der Konzeptkreation
Der Prozess der Konzeptkreation läuft im Wesentlichen in fünf Schritten ab, wie die folgende Abbildung zeigt:

Concept Creation
- Understand the Consumer
- Collection of Ideas
- Idea Screening
- Concept Development
- Concept Evaluation & Testing
- Concept

↓

Marketing-Mix Development

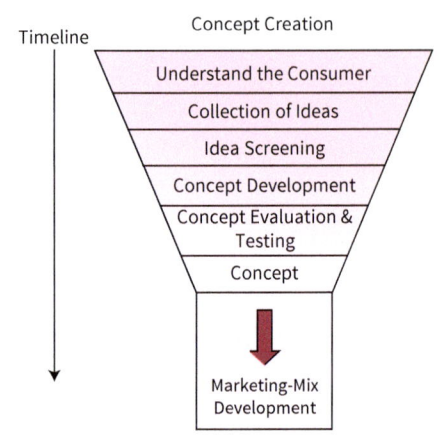

Abb. 5: Schritte der Konzeptkreation (Trichtermodell) (Quelle: Eigene Darstellung)

Wir beide haben in der Praxis sicher mehr als 20.000 formulierte Produkt- und Markenideen sowie fertige Produkte zur Beurteilung auf dem Tisch gehabt und mit den Marketingmitarbeitern und Herstellern diskutiert. In dieser kreativen Phase des Innovationsprozesses ist es völlig normal, mit einem hohen Ausschuss zu arbeiten. Aus eigener Erfahrung ergibt sich die Regel, dass nur eine von hundert als Konzept formulierte Ideen es wert ist, in den weiteren Entwicklungsprozess zu gelangen. Aber bevor wir darauf eingehen, warum es diesen hohen Ausschuss gibt und warum es so schwer ist, ein gutes Konzept zu formulieren, beschäftigen wir uns zunächst damit, wie man überhaupt eine Idee niederschreibt, um sie später intern zu beurteilen und anschließend mit Konsumenten zu diskutieren.

Ein gutes Produkt- oder Markenkonzept dient immer als Plattform für die spätere Vermarktung, es ist sozusagen die Wurzel eines Baumes, dessen Äste die späteren Marketing-Mix-Elemente darstellen. Da wir permanent konsumentenzentriert arbeiten, sollte ein Konzept immer in Konsumentensprache formuliert sein. Verwenden Sie also keine Fachsprache, keine Fremdwörter, keine unverständlichen Anglizismen, wenn Sie Ihren Kunden etwas vorstellen, dass sie faszinieren soll.

Einschätzung des Produktkonzepts durch den Konsumenten
Verbraucher haben ein sehr gutes Gespür dafür, ob ihnen jemand gerade platte Werbung verkaufen will. Daher sollte ein Konzept auf keinen Fall zu werblich formuliert werden, sondern authentisch und glaubwürdig. Konsumenten, die später im Rahmen der Marktforschung das Konzept lesen, unterliegen dabei einem kognitiven Prozess –

anders als bei der Rezeption von bewegten Bildern, die mit Musik unterlegt sind, wie im klassischen Werbespot. Auf diesen Aspekt muss in der rein verbalen Formulierung der Idee Rücksicht genommen werden.

> **Unsere Empfehlung**
>
> Eine gute Produkt- oder Markenidee muss man in zwei Sätzen formulieren können, sonst ist sie nicht eingängig genug, zu kompliziert und lässt sich später schlecht vermarkten. Eine Faustregel besagt, dass ein Konzept in der Zeit zu lesen sein muss, die man später auch zur Kommunikation bzw. Bewerbung hat. Im Bereich der Fast Moving Consumer Goods orientieren wir uns dabei an der Zeit für einen Standard-Werbespot, nämlich 20 bis maximal 30 Sekunden. Auf den Social-Media-Kanälen oder im Rahmen einer Facebook-Werbung oder einer Banner Ad hat man noch weniger Zeit, das Konzept auf den Punkt zu bringen. Mehr Zeit steht uns später aber auch nicht zur Verfügung, unsere Idee und Botschaft der Zielgruppe zu kommunizieren, daher muss auch die Grundidee innerhalb dieser Zeit verständlich und nachvollziehbar sein. Allein das ist schon eine schwierige Aufgabe. Man neigt nämlich beim Niederschreiben einer Idee zum Ausschmücken, in der Hoffnung, dass man so viele relevante Aspekte wie möglich einbaut, die der Zielgruppe zusagen könnten. Schlimmer noch: wenn man eigentlich keine gute Idee hat, und das auch spürt, und dann versucht, mit viel Text diesen Mangel zu beheben.

Ein gutes Produktkonzept besteht aus vier Teilen:
1. **Consumer Insight:** Formulierung von Bedürfnis, Wunsch, Problem oder Glauben des Konsumenten.
2. **Benefit:** Was bietet und leistet dieses Angebot zur Bedürfnisbefriedigung sowohl funktional als auch emotional? Was habe ich als Konsument bzw. Nutzer davon?
3. **Reason Why:** Warum soll ich das als Konsument bzw. Nutzer glauben? Was ist die Leistungsbegründung?
4. **Zusatzangaben:** Preis, Packungsgröße, Vertriebskanäle, Anwendungshinweise etc.

Schauen wir uns ein theoretisches Konzept einer Haarpflegemarke an, die es so nicht auf dem Markt gibt.

> **Beispiel: Produktkonzept für eine Haarpflegemarke**
>
> **Pro Care – Professionelle Haarpflege für zu Hause**
> Wenn ich vom Friseur komme, sind meine Haare besonders glänzend, haben viel Volumen und fühlen sich gut an. Denn nur der Friseur hat ja auch spezielle Profi-Produkte, die ich mir aber nicht leisten kann.
> Neu: Pro Care, die erste Profi-Haarpflege für zu Hause, die sich jeder leisten kann.
> Denn nur Pro Care hat die einzigartigen Haarpflege-Rezepturen mit Friseurqualität, die von Friseuren entwickelt und getestet wurden und auf jeden Haartyp individuell abgestimmt sind. Salonqualität, die höchsten Ansprüchen gerecht wird.
> Für Haare wie frisch vom Friseur.

3 Innovation – Vom Consumer Insight zum Produktkonzept

Pro Care gibt es in fünf verschiedenen Varianten für feines, normales, strapaziertes, coloriertes Haar und als Männerpflege.
500 ml kosten 3,99 Euro und sind überall im Einzelhandel erhältlich.
Pro Care – Professionelle Haarpflege, die sich jeder leisten kann.

Zu jedem Konzept kann bereits eine Visualisierung mitgeliefert werden, also eine Produktabbildung, Design oder Zeichnung, um dem Konsumenten die Idee anschaulicher zu machen. Dabei sollte die Visualisierung so nah wie möglich an dem Produkt sein, wie man es später auch im Handel finden könnte.

Abb. 6: Pro Care – Visualisierung des Produkts (Quelle: Eigene Darstellung, Design: Scholz & Friends)

Nehmen wir dieses Produktkonzept noch einmal in seine Einzelteile auseinander:

1. Titel: Pro Care – Professionelle Haarpflege für zu Hause
Im Titel sollte die Idee in einem Satz zusammengefasst werden, nicht zu verwechseln mit dem späteren Werbeclaim. Das entscheidende Kriterium hier ist, ob der Konsument die Idee schon beim Lesen des Titels versteht.

2. Der Consumer Insight oder Consumer Belief
»Wenn ich vom Friseur komme, sind meine Haare besonders glänzend, haben viel Volumen und fühlen sich gut an. Denn nur der Friseur hat ja auch spezielle Profi-Produkte, die ich mir aber nicht leisten kann.«

Dieses Statement bzw. dieser Glaube muss vom Verbraucher nachvollzogen werden. Beim Lesen muss der Ziel-Konsument neben diesem Statement in Gedanken ein Häkchen setzen: In dieser Aussage findet er sich wieder. Dabei ist es nicht wichtig, ob der Glaube des Konsumenten der Wahrheit entspricht oder (wissenschaftlich) begründet ist. Manche Dinge verfestigen sich über die Jahre in den Köpfen der Konsumenten. Ein Beispiel dafür ist die Auffassung, dass Silikone in der Haarpflege das Haar auf Dauer verkleben. Dieses Statement hat bei Haarpflege-Konsumentinnen eine hohe Glaubwürdigkeit. Faktisch und wissenschaftlich wurde dies bisher jedoch nicht belegt. Es lässt sich aufgrund des »accepted consumer belief« trotzdem mit der Einführung einer Haarpflege-Serie ohne Silikone darauf aufbauen.

Ein Consumer Insight kann auch eine emotionalere Einführung in ein Konzept darstellen. Zum Beispiel: »Nichts verführt meine Sinne mehr als der Duft köstlicher, selbstgebackener Desserts.« Häufig wird der Consumer Insight auch als Problem definiert, für das dann im Weiteren eine Lösung angeboten wird. Zum Beispiel: »Wenn ich meine schwarzen Kleidungsstücke wasche, habe ich immer das Problem, dass sie nach einigen Malen verblichen sind und nicht mehr so gut aussehen.« Oder: »65 Prozent aller Frauen stufen ihre Haut als sensibel ein.« Oder: »Ich liebe Marmelade zum Frühstück, möchte aber nicht so viel Zucker zu mir nehmen, Süßstoff ist mir jedoch zu künstlich. Gibt es nicht eine natürlichere und bessere Lösung?« Oder: »Ich habe Schwierigkeiten, in Parkhäusern mein Auto einzuparken, und das Gefühl, die Parklücken werden immer kleiner.« Es kann aber auch ein Statement dem Wettbewerber gegenüber sein. Zum Beispiel: »Das amerikanische AT&tT 3G-Netzwerk bietet in vielen ländlichen Gegenden keinem Empfang.«

Beschränken Sie sich immer nur auf *einen* Consumer Insight und versuchen Sie nicht, mehrere Probleme auf einmal zu lösen, sonst könnten Sie sich verzetteln. Wer überall ist, ist nirgends.

Was gute Consumer Insights sind und wie man sie identifiziert, werden wir im nächsten Kapitel behandeln. Hier geht es zunächst darum, eine eingängige Konzeptstruktur zu finden.

Achtung
- Verwenden Sie Konsumentensprache.
- Fokussieren Sie auf einen Consumer Insight oder ein Consumer-Problem.
- Bleiben Sie realistisch und definieren Sie kein Problem, für das Sie keine Lösung bieten können.

3. Der Benefit, das Leistungsversprechen: »What's in for me?«
»Neu: Pro Care, die erste Profi-Haarpflege für zu Hause, die sich jeder leisten kann.«

Hier wird kurz und knapp beschrieben, wie das Angebot das Bedürfnis befriedigt. Es muss also eine direkte und passgenaue Antwort auf den Consumer Insight sein. Häufig passiert es, dass der Benefit nicht zum Bedürfnis passt. Die Ursache kann darin liegen, dass es für die Leistung überhaupt kein relevantes Bedürfnis gibt. In diesem konkreten Fall hätte der Konsument gerne das tolle Friseurprodukt mit der Salonqualität auch für zu Hause, aber da Salonprodukte so teuer sind, kann er sie sich nicht leisten. Als Antwort bekommt er jetzt von Pro Care erstmalig ein Salonprodukt mit Friseurqualität für zu Hause, das er sich auch leisten kann.

Ein Benefit für den Consumer Insight zur Marmeladenmarke könnte sein: »Neu: Well & Fit Marmelade mit Stevia. Die erste Marmelade, die auf Zucker und künstlichen Süßstoff verzichtet und dabei den vollen Genuss sonnenreifer Früchte bietet.«

Ein Benefit für das Problem mit dem Einparken: »Neu: Das erste Quick & Easy City Parkhaus, das ihr Auto automatisch parkt und Ihnen damit alle Sorgen des Einparkens nimmt.«

! **Achtung**
- Verwenden Sie Verbrauchersprache.
- Fokussieren Sie auf einen einzigen Benefit.
- Fügen Sie einen zweiten Benefit nur ein, wenn er den ersten logisch unterstützt.
- Versuchen Sie, eine komparative Superiorität einzubauen – d. h. bauen Sie einen Vergleich ein, den Sie mit Ihrem Produkt überlegen gewinnen.

4. Der »Reason Why«, die Begründung des Leistungsversprechens
»Denn nur Pro Care hat die einzigartigen Haarpflege-Produkte mit Friseurqualität, die von Friseuren entwickelt und getestet wurden und auf jeden Haartyp individuell abgestimmt sind. Salonqualität, die höchsten Ansprüchen gerecht wird. Für Haare wie frisch vom Friseur.«

Die Begründung muss nachvollziehbar und glaubwürdig sein und das Leistungsversprechen untermauern. Benefit und Reason Why gehen Hand in Hand und müssen als Einheit verstanden werden.

Bei der Marmelade könnte der Reason Why sein: »Nur Well & Fit Marmelade arbeitet mit der natürlichen zuckerfreien Süße Stevia, die null Kalorien enthält und den Insulinspiegel im Blut nicht erhöht.«

Der Reason Why für das Problem mit dem Einparken: »Nur das Quick & Easy City Parkhaus hat das automatische Parksystem. Sie stellen das Auto in der Einfahrt ab, erhalten ein Ticket und über ein Rollensystem wird das Auto in eine freie Parklücke transportiert. Beim Abholen steht es innerhalb von drei Minuten wieder bereit.«

Ansätze für die Definition eines Reason Why können sein:
- technische Eigenschaften
- ästhetische Produkteigenschaften
- Torture-Tests
- Endorsement einer starken Marke
- Absender und Marken-Heritage
- Eine glaubwürdige Person, zum Beispiel ein Influencer oder eine Influencerin

Achtung
- Verwenden Sie einfache Konsumentensprache.
- Achten Sie auf einen logischen Aufbau, der Reason Why muss natürlich auf den Benefit antworten.
- Seien Sie kreativ, aber nicht zu technisch.
- Eine gute Visualisierung kann die Idee unterstützen.

5. Zusatzangaben

»Pro Care gibt es in fünf verschiedenen Varianten für feines, normales, strapaziertes, coloriertes Haar und als Männerpflege. 500 ml kosten 3,99 Euro und sind überall im Einzelhandel oder/und online erhältlich.«

Bei diesem Konzept ist es sehr wichtig, den Preis anzugeben, da sich das Konzept ja darum dreht, dass man sich Friseurprodukte nicht leisten kann. Außerdem wird damit geworben, dass man nicht in ein Friseurgeschäft gehen muss, sondern das Produkt überall im Einzelhandel kaufen kann. In der Haarkosmetik ist es zudem entscheidend, dass es genug Varianten für die individuellen Haarprobleme gibt.

Bei der Marmelade von Well & Fit wäre sicher die Packungsgröße interessant, die Kalorienangabe und der Preis, beim Parkhaus die Information, wo und wie viele Parkhäuser dieser Art geplant sind und was dieser Service kostet.

Mit etwas Training kann die Formulierung des Konzepts gut gelingen und das Formulieren in Konsumentensprache geht locker von der Hand. Ob sich jedoch aus dem Konzept ein am Markt erfolgreiches Angebot entwickeln lässt, hängt vor allem von der Güte des Konzepts ab.

Ein aktuell sehr erfolgreiches Konzept ist z. B. die Gründermarke The Ordinary. »Clinical Formulations with Integrity« (Quelle: theordinary.com). Eine Gesichtspflege Marke aus Kanada, die ähnlich dem ProCare-Prinzip, effektive, hightech-innovative Gesichtspflegeprodukte anbietet, die sich jeder leisten kann, distribuiert in der selektiven Parfümerie und nicht im Drogeriemarkt oder Lebensmittel-Einzelhandel. Ein Hyaluron-Serum kostet hier nicht 30 bis 200 Euro, sondern 8,99 Euro. »The Ordinary is born to disallow commodity to be disguised as ingenuity.«

3 Innovation – Vom Consumer Insight zum Produktkonzept

Was zeichnet ein gutes Produktkonzept aus?

Wir beschäftigen uns jetzt mit der Fragestellung, was ein gutes und vielversprechendes Produktkonzept ausmacht und nach welchen Kriterien man Konzepte bewertet und für den weiteren Entwicklungsprozess auswählt. Schalten Sie den Fernseher ein und schauen Sie einmal eine halbe Stunde bewusst Fernsehwerbung. So bewusst macht das natürlich normalerweise kein Konsument, aber darum geht es im Moment nicht. Beurteilen Sie nun, wie viele relevante Angebote Sie für sich identifiziert haben, die gleichzeitig auch neu für Sie sind und für die Sie sich interessieren würden. Besonders als Start-up oder Gründer ist es wichtig, jegliche Arten von Copy Cat zu vermeiden. Kein Konsument braucht die hundertste Bio-Naturkosmetikmarke, die vegan ist und auf kritisierte Inhaltsstoffe verzichtet, oder die dreißigste Gemüsechips-Marke mit Natursalz. Nach der ersten großen Welle innovativer Gründermarken, die die klassische Konsumgüterindustrie enorm unter Innovationszwang gesetzt hat, steigt jetzt die Floprate, denn jetzt wird es immer schwieriger, etwas Neues zu entwickeln, das trotzdem relevant ist.

Sie werden feststellen, dass es bei der Sichtung von Konzepten und deren Werbung mehrere Kategorien gibt:

1. Produkte, die für Sie relevant sind, aber nicht neu und daher nicht interessant für Sie, denn Ihre eigene Marke deckt das Bedürfnis gut ab.
2. Produkte, die neu sind, aber nicht relevant, da es vielleicht kein entsprechendes Bedürfnis gibt oder Sie persönlich dieses Bedürfnis nicht haben.
3. Produkte, die Sie weder als neu noch als relevant erachten und daher sofort aus Ihrem Relevant Set ausscheiden.

Am Ende werden Sie nur solche Angebote näher betrachten, die für Sie relevant sind und etwas Neues oder mehr bieten im Vergleich zu den Angeboten und Marken, die Sie bereits verwenden. Das Gleiche gilt für die Konzeptphase. Man kann es in einem Satz formulieren:

> **!** **Wichtig**
>
> Nur diejenigen Konzepte haben zur Weiterentwicklung eine Chance, die für die Zielgruppe relevant sind und etwas Neues bieten oder zumindest »mehr« bieten, als das, was sie schon heute kauft.

Das »Mehr« eines Produkts oder einer Dienstleistung kann dabei funktional oder emotional verstanden werden. Es kann sich aus der Produktleistung ableiten oder aus dem Markenimage, das positiv abstrahlt und Begehrlichkeit auslöst. In der Luxusindustrie zum Beispiel ist das Markenimage entscheidend für die Attraktivität eines neuen Produkts. Kaum eine Frau kauft eine Handtasche einer bestimmten Marke aufgrund der funktionalen Gestaltung, vielmehr sind Marke und Design der entscheidende Hebel. In allen Kategorien, in denen es um demonstrativen Konsum geht, spielt das

Markenimage eine entscheidende Rolle bei der Kaufentscheidung. Gehen Sie einfach mal an einem Wochenende in ein gut besuchtes Designer-Outlet und vergleichen Sie die Warteschlangen vor Stores der verschiedenen Anbieter. Die Länge der Schlange verrät einiges über die Bedeutung des erlebten Markenimages.

Frage nach der Einzigartigkeit
Erfolgreiche Konzepte bieten eine Einzigartigkeit, die gleichzeitig relevant sein muss. Als ehemalige Studentin der Harvard Business School wird die Autorin nie die exzellente Strategievorlesung von Prof. Dr. Cynthia Montgomery vergessen, die diesen einen Satz als Leitlinie für erfolgreiche Unternehmen und Angebote definiert hat: »The Difference which matters.« Als Frage formuliert: »Does this idea has a difference that matters?« oder »Does this company truly matter?« Nur wenn Sie diese Frage eindeutig mit Ja beantworten können, haben Sie die Kernanforderung für ein gutes Konzept oder eine Geschäftsidee erfüllt. Man kann diese Frage noch härter stellen: Würde die Welt etwas vermissen, wenn es Ihre Marke oder ihr Produkt nicht mehr geben würde?

Wenn wir uns beispielhaft einige Angebote und Business-Modelle ansehen, als sie am Markt platziert wurden, dann lässt sich die Frage nach Einzigartigkeit und Relevanz eindeutig beantworten:
- Apple I-Tunes: Die erste Musikdatenbank zum Herunterladen.
- Ikea: Das erste Möbelhaus mit modernen, kreativen Möbeln, die sich jeder leisten kann.
- Amazon: Die erste E-Commerce-Plattform, auf der ich fast alles shoppen und es mir bequem nach Hause liefern lassen kann.

Zugegeben: Es ist in Märkten, in denen es scheinbar schon alles gibt, extrem anspruchsvoll, solche neuen Ideen und Konzepte zu kreieren und zu identifizieren. Daher fallen die meisten Konzepte in der Evaluierungsphase auch durchs Raster, was für Marketingmitarbeiter sehr frustrierend sein kann. Aber es ist noch viel frustrierender, an einem schlechten Konzept weiterzuarbeiten und zwölf Monate später nach allen Bemühungen zu sehen, wie die Idee am Markt floppt.

Die meisten Neuprodukte scheitern daran, dass sie einfach nichts Neues für den Verbraucher bieten und für ihn keine Notwendigkeit besteht, von seinem jetzigen Produkt abzuweichen. Denken Sie daran, dass das Gehirn bequem und risiko-avers ist und Markenbindung gerade die Aufgabe hat, zu verhindern, dass der Konsument ständig ins Schwanken kommt. Da muss es sich schon ausdrücklich lohnen.

Die andere Kategorie von Neuprodukten bietet tatsächlich etwas Neues, aber nicht alle sehen einen ausreichend hohen Nutzen darin, es in dem intendierten Sinne zu nutzen, denn es liegt kein ausreichendes Bedürfnis oder Verlangen vor oder es gibt einfach schlicht zu wenig Konsumenten, für die sich eine Einführung rechnen würde.

Aus unserer Sicht ist hier »Flaschenpost« ein plakatives Beispiel: »Flaschenpost« ist ein (nach wie vor analoger) Lieferservice für Getränke, bei dem aber Teile des Bestellvorgangs, des Liefervorgangs und der Rechnungsstellung in die digitale Welt verlagert worden sind. Man begibt sich also auf der Website in den virtuellen Getränkemarkt von »Flaschenpost«, trifft dort digital seine Wahl und erwartet die Lieferung innerhalb der versprochenen zwei Stunden. Der Lieferservice bringt die Ware, man quittiert digital den Empfang und bekommt die Rechnung an seine E-Mail-Adresse. Insgesamt konstatiert man als Nutzer allerdings nur einen eher geringen Unterschied zum Lieferservice aus dem nahen Verbrauchermarkt. Auch das Argument, dass bei »Flaschenpost« eine wesentlich größere Auswahl zu finden sei, mag nur theoretisch einleuchten: Bei Getränken vertrauen die Kunden in den meisten Fällen auf ihr etabliertes begrenztes Repertoire an Präferenzen. Darauf sind die lokalen Getränkemärkte bereits eingeschossen und damit in der Lage, aufgrund geringerer Lagerkosten effizienter zu operieren. Wir sind sehr gespannt, wie lange sich »Flaschenpost« am Markt hält.

Schließlich gibt es ja unendlich viele Möglichkeiten, in den unterschiedlichsten Stadien einer konzeptionellen Entwicklung die Verbraucher, Kunden oder Nutzer immer wieder zu einer Feedback-Schleife mit ins Boot zu holen. Bland & Osterwalder (2020) haben gerade erst eine Art Kompendium veröffentlicht, wie man dies mit einfachen und agilen Mitteln leisten kann. Aus ganz unterschiedlichen Blickwinkeln (Corporate Innovator/ Start-up Entrepreneur/ Solopreneur) wird hier Schritt für Schritt der Prozess beleuchtet, mit dem man von einer Produktidee zu einem validierten Konzept gelangt.

Risiko der Globalisierung von Marken
In internationalen Konzernen besteht häufig das Bestreben, Marken, die es schon historisch in einigen Ländern gibt oder die im Laufe der Zeit zugekauft wurden, zu globalisieren. Was in den USA seit Jahrzehnten schon erfolgreich am Markt platziert ist und zum Zeitpunkt der Einführung ein differenziertes, relevantes Konzept aufwies und über viele Jahre Konsumentenpräferenzen aufbauen konnte, ist nicht automatisch ein Erfolg in anderen Ländern. Wahrscheinlich gibt es ähnliche Markenkonzepte nämlich schon im neuen Zielmarkt und kein Konsument hat auf diese Marke gewartet. Dazu kommt, dass der Aufbau einer neuen Marke in der heutigen zersplitterten Medienlandschaft extrem teuer ist und langer Atem nötig ist, der oft aufgrund der Rentabilitätsanforderungen des Unternehmens nicht immer gegeben ist.

Und trotzdem geschieht es, dass eine Markenakquisition über das Roll-out-Potenzial gerechnet und gerechtfertigt wird und diese dann auch umgesetzt werden muss, um intern das Gesicht zu wahren. Betrachtet man zum Beispiel im Regal die neue Körperpflegemarke für Männer »Right Guard«, die es in den USA schon seit Jahrzehnten gibt, können wir Autoren nur schwer ausmachen, was diese Serie im Marketing-Mix gegenüber dem angestammten Wettbewerb, wie Nivea, Fa, Adidas und Garnier, differenziert.

Abb. 7: Die Marke Right Guard und ihre Wettbewerber

Die Marke konnte laut dem Konsumenten-Panel der GfK seinerzeit nur einen sehr kleinen Marktanteil generieren. Aus unserer Sicht scheint zwar die Relevanz des Angebots gegeben, nämlich ein guter Deo-Schutz, jedoch mangelt es signifikant an Neuigkeitswert – eine entscheidende Voraussetzung dafür, dass Konsumenten die Marke wechseln. Da es sich um eine unbekannte Marke auf dem deutschen Markt handelte, konnte auch kein positives Markenimage den Neuigkeitsmangel ausgleichen.

Die gleiche Herausforderung haben Gründermarken, die in einer Region oder einem Land bereits sehr erfolgreich sind und sich auf einem anderen Kontinent etablieren wollen. Häufig kommt es vor, dass die Gründerin oder der Gründer, der für die Marke steht und ein Teil des Erfolgs ausmacht, in einer neuen Region gänzlich unbekannt und »unbefleckt« ist und ein paar organische Posts auf Social Media die Marke nicht etablieren können. Ein Beispiel aus Autorensicht ist Honest Beauty, eine in den USA erfolgreiche »Clean Beauty«-Kosmetikmarke, die von der bekannten Schauspielerin Jessica Alba entwickelt und geführt wird. Clean Beauty ist einer der Megatrends auf dem amerikanischen Kosmetikmarkt. Er steht für Produkte, die z. B. auf häufig kritisierten Inhaltsstoffen wie Silikone oder Parabene verzichtet. Viele Produkte sind vegan und setzen hauptsächlich natürliche Inhaltsstoffe ein. Folgende Hindernisse müssen bei einer Einführung in Europa überwunden werden:

- geringere Bekanntheit der Gründerin und des Markentestimonials
- viele der in USA kritisierten Inhaltsstoffe sind in der EU sowieso verboten
- Europa ist das Land der Natur- und Biokosmetik
- eine Fülle von Einführungen im »Clean Beauty«-Bereich

Es gilt also, für eine Einführung in Europa genau festzulegen, in welchen Dimensionen die Marke für wen relevant ist und sich vom Rest des Marktes differenziert und mit welcher Kommunikationsstrategie sich die Hindernisse der geringen Bekanntheit überwinden lassen.

Anhand unserer Checkliste könnte man überlegen, einige Punkte nachzuschärfen, die sich weniger auf das Einzelprodukt, sondern auf die Markenpositionierung beziehen, um der Marke mehr Differenzierungsmöglichkeiten zu geben, damit sie sich erfolgreich platzieren kann. Das Management hat das Problem erkannt und arbeitet an der Nachschärfung des Sortiments.

Besonders erfolgreich ist zum Beispiel L'Oréal mit der Einführung der Gründerinnen-Marke IT Cosmetics, die sie vor einigen Jahren erworben haben, nachdem sie in den USA zu den Top-Make-up-Marken aufgestiegen war. Jamie Kern Lima hat die Marke 2008 zusammen mit ihrem Mann ins Leben gerufen. Grund für die Gründung waren Jamies eigene Hautprobleme, eine erblich bedingte Rosacea, die bisher kein Make-up zufriedenstellend abdecken konnte. Aus meiner Sicht ein hochrelevanter Consumer Insight, der zum damaligen Zeitpunkt nicht zufriedenstellend bedient wurde. Wie differenzieren sich die Produkte von IT Cosmetics? Die Produktleistung bietet 100 Prozent Deckkraft, ohne maskenhaft auszusehen. Produkte, die auf das Selbstwertgefühl der Zielgruppe wirken, schön auszusehen und sich auch so zu fühlen. Mit einer extrem erfolgreichen Kommunikation, die den Vorher-Nachher-Effekt der Produkte am Gesicht der Gründerin zeigt, explodierten die Verkäufe. Die Glaubwürdigkeit der Gründerin, ihr Mission, die über die Produktleistung hinausgeht, und das professsionelle Backup von L'Oréal haben dazu geführt, dass die Marke in Europa diesen Erfolg eins zu eins wiederholen konnte.

3.1 Kein einzigartiges und relevantes Marken- und Produktkonzept

"Your real beauty inspires me!"
xoxo Jamie

Jamie Kern Lima
Co-Founder and CEO, IT Cosmetics

Abb. 8 und 9: Die Marke IT Cosmetics

Seien Sie also hart in der Beurteilung der zur Disposition stehenden Konzeptideen auf Relevanz und notwendigem Differenzierungspotenzial. Vertrauen Sie auch in der ersten Selektion Ihrer eigenen Bewertung, die auf Ihrer Erfahrung, Ihrer Intuition und dem unternehmerischem Bauchgefühl basiert. Erst danach konfrontieren Sie den Test-Konsumenten mit der Selektion Ihrer Ideen.

Notwendige Differenzierung kann erreicht werden über:
1. die Entwicklung eines neuen Benefits (Beispiel: Netflix)
2. eine neue Kombination von existierenden Benefits (das erste 2in1-Haarpflegeprodukt, Shampoo und Spülung in einem)
3. einen existierenden Benefit, der eine neue und zusätzliche Dimension enthält (das erste Make-up, das gleichzeitig wie eine Anti-Age-Creme wirkt)
4. einen neuartigen und überzeugenden Reason Why (die neue Hybrid-Technologie erlaubt es Ihnen, von Elektroantrieb auf Benzinmotor umzusteigen)

Vorsicht bei Me-too-Produkten
Lassen Sie sich nicht zu Me-too-Produkten hinreißen, es sei denn, Sie können damit ein Premiumkonzept der Konkurrenz in ein anderes Preissegment transferieren und damit kapitalisieren oder Sie haben deutlich mehr Kommunikationsbudget, um es am Markt durchzusetzen. Viele Premium-Haarpflege-Konzepte, die bei Marken wie El Vital oder Gliss erfolgreich waren, konnten ähnlich unter der »Value for Money«-Marke Schauma erfolgreich eingeführt werden. Besonders hier ist die Zielgruppe ausreichend groß.

Wenn Ihr Markenimage ein Me-too-Konzept außerordentlich gut trägt, dann kann dies auch ein Grund sein, später auf den Zug aufzuspringen. Manchmal ist die Zeit auch noch gar nicht reif gewesen und der Zweite im Markt macht das Rennen.

Es wird sehr spannend zu beobachten sein, wer im Markt der Elektroautos mittelfristig die Nase vorn haben wird. Es zeichnet sich jetzt schon ab, dass es wahrscheinlich nicht nur die Marken der ersten Stunde sein werden, sondern diejenigen, die das Thema in der Zukunft mit Power vorantreiben und dessen Markenimage das Konzept besonders gut unterstützt.

Es wird auch sehr spannend zu sehen sein, ob Länder, die keine traditionelle »Auto-Nationen« darstellen, beim Thema Elektroauto neu aufsetzen können und hier die Nase vorn haben werden, zumindest im Massenmarkt. Häufig sind es im Zuge einer technologischen Disruption nicht die traditionellen Marken, die das Rennen machen, sondern neue Marken, die keine Vergangenheit haben, die sie behindert. Neue Marken werden gegründet, die sich einzig und alleine auf Basis der neuen Technologien positionieren.

Bekannte Beispiele sind:
- Apple in der Telefonie und beim Streaming
- Amazon in der Kategorie E-Commerce
- Zalando im Bereich des Modehandels
- Netflix im Bereich des Films

Warum waren es nicht die traditionellen Marken, die sich weiterentwickelt haben und den neuen Trend rechtzeitig aufgegriffen haben? Warum hat Kodak sich nicht rechtzeitig um die digitale Fotografie gekümmert? Warum hat nicht Barnes & Nobles den E-Commerce-Buchversand groß gemacht?

Es zeigt einfach, wie schwer es ist, als Marktführer bekanntes Terrain hinter sich zu lassen und konsequent sein Geschäftsmodell in Frage zu stellen. Erfolg ist die größte Gefahr für zukünftigen Misserfolg.

Seien Sie trotzdem kritisch, wenn Ihr Chef mit einer Innovation des Wettbewerbers ankommt und darauf drängt, diese sofort für die eigene Marke zu kopieren, um am Trend teilzuhaben. Aus Erfahrung kann man sagen, dass »First to Market«- und »Time to Market«-Vorteile so stark sind, dass ein Me-too-Produkt sich nicht durchsetzen wird, es sei denn, der »First to Market«-Player macht Fehler in der Umsetzung vor allem in der Kommunikation, und die Zielgruppe hat gar nicht mitbekommen, dass es das Produkt schon auf dem Markt gibt. Das ist beim heutigen internationalen Wettbewerb jedoch eher selten. Das Me-too-Produkt wird nur einen Bruchteil des First Movers generieren und finanziell wird sich diese Einführung nicht rechnen. Darüber hinaus steht dieses Geld für die vielversprechenderen Einführungen nicht zur Verfügung.

Der Check auf Relevanz und Differenzierung ist notwendig, aber nicht ausreichend.

Abb. 10: Erfolgskriterien für Konzepte (Quelle: Eigene Darstellung)

3 Innovation – Vom Consumer Insight zum Produktkonzept

Differenzierung, Relevanz, Glaubwürdigkeit, Machbarkeit

Ein weiterer wichtiger Faktor ist die Glaubwürdigkeit des Konzepts. Nur wenn der Konsument Ihnen sowohl Benefit als auch Reason Why abnimmt, wird es zum Kaufakt kommen. Das soll heißen, dass eine geschickte Formulierung des Benefits und des Reason Why helfen kann, die Attraktivität zu steigern. Der Konsument ist sehr sensibel und identifiziert unglaubwürdige oder übertriebene Begründungen eines Benefits sofort.

Die Glaubwürdigkeit kann durch eine starke Markenplattform erhöht werden oder auch durch einen personifizierten Absender, ebenso durch eine gute visuelle Unterstützung und durch abgegebene Garantien wie zum Beispiel der Geld-Zurück-Garantie. Ebenfalls entscheidend ist die Machbarkeit einer Idee im Rahmen des von Ihnen definierten Zeithorizontes.

Viele Konzepte der Konsumgüterindustrie scheitern an einem immer wichtiger werdenden Glaubwürdigkeitsaspekt: der Haltung, der Sinnhaftigkeit oder in der Fachsprache Purpose. Was meinen wir damit? Heute reicht es zum Beispiel nicht mehr, als klassische Marke eine Line Extension herauszubringen, die dem allgemeinen Trend folgt. Es braucht ein Wertegerüst, das zusätzlich Glaubwürdigkeit und Sinnhaftigkeit verleiht.

Aktuelles Beispiel aus dem Kosmetikmarkt ist der Bio-, Vegan- oder auch allgemeiner der Naturtrend. Es gibt kaum eine klassische Marke ohne Line Extension in diesem Bereich. Und die Floprate ist enorm. Warum ist zum Beispiel aus Sicht der Autoren die Haarpflegelinie »Langhaarmädchen« ein Erfolg und »Nature Box« weniger? Langhaarmädchen wird von der Haltung und Glaubwürdigkeit der Gründerinnen getragen, die sich mit gefühlter Leidenschaft der Schönheit langer Haare widmen und zwar einzig und allein diesem Thema. »Nature Box« kommt aus unserer Sicht wie eine auf dem Reißbrett geplante industrielle Naturkosmetik-Marke daher, der es an Seele und echter Haltung fehlt und die keinen glaubwürdigen Absender hat.

Im Zeitalter der Gründermarken wird es als klassische Konsumgütermarke immer schwieriger, die Soft-Faktoren mitzuliefern. Das führt dazu, dass große Hersteller erfolgreiche Gründermarken akquirieren und skalieren. Ob sie in der Lage sind, diese nachhaltig zu führen und den Spirit und die Haltung zu bewahren, wird sich in den nächsten Jahren zeigen.

Häufig ist die Erstellung einer Innovation Pipeline in der Industrie der Fast Moving Consumer Goods auf einen Zeitraum von ein bis zwei Jahren bis zur Marktreife ausgerichtet. Darüber hinaus gibt es natürlich langfristige Forschungsprojekte, die idealerweise auch auf verbalen Konzeptideen basieren sollten und deren Consumer Insights auf Relevanz getestet wurden.

Generationen von neuen Marketingmanagern haben uns Konzepte vorgelegt, die sich differenzierten und ein relevantes Bedürfnis ansprachen, jedoch nach heutigem Stand der Branchenforschung keine Chance auf Realisierung hatten. Mit der Zeit bekommen Sie ein gutes Gefühl dafür, was Ihre Forschungsabteilung mit ein bis zwei Jahren Vorlauf zu entwickeln imstande ist.

Zuletzt ist es nötig, sich eine Meinung über das Potenzial des Konzepts zu machen in Relation zum erforderlichen Investment. Es ist sicher einfacher, ein Konzept für eine sehr spezifische Zielgruppe zu entwickeln, jedoch rechnen sich im Massenmarkt durch die immensen Einführungskosten Nischenkonzepte meistens nicht.

Fassen wir die Evaluierung einer Konzeptidee anhand der folgenden Checkliste zusammen:

	Checkliste: Evaluierung einer Konzeptidee
1.	Ist das Konzept in einfacher zielgruppenadäquater Konsumentensprache formuliert?
2.	Übersteigt die Lesezeit des Konzepts nicht die Länge von 20 bis 30 Sekunden?
3.	Kann die Idee in einem Satz zusammengefasst werden, sodass man einfach versteht, worum es geht?
4.	Basiert der Consumer Insight auf einem Consumer Belief, auf einem Wunsch oder einer Problemstellung?
5.	Ist der Consumer Insight fokussiert und spezifisch?
6.	Ist der Benefit neu und einzigartig?
7.	Ist der Reason Why die logische Erklärung des Benefits?
8.	Ist der Reason Why neu, wenn der Benefit generisch ist?
9.	Sind Benefit und Reason Why glaubwürdig formuliert?
10.	Ist das Konzept zielgerichtet (single-minded)?
11.	Differenziert sich das Konzept vom existierenden Angebot?
12.	Passt das Konzept zum psychologischen Trägersystem der Marke?
13.	Kann der Marketing-Mix aus dem Konzept eindeutig abgeleitet werden?
14.	Erregt das Konzept genug Aufmerksamkeit?
15.	Hat die Idee eine Chance auf Realisierung im angestrebten Zeitrahmen?
16.	Kann aus dem Konzept eine Kommunikationsstrategie abgeleitet werden?
17.	Hat das Konzept ausreichend Potenzial und rechnet sich das Konzept bei den gegebenen Renditeanforderungen und hohen Kommunikationskosten?

Schauen wir uns nun ein weiteres theoretisches Konzept an, das es so am Markt nicht gibt, und beurteilen es anhand der Kriterien auf Güte:

> **Produktkonzept für ein Männer-Deo**
>
> **Men Plus – das Männer-Deo, das bei dir anfängt**
> Ich schwitze beim Sport, im Büro, wenn ich unter Stress stehe und generell im Alltag. Meine Frau sagt mir, dass mein Deo versagt und ich häufig nicht gut rieche. Ich finde aber die Deo-Designs nicht so schön und daher benutze ich es selten.
> Neu: Men Plus, das Männer-Deo, das effektiv gegen Männerschweiß wirkt und den ganzen Tag für trockene Achseln sorgt. Dabei hat es ein schönes schwarzes Design, das besonders ansprechend für den Mann ist.
> Men Plus hat die Super Power Anti-Schweiß-Formel, die Achseln zwölf Stunden trocken hält, egal ob Sie beim Sport, im Büro oder im Alltag schwitzen.
> Das schwarze Design ist von einer namhaften Designagentur entwickelt worden und weist geradlinige symmetrische Formen auf.
> Men Plus gibt es in mehreren Varianten.

Dieses Produktkonzept hat mehrere Schwachstellen, wenn Sie es entlang der Checkliste prüfen: Das größte Problem stellt sich bei der Differenzierung und dem Neuigkeitswert. Männer-Deos gibt es wie Sand am Meer und alle proklamieren, dass sie effektiv gegen Schweiß arbeiten. Das heißt, der Benefit ist absolut nichts Neues, auch wenn er sicher grundsätzlich relevant ist.

Jetzt könnte man das Konzept retten, indem der Reason Why so revolutionär wäre, dass es trotzdem für den Konsumenten interessant werden könnte. Die Anti-Schweiß-Formel mit zwölf Stunden Wirkung ist jedoch auch komplett generisch und als Standard im Markt seit Langem etabliert. Darüber hinaus erklärt der Begriff »Anti-Schweiß-Formel« überhaupt nicht, wie sie funktioniert und damit glaubwürdiger sein könnte als die Anti-Schweiß-Formeln der Konkurrenz. Warum sollte man also sein Deo wechseln?

Das Konzept greift noch einen zweiten Insight auf: der Wunsch nach einem schöneren Design. Aber handelt es sich hier wirklich um einen relevanten, tragfähigen Consumer Insight, dass ein Deo nicht verwendet wird, weil das Design nicht ansprechend ist? Wie viele werden das Problem haben, bei der großen Auswahl im Regal kein ansprechendes Design zu finden? Dabei bleibt es sehr verschwommen, was ein schönes Design ist, und schwarz ist sicher kein hinreichendes Designelement für diese Kategorie, denn fast alle Männer-Deos sind schwarz, dunkelblau oder silberfarben. Die Formulierung der Begründung »namhafter Designer« und »geradlinige, symmetrische Formen« geht an der Konsumentensprache vorbei und ist schlecht nachvollziehbar, wenn man kein Fachmann in Sachen Packungsdesign ist.

Außerdem werden hier zwei Konzepte ineinander geschraubt, ein generisches Produktkonzept basierend auf dem Leistungs-Insight »Schwitzen« mit einem Designaspekt. Das Konzept ist daher wenig fokussiert und verzettelt sich.

Der Titel des Konzepts »Men Plus – das Männer-Deo, das bei dir anfängt«, der die Idee zusammenfassen soll, hat wiederum einen ganz anderen Fokus und kommt eher wie ein Werbeclaim daher. Außerdem wird der Verbraucher am Ende alleine gelassen, denn es fehlen wichtige Angaben zum Produkt wie Erhältlichkeit und Preis.

Die Frage nach dem Marktpotenzial dieses Produkts lässt sich schnell beantworten. Durch die Austauschbarkeit am Markt ist hier der Flop aus unserer Sicht vorprogrammiert. Stellen Sie sich nun vor, das Produkt wird als neue Marke eingeführt und die Marke muss erst vom Verbraucher gelernt werden. Am Ende würde hier viel Geld ausgegeben und nach zwölf Monaten wäre die Marke nicht mehr im Regal.

Nehmen wir an, dieses Konzept würde von einer besonders starken Marke eingeführt werden und allein aufgrund dieses positiven Images gäbe es genug wechselwillige Konsumenten. Dennoch wird auch dieser Umstand mittelfristig nicht reichen, genug Käufer zu binden, denn sobald es ein Wettbewerbsangebot mit einem einzigartigen USP geben wird, der relevant in diesem Markt ist, werden die Käufer abspringen. Je stärker ein Markt Commodity-getrieben ist, desto mehr müssen Sie die Nase in der Innovationspolitik oder im (besseren) Preis-Leistungs-Verhältnis vorne haben.

Leider liegen suboptimale Konzepte häufig auf dem Tisch der Entscheider und mangels besserer Alternativen wird an ihnen so lange herumgeschraubt, bis sie aus Sicht der Hoffnungslosen akzeptabel sind. Dabei würde es helfen, noch einmal mit neutralem Blick heranzugehen, erneut die Checkliste durchzugehen und schlechte Konzepte zu verwerfen. Denn diese können selbst durch einen guten Marketing-Mix in der Regel nicht mehr gerettet werden.

Der Pipeline-Effekt
Warum aber werden trotzdem so viele Konzepte weiterentwickelt und getestet, die schon am Anfang nach den benannten Kriterien durchfallen müssten? Die Marketingmanager stehen unter einem enormen Druck, die Innovation Pipeline zu füllen, um die Innovationsquote aufrechtzuerhalten und genügend Umsatzdruck im Handel aufzubauen. Wie oft haben wir das Argument des Pipeline-Effekts gehört! Der Pipeline-Effekt ist der Umsatz des Vorjahres, der mit neuen Produkten bzw. Marken gemacht wurde und bei der Belieferung des Handels die Regale füllt. Dieser Boost-Effekt, so das Argument, würde im Folgejahr wegfallen, wenn man nicht wieder mit der gleichen Anzahl von Innovationen arbeitet. Dabei lautet die Kernfrage, wie viele Neuprodukte der Markt verträgt und wie viele auch ausreichend unterstützt werden können. Es

ist besser, sich nur auf die Anzahl von Innovationen zu konzentrieren, die später eine Chance auf ausreichende Unterstützung haben.

Kernursache für die hohe Floprate ist also zunächst die mangelnde Qualität der Idee bzw. des Konzepts, aber dann auch die Weiterverfolgung von schlechten Ideen in der Hoffnung, dass sich im weiteren Prozess noch etwas daraus machen lässt. Auf der anderen Seite garantiert ein gutes Konzept noch keinen Markterfolg, denn ein gutes Konzept ist nur die Basis für eine spätere Realisierung und auf dem weiteren Weg verstecken sich noch jede Menge Fallen, die aus einem anfänglich guten Konzept trotzdem einen Flop werden lassen können.

Kanonenkugel oder Schrotflinte?
Was ist besser? Mit der *Schrotflinten-Methode* den Markt mit Innovationen zu befeuern oder mit der Kanonenkugel fokussiert ab und zu einen Schuss abzugeben? Unserer Ansicht nach liegt die Wahrheit zwischen diesen beiden Extremen. Es bedarf einer hohen Anzahl von Innovationen im Markt der Fast Moving Consumer Goods, um Marktanteilgewinne zu generieren. Mit einer ausreichenden Disziplin im Innovationsprozess wird sich die Anzahl der Flops reduzieren lassen, aber nie zu 100 Prozent. Das heißt, es ist wichtig, die Einführungen sehr eng zu monitoren, um dann schnell zu reagieren und ausschließlich in die erfolgreichen Produkte zu investieren. Die Rohrkrepierer müssen schnell ausgetauscht werden. Deshalb ist es auch notwendig, die Innovation Pipeline permanent gut auszustatten, damit kein Loch entsteht, das dann entsprechend Umsatz kostet.

Die *Kanonenkugel-Methode* hat zur Voraussetzung, dass die wenigen Kanonen, die man abfeuert, sitzen müssen. Gehen diese Kugeln aber ins Leere, da sie den Markt und die Zielgruppe nicht treffen, dann hat man ein doppeltes Problem: zu wenig Manövriermasse, auf die man setzen kann, und zu wenig Nachschub. Setzen Sie also nicht auf zu wenig Pferde, denn Sie können zu keinem Zeitpunkt mit Sicherheit voraussagen, ob ein Produkt ein Erfolg wird oder nicht. Viele werden entgegnen, dass man mit Marktforschung sehr wohl vorab genau definieren kann, ob eine Einführung erfolgreich wird oder eben nicht.

Wir Autoren kennen richtig viele Unternehmen, die maximal in Marktforschung investieren bis hin zu Testmarkt-Modellen und trotzdem eine hohe Flopquote aufweisen. Es können sich die Rahmenbedingungen zwischen Testphase und Markteinführungsphase ändern, die Reaktion des Wettbewerbs lässt sich nicht genau voraussagen und ein Marktforschungstest kann nie das exakte Abbild der Realität sein. Je weniger real die Testumstände sich gestalten, desto schwerer ist es, eine genaue Prognose abzugeben. Trotzdem ist Marktforschung wichtig, um ein Konsumenten-Feedback einzuholen, auf Basis dessen sich Optimierungen im Konzept und im Marketing-Mix erreichen lassen. Die Einführungsentscheidung kann die Marktforschung dem Manager jedoch nicht abnehmen, am Ende ist es und soll es eine unternehmerische Leistung und Entscheidung sein.

3.2 Keine Konsumentenorientierung

Man kann sich die Leute nicht immer aussuchen, neben denen man im Flugzeug sitzt. Einem der Autoren ist vor geraumer Zeit das Unglück widerfahren, einen Sitznachbarn zu haben, der ihm auf einem Langstreckenflug über einen Zeitraum von ca. sechs Stunden erklärt hat, wie man geschäftlich erfolgreich ist. Alles habe, so der fleischgewordene Entrepreneur, nur damit zu tun, dass man eine Idee habe, dass man bedingungslos dran glaube, dass man alles tun müsse, um diese Idee auch in ein Produkt zu transferieren, und dass man sich auch von allen möglichen Kritiken nicht abschrecken lässt, sein Projekt starr und ohne Rücksicht auf Verluste durchzuziehen. Verbraucher hätten ohnehin keine Ahnung und in der Regel auch nicht die Ausbildung für das Geschäft. Von den Visionen ganz zu schweigen, um wirklich revolutionäre Produkte zu erfinden und durchzuboxen. Verbraucher hätten sich als passive Rezipienten der individuellen Genialität des Erfinders zu beugen – letztendlich geschähe das alles nur zu ihrem eigenen Wohl und natürlich auch um des Fortschritts willen.

Natürlich hatte der Entrepreneur auch eine ganze Reihe von Beispielen parat, in denen das offensichtlich ganz wunderbar geklappt hatte. Dabei fiel unweigerlich der Name Steve Jobs, den er quasi als Innovationsikone fortwährend mit einem Leuchten in den Augen glorifizierte. Einer der Autoren hat sich selten so sehr danach gesehnt, wieder festen Boden unter den Füßen zu haben. Einen Augenblick wurde noch überlegt, ob man nicht diesen Dinosaurier der historischen »Make and Sell«-Fraktion noch fotografieren sollte, aber aus Selbstschutz wurde dann doch davon abgesehen.

Neulich hat einer der Autoren diesen Menschen noch einmal gegoogelt. Nicht wirklich erstaunlich: Seine Firma gibt es nicht mehr. Er hat sie verkauft, angeblich aus Altersgründen, aber die Informationen sprechen eher für durchgängige Erfolglosigkeit.

Und vor einer Reihe von Jahren (im Mai 2013) hat die Zeitschrift Absatzwirtschaft von einem erschreckenden und tragischen Fall berichtet: von der Kaufhauskette J. C. Penney aus den USA und deren CEO. Der kam mit höchsten Vorschusslorbeeren von Apple und hatte nur ein Credo, nämlich alles genauso zu machen, wie Steve Jobs es auch bei Apple gemacht hat. Also eine ähnliche Basisstrategie, mit der auch Walmart in Deutschland gescheitert ist: »Mach' es so wie immer, alles funktioniert überall!« Durch dieses Vorgehen hat J. C. Penney umfängliche Erfolgseinbußen hinnehmen müssen. Wer sich gerne in Gruselkabinetten aufhält oder Geisterbahnfahrten schön findet, der sollte das einmal im Detail nachlesen.

Alle kennen (und verehren) das hehre Bild vom Erfinder, der ganz nach Frankenstein-Manier in der Abgeschiedenheit seines Labors vom Geistesblitz getroffen wird und dann auf mirakulöse Art und Weise so lange herumtüftelt, bis unter Fanfarenklängen der staunenden Menschheit etwas völlig Revolutionäres präsentiert wird, an das keiner jemals zuvor auch nur zu denken gewagt hat. Wir möchten nicht abstreiten, dass es so etwas tatsächlich gibt. Und wir möchten auch nicht negieren, dass aus dieser Art Bemühungen manchmal etwas entsteht, von dem die Menschheit tatsächlich sagt: »Wie gut, dass es das jetzt gibt!«

Aber – leider handelt es sich in vielen dieser Fälle um sogenannte singuläre Ereignisse, die keiner systematischen Planung, in der Regel keiner wirklichen Bedarfsanalyse, keiner Wirtschaftlichkeitsberechnung und schon gar keiner geregelten Absatzplanung unterliegen. Es ist ein bisschen so, als würde man nachts in den Wald ballern und morgens feststellen, dass man ein Wildschwein erlegt hat, das zufällig in die Schussbahn gelaufen ist. Sicherlich führt das in Jägerkreisen zu einer Art von Bewunderung, aber letztendlich ist es nur das Glück des tumben Toren – und wer kann es sich schon leisten, fortwährend nachts in den Wald zu ballern.

Wunderbar ist es, wenn ein Unternehmen es sich leisten kann, seine Forschungs- und Entwicklungsaktivitäten den kreativen Zufalls-Quantensprüngen einer abgeschiedenen Kaste von Eggheads zu überlassen, denen es zunächst gar nicht darauf ankommt, ob die Ergebnisse verbraucherrelevant sind oder nicht. Leider funktionieren erfolgreiche Unternehmen nicht nach dem Zufallsprinzip. Deshalb attestieren wir dem Modell einer zufallsgesteuerten, eher unternehmensintern-generierten Innovation Pipeline keine Zukunft, wenn es um die dauerhafte Ertragskraft eines Unternehmens geht. Vor dem Hintergrund der Tatsache, dass zumindest börsennotierte Unternehmen heute ganz klare, jährlich festgeschriebene Wachstums- und Ertragsziele haben, ist es für uns nicht vorstellbar, dass man sich an dieser Stelle ganz offensichtlich auf den Zufall verlässt.

Wie wir weiter unten noch ausführen werden, ist der Aufbau und der Unterhalt einer prall gefüllten Innovation Pipeline so etwas wie eine Lebensversicherung, Ertragsgarantie und Arbeitsplatzsicherung in einem. Das passiert aber nicht von alleine oder zufällig, sondern ist das Ergebnis eines regelgeleiteten und kontinuierlichen Prozesses, für den Marketing und Marktforschung gemeinsam Verantwortung tragen.

Marktorientierung als Kardinalstrategie – vom »Make and Sell« zum »Sense and Respond«
Einer der Autoren hat in seinem Büro ein großes Bild, auf dem nur ein einziger Satz steht: »Erfolgreiche Innovationen entstehen durch den Kontakt mit anderen Menschen.« Da sieht er ständig drauf, wenn er arbeitet – und auch, wenn er nicht arbeitet. So eine Art Credo eben – oder ein Mantra. Was sind erfolgreiche konsumentenzentrierte Innovationen? Zur Verdeutlichung geben wir vorab zwei Beispiele von Produkten, die im Markt als erfolgreich bezeichnet werden müssen.

3.2 Keine Konsumentenorientierung

Beispiel: Das Erfolgsgeheimnis einer Waschmittelmarke

Lever brachte in England eine Line Extension ihrer Waschmittelmarke Persil (die übrigens nichts mit dem deutschen Persil zu tun hat) unter dem Namen »Persil Aloe Vera« auf den Markt. Die Positionierung war eigentlich relativ trivial: Man nutzte den Inhaltsstoff Aloe Vera, um Konsumenten mit empfindlicher Haut zu signalisieren, dass dieses Produkt eben besonders für sie geeignet sei und lästige Allergien aufgrund von Waschmittelinhaltsstoffen der Vergangenheit angehören. Aloe Vera war entsprechend in dem Kosmetikmarkt durchgesetzt und auch breiteren Zielgruppen unter dem angenommenen Wirkspektrum bekannt. Chemiker hingegen werden nicht müde zu beteuern, dass Aloe Vera gar kein aktiver Inhaltsstoff eines Waschmittels sein kann – noch nicht einmal für ein hautfreundliches. Wir sind beide keine Chemiker, aber das könnte stimmen. Für den Markt ist das jedoch überhaupt nicht entscheidend – Persil Aloe Vera wurde ein Riesenerfolg in England und anderswo.

Beispiel: Konsumentenorientierung bei L'Oréal

L'Oréal profilierte sich mit einem Colorations-Angebot unter der Marke »Couleur Experte«. In der Packung befand sich eine ganze Reihe von Tuben und Fläschchen, die letztendlich nichts anders darstellten als die Kombination eines herkömmlichen Färbeprodukts und eines herkömmlichen Bleichprodukts. Letzteres wird häufig eingesetzt, um dem Haareindruck durch selektive Aufhellung (Strähnchen) mehr Lebendigkeit und Strahlkraft zu verleihen. Insgesamt also in keinster Weise eine funktionale Revolution, sondern eine gezielte Kombination von bestehenden Produkten! Genau diese Kombination aber stellte den Hintergrund für den großen Erfolg beim Konsumenten dar. Denn wenn man sie fragt, warum dieses Angebot für sie so attraktiv ist, dann hört man in der Regel, dass das Produkt eben genau das bietet, was Friseure machen: Auftragen einer Basis-Coloration und dann die möglichst künstlerische Modellierung von Strähnchen oder Highlights, um das Ganze nicht wie einen uniformen Farbhelm, sondern möglichst natürlich und lebendig erscheinen zu lassen. Und genau das konnte man nun selbst zuhause anwenden.

Eigentlich aber war das auch nichts Neues – wer genau hingeschaut hat, hätte möglicherweise bereits im Vorfeld entdecken können, dass ein bestimmter Prozentsatz von Käufern im Konsumenten-Panel Kaufakte aufwiesen, bei denen immer eine Basis-Coloration und ein Strähnchen-Produkt zusammen eingekauft werden. Über ein gezieltes Data-Mining wäre man hier rasch ebenfalls zu einer gleichlautenden Erkenntnis gekommen, die man in weiteren Entwicklungsschritten eines Innovationsprogramms hätte umsetzen können.

Dem entgegen steht häufig ein fest zementiertes mentales Modell, was denn nun in eine Produktgruppe gehört und was nicht. Wer sich in Colorations-Märkten auskennt, lernt eben recht früh, dass Haarfärbemittel und Mittel, die das Haar bleichen, völlig unterschiedliche Produktgruppen repräsentieren: Die einen färben das Haar und die anderen bleichen es. Beide haben nichts gemeinsam und das erweist sich offensichtlich als großer intellektueller Hemmschuh, trotz aller Evidenz über ein Kombinationsprodukt nachzudenken. »Couleur Experte« wurde in Europa ein großer Erfolg auch deshalb, weil man es schaffte, die konzeptionelle Trennung zwischen Produktgruppen aufzuheben.

»Make and Sell« versus »Sense and Respond«
Wir setzen nach wie vor auf eine Unternehmensstrategie, die sich unter dem Motto »Sense and Respond« zusammenfassen lässt. Steve Haeckel (1999) von IBM hat sie in seinem wegweisenden Buch »The Adaptive Enterprise« eingehend beschrieben und gegen das klassische »Make and Sell«-Vorgehen kontrastiert. Haeckel erklärt die beiden Paradigmen am Unterschied zwischen Bus und Taxi. Busse verkehren zu festgesetzten Zeiten zwischen festgesetzten Standorten. Mal fahren sie fast völlig leer, mal fahren sie völlig überfüllt. Ein Taxi fährt zu variablen Zeitpunkten und zu variablen Zielen. Busse sind kaum in der Lage, rasch auf einen variierenden Bedarf zu reagieren (zum Beispiel am Ende einer Massenveranstaltung), Taxis tun dies meistens sehr schnell und adaptiv.

Unternehmen, die nach dem »Make and Sell«-Muster arbeiten, stellen etwas her und attestieren sich mit ihrem Produkt die unbestreitbare Richtlinienkompetenz über das, was zu konsumieren ist und was nicht. Der Verbraucher wird als eine Art passiver Empfänger dieser Errungenschaften gesehen und darf sich nicht aktiv in die Produktgestaltung einmischen – weil er ja auch gar nichts davon versteht. Henry Fords Spruch über das Auto in jeder Farbe (solange sie schwarz ist) ist paradigmatisch für eine Einstellung, die gar nicht so prähistorisch ist, wie man es zunächst vermuten möchte.

Wir wollen nicht ausschließen, dass auch in heutiger Zeit eine solche Einstellung nicht hin und wieder erfolgreich sein kann. Aber wir setzen doch ganz eindeutig auf ein hohes Ausmaß an Markt- und Konsumentenorientierung (vgl. Deshpande, 1999). Marktorientierung ist eben alles: es ist nicht nur eine *Strategie*, sondern auch eine *Kultur* (Wertvorstellungen, die den Konsumenten an die erste Stelle setzen) und eine *Taktik* (eine Menge an Prozessen und Aktivitäten, die darauf abzielen, einen Kunden zu gewinnen und zufriedenzustellen). Marktorientierung ist alles, ohne Marktorientierung geht nichts – vor allem im Hinblick auf Innovation (vgl. auch Day & Schoemaker, 2006; Joachimsthaler, 2007).

Hat man sich als marktorientiertes Unternehmen deklariert und damit eine »Sense and Respond«-Strategie verbindlich als dauerhaft definiert, dann resultiert daraus die Grundlage für ein umfassendes Marktforschungsprogramm mit der Zielsetzung, das Bekenntnis zur faktenbasierten Konsumentenorientierung zu orchestrieren und zu installieren. Daraus ergeben sich immense Verpflichtungen sowohl der Marketingeinheiten als auch der Marktforschungsabteilung im Unternehmen gegenüber. Diese Verpflichtungen bestehen in der Schaffung und im Unterhalt eines sogenannten *Learning Plan*. Damit meinen wir die grundlegende Systematik hinter der gezielten und umfassenden Beschaffung von Informationen, die als Grundlage für ein solides und einheitliches Verständnis von Konsumenten und Märkten steht.

Learning Plan – Konzeptgeleitete Wissensakquise

Der Learning Plan ist eine Art konzeptionelles Gerüst für das, was das Unternehmen über seine Marktforschung an grundlegenden Informationen erwirtschaften und beständig aktualisieren muss. In diesem Plan wird verbindlich festgelegt, was an Informationen in welchen Intervallen im Unternehmen bereitgestellt werden muss, um eine ständige Fühlungnahme an sich verändernde Konsumentenstrukturen und Marktgegebenheiten zu gewährleisten. Solche Pläne obliegen in der Regel der Verantwortung eines globalen Marktforschungsleiters, der das gegebene Investitionsvolumen in die Marktforschung entsprechend verantwortungsvoll und differenziert auf die einzelnen Informationsquellen aufteilen muss.

Es gibt daher kein allgemein verbindliches Pflichtenheft, was ein solcher Learning Plan beinhalten muss. Das ist sicherlich von dem angenommenen Grad an Marktorientierung abhängig, aber orientiert sich auch an Faktoren wie an dem geplanten Investitionsvolumen in die Marktforschung und nicht zuletzt auch von Faktoren wie der regionalen Streuung eines Unternehmens: Produktgruppen (zum Beispiel Nahrungsmittel), die ein regional differenziertes Produktangebot unterhalten, werden in der Regel regional differenzierte Learning Plans aufstellen müssen.

Von grundsätzlicher Bedeutung im Rahmen eines solchen Learning Plan erscheint uns die basale Unterscheidung zwischen sogenannten stellvertretendem und persönlichem Lernen.

Unter *stellvertretendem Lernen* verstehen wir den Erwerb von Wissensinhalten, die in einer aggregierten expliziten Form dem Lernenden zur Verfügung gestellt werden. Wöchentliche Marktanteile zum Beispiel sind sehr hoch verdichtete Informationen über den relativen Abverkauf von Produkten – diese Informationen erlauben natürlich keinerlei Rückschlüsse auf die Hintergründe der einzelnen Verkaufsakte.

Unter *persönlichem Lernen* verstehen wir den Erwerb von Wissensinhalten, die in einer unmittelbaren Interaktion des Lernenden selbst mit Konsumenten und Marktgegebenheiten erfahren und verarbeitet werden. Diese Informationen sind in der Regel nicht aggregiert, sondern singulär, und sie können auch in impliziten Formaten vermittelt werden (das bedeutet, dass der Lernende sich dieser Information zunächst gar nicht bewusst wird).

»Nicht alles, was zählt, kann gezählt werden, und nicht alles, was gezählt werden kann, zählt«, soll Albert Einstein einmal gesagt haben. Besuche in Haushalten von Konsumenten zum Beispiel oder sogenannte »Store Checks«, gelegentliche »Listening-Ins« beim Verbrauchertelefon des Unternehmens, Lesen der geposteten Beiträge auf

Social-Media-Plattformen, Produkterfahrungen aus der Selbstverwendung von Produkten, teilnehmende Beobachtungen am Point of Sale oder am Point of Use – all das sind wichtige persönliche Erfahrungen, von denen wir glauben, dass sie unabdingbare Ergänzungen und Erweiterungen dessen darstellen, was Produktverantwortliche im Rahmen ihrer Auseinandersetzung mit den Inhalten stellvertretenden Lernens erfahren müssen. Hier bietet heute die Informationsflut im Netz vielfältige Möglichkeiten, etwas über Konsumenten/Nutzer, ihre Bedürfnisse und Gewohnheiten, ihre Präferenzen und Ablehnungsgründe zu erfahren.

Retrospektion und Prospektion
Eine weitere wichtige Unterscheidung ist aus unserer Sicht die zwischen *Retrospektion* und *Prospektion*.

Unter *Retrospektion* verstehen wir alle Wissensinhalte, die wir erfahrungswissenschaftlich aus unseren bisherigen Erkenntnissen subsumieren können. Dabei handelt es sich in der Regel um Regeln, die aus unserer persönlichen Erfahrung stammen, oder Heuristiken, die häufig in sogenannten Fact Books festgehalten werden und als quasi unumstößlich gelten. Dieses Wissen hilft uns bei der retrospektiven Erklärung dessen, was geschehen ist und was wir gegebenenfalls tun müssen, um eine gewünschte Entwicklung herbeizuführen (siehe Kapitel 5.2).

Unter *Prospektion* verstehen wir alle kognitiven Vorgänge, die dazu führen, das Bestandswissen über einen bestimmten Zeithorizont hinaus zu extrapolieren. Ein ungleich schwierigerer Vorgang, denn hier ist das Denken in unbestimmten Zukünften gefragt und eine Art kreative Spekulation darüber, wie sich Konstellationen von Bedingungsfaktoren bilden und welche Auswirkungen dies wiederum auf eine Reihe von anderen Faktoren hat. Oft hört man bei Szenario-Workshops, wie wichtig das sei. Stimmt, aber die meisten dieser Workshops werden leider erst dann gemacht, wenn plötzlich jemandem auffällt, dass die Innovation Pipeline schon ziemlich ausgetrocknet ist und man jetzt (!) was tun muss. Der eigentliche Sinn und Zweck – nämlich im Unternehmen eine »Zukunftsdenke« zu etablieren – wird nach unserer Meinung eher selten erreicht; man möchte doch lieber in der Abschlusspräsentation die Innovationen für das nächste Halbjahr sehen. Wir glauben daher, dass es sinnvoller ist, dem Unternehmen generell ein prospektives Denkmodell zu verordnen, das man dann kontinuierlich mit Informationen unterfüttert, um zu sehen, wo die Reise denn langfristig so hingeht.

Einige Methoden im Rahmen eines Learning Plans

1. Ethnografie
Unter Ethnografie versteht man eine Forschungsrichtung, bei der auf der Basis von qualitativen Forschungsdesigns versucht wird, Einblicke in die Lebens- bzw. Erfahrungswelten von kulturellen Gruppen zu erhalten. Im Vordergrund stand zunächst die

bessere Beschreibung und das Verstehen von kulturell unterschiedlichen Gruppen – mittlerweile wird auch in der Marktforschung von »Ethnografie« gesprochen, wenn unmittelbare Einblicke in die Lebenswelten von Konsumenten gemeint sind.

Wir sehen das Thema relativ entspannt jenseits aller definitorischen Klärungsversuche und betrachten es als eine großartige Gelegenheit für Marketingmanager und Marktforscher, ihren Zielgruppen nun faktisch auf den Leib zu rücken und sie in ihrem natürlichen Habitat direkt zu erfahren und daraus ihre persönlichen Erfahrungen über zum Beispiel Produkterleben zu ziehen. Hier geht es zunächst gar nicht um die Festschreibung von übergeordneten Gesetzmäßigkeiten, sondern um die einfache, persönliche und direkte Erfahrung, wie zum Beispiel Konsumenten mit Produkten umgehen und in ihrem ganz speziellen Anwendungskontext darüber denken. Wir halten diese persönlichen Erfahrungen für ganz wesentlich – man begreift schlichtweg Menschen in ihrem konkreten Denken und Handeln nicht ausschließlich über die flüchtige Inspektion von irgendwelchen Exceltabellen. Die Art und Weise, wie mit Produkten umgegangen wird – auch wenn dies jenseits der Gebrauchsanleitung geschieht – ist eben Konsumentenrealität und als solche schlichtweg gesetzt.

2. Home Visits
Für nahezu unverzichtbar halten wir bei allen Konsumgüterherstellern die regelmäßige Teilnahme an sogenannten Hausbesuchen oder Home Visits. Für Start-ups gilt natürlich in ähnlicher Form, dass sie sich hinreichend mit der unbeeinflussten Nutzung ihres Angebotes durch normale User auseinandersetzen. Hier geht es wirklich um das Eintauchen in Lebensumwelten, die dem einzelnen Innovator vielleicht in dieser Form nicht unbedingt vertraut sind. Sie stellen aber dennoch die konkrete Konsumentenrealität dar, an der sich Konzepte, Produkte, Kommunikation, Nutzeroberfläche und alles andere orientieren müssen, um eben genau dieser Realität zu entsprechen. Der persönliche Eindruck eines Lebensumfelds und eine daraus zu reflektierende Einstellung beispielsweise zu Themen wie Sauberkeit und Hygiene sind wichtige Erfahrungsbausteine in der Bildung eines mentalen Modells der aktuellen Konsumentenrealität mit all seinen Facetten – damit kann die hoch verdichtete Aussage eines zahlen-fokussierten Marktanteilsreports nicht konkurrieren.

Natürlich kann man sich über Einstellungen zur Kosmetik anhand von Branchenreports informieren, man kann sich in entsprechenden Fachzeitschriften der neuesten Trends vergewissern – ein viel leibnäheres Bild über ein Nutzer- bzw. Verhaltensrepertoire ergibt sich vielleicht, wenn man sich Fotos anschaut, die das Innere von 100 Badezimmerschränken zeigen. Hier spiegelt sich jedes Mal eine individuelle Nutzerhistorie und Nutzergegenwart. Wer diese Informationen inhaltlich zu deuten versteht, erarbeitet sich einen unschätzbaren Informationsvorteil, der wesentlich dazu beiträgt, weitere Informationsströme besser verstehen und besser in ein Gesamtbild integrieren zu können.

3. Produkt-Repertoire (Pantry Checks)

Einer der Autoren erinnert sich an eine groß angelegte Studie zu Fragen des persönlichen ökologischen Bewusstseins in der Bundesrepublik Deutschland. Natürlich gingen wir davon aus, dass ein Großteil der Fragen zum Beispiel zur Nutzung von Toilettenreinigern oder Bleichlaugen-Produkten im Sinne der sozialen Erwünschtheit beantwortet werden würde. Nicht erwartet hatten wir eine solch große Diskrepanz zwischen dem in der Studie verbal deklarierten Nutzungsspektrum und dem, was unsere Interviewer tatsächlich bei einem Blick in die Besenkammer an Reinigerprodukten in den jeweiligen Haushalten vorfanden: Mehr als die Hälfte der Stichprobe hatte ihr Nutzungsverhalten im Fragebogen künstlich »ökologisiert«.

4. Focus Groups / Gruppendiskussionen

Man hört und liest doch einiges über diese Möglichkeit, Angehörige von Zielgruppen über ein bestimmtes Thema in einem kleinen Kreis unter Anleitung eines Moderators reden zu lassen. Das Spektrum der Meinungen reicht von Glorifizierung bis zur Verteufelung dieser Gesprächsrunden. Beides erscheint uns in der Tat nicht gerechtfertigt – wie bei so vielem liegt auch hier die Wahrheit in der Mitte. In vielen Fällen entdeckt man die Wurzel allen Übels bereits in dem Briefing, welches das Marktforschungsinstitut vom auftraggebenden Unternehmen erhalten hat. Da steht häufig keine ausgewogene Behandlung des Themas in einem explorativen Sinne, sondern eine Art konfirmatorisches Diktat dessen, was auf jeden Fall herausgefunden werden muss. Geschieht das dann aus welchen Gründen auch immer nicht, dann taugen die Methode, der Moderator, das Institut und der Konsument überhaupt nichts, weil nicht sein kann, was nicht sein darf. Unabdingbar positiv erscheint uns aber nach wie vor die Möglichkeit, sich über die Interaktion von Konsumenten untereinander zu Produkten, Konzepten, Werbung oder was auch immer in die kollektive Gefühlswelt hineinzudenken und sich dadurch inspirieren zu lassen. Marktanteile lassen sich leider aus Gruppendiskussionen nicht vorhersagen – Gespür entwickeln für das, was geht, schon.

5. Expert Partners / Lead Users

Es gibt häufig Personengruppen, die ein ganz intensives Nutzungsverhältnis zu einem Produkt oder einer Produktgruppe haben – diese werden häufig als *Intensivverwender* bezeichnet, wobei dieser Begriff nur den quantitativen Aspekt dieses Verhältnisses widerspiegelt. Wir haben im Laufe der Zeit gelernt, diese Gruppen auch qualitativ als Entwicklungspartner zu nutzen, weil sie eben aufgrund ihrer intensiven Auseinandersetzung mit den Produkten eine intime Kenntnis des Leistungsspektrums besitzen und sehr häufig auch individuelle Lösungen bzw. Verbesserungen produzieren, um Leistungsdefizite zu kompensieren.

Aufgrund unserer gemeinsamen Vergangenheit in der Haarkosmetik haben wir die Gespräche mit Friseuren sehr zu schätzen gelernt. Friseure besitzen nach unseren Erfahrungen ein ganz elaboriertes und implizites Wissen über die beiden Themen, die uns hier primär interessieren: über Haare und vor allen Dingen über die Beziehung von Frauen zu Haaren. Von daher ist die Absorption dieses Wissens ein wesentlicher Eckpfeiler zum erfolgreichen Agieren in dieser hoch emotionalen Kategorie.

An der RWTH Aachen hat sich im engeren Hochschulbereich kulinarisch einiges getan – die Mensa-Monokultur ist endgültig abgelöst worden durch ein buntes gastronomisches Umfeld, das flexibel auf die Bedürfnisse von Nutzern eingeht, die im weitesten Sinne an allen Formen von Convenience Food interessiert sind. Deshalb erscheinen uns z. B. »guided culinary tours« mit Studierenden als ein Gebot der Stunde zum Beispiel für alle Unternehmen, die innovativ in der Food- oder Restaurantbranche für jüngere Zielgruppen unterwegs sein wollen.

So soll ein globales Unternehmen, das erfolgreich im Männermarkt der Rasierartikel tätig ist, regelmäßige und intensive Kontakte zu »Experten« pflegen, für die die perfekte tägliche Ganzkörperrasur unverzichtbarer Bestandteil der erfolgreichen Ausübung ihres Berufs ist – etwa männliche Stripper-Ensembles nach dem Muster der Chippendales. Das mag zunächst ungewöhnlich klingen, dennoch muss man zugeben, dass dies unter dem Imperativ der Befragung von Intensivverwendern ein konsequenter und richtiger Schritt zur Wissensakquisition darstellt.

Ein Unternehmen, das industrielle Klebeprodukte herstellt, ist gut beraten, aus der Gruft seiner Labore heraus in die Welt zu treten und sich systematisch mit Personen ins Benehmen zu setzen, die diese Produkte tagtäglich professionell anwenden. Wochenend-Workshops zum Beispiel mit Schreinern sind absolut dazu geeignet, Sichtweisen in der Produktentwicklung von Holzklebern grundlegend zu korrigieren. Aus Gesprächsrunden mit Reinigungspersonal bzw. professionellen Gebäudereinigern erfährt man meistens das Entscheidende über die Defizite von Produkten und was aus Sicht solcher Intensivverwender als weitere Entwicklungsschritte angedacht werden sollte. Auch wenn sich mancher Produktentwickler beim Betrachten von Anwendungsvideos eines Isolierschaums auf einer Baustelle mit Grausen abwendet, so stellt dieses Verhalten doch eher die Norm in der Produktapplikation dar – und das Unternehmen sollte besser modifizierend darauf eingehen, als den Anwender fortwährend des Fehlgebrauchs zu bezichtigen.

Manchmal reicht es aus, ein Problembewusstsein in der Produktentwicklung über einen intensiven und direkten Kontakt zu realen Verwendern in einem realen Verwendungsumfeld herzustellen. So sagt eine Fotokollektion mit Fotografien des Innenlebens von 200 Badezimmerschränken enorm viel über die Verwendungsgewohnheiten von Kosmetika-Nutzern in Frankreich aus. 500 Fotos von Toiletten in Rumänien können das Problembewusstsein einer Entwicklergruppe für Toilettenreiniger deutlicher schärfen als mehrseitige technische Briefings.

6. Listening-Ins / Web-based Dialogues

Wir besuchen immer noch Chatrooms oder Expertenplattformen im World Wide Web und stellen hier zum Beispiel fest, dass es unzählige Teilnehmer eines Chatrooms gibt, der sich mit der funktionalen Verbesserung von Kaffeemaschinen beschäftigt. Mit großer Begeisterung tauschen sich hier Kaffeespezialisten aus und freuen sich wechselseitig daran, wie sie mit kleinen Veränderungen und Tricks deutliche Verbesserungen bei der Zubereitung ihres Kaffees erzielen. Ähnliches gilt für Chatrooms bzw. Spezialistenplattformen zum Thema »Gitarrensound«, in denen sich einer der Autoren häufig herumtreibt. Entscheidend ist, dass die allermeisten dieser Plattformen gar nicht von den entsprechenden Herstellerfirmen betrieben bzw. gesponsert werden. Hier wird praktisch weltweit und 24 Stunden am Tag über Produkterlebnisse gesprochen, geschimpft und geschwärmt, ganz zu schweigen von der Vielzahl an potenziellen Lösungsmöglichkeiten oder Veränderungschancen für Produkte. Wir glauben, dass diese Art von Wissen unbedingt früh und systematisch von Unternehmen absorbiert werden muss – auch wenn das dem althergebrachten Ideal nicht entspricht, dass alle Veränderung aus dem Unternehmen selbst kommen muss. Wir würden nicht so weit gehen und das bereits als systematische »Open Innovation« bezeichnen. Aber wir sehen hier eine besonders tragfähige Chance für die Realisierung unseres Ideals, dass wir weiter oben als »Sense and Respond« beschrieben haben.

> **Beispiel: Little Luxuries**
>
> »Wenn ich schon kein Geld habe, dann möchte ich wenigstens noch gut aussehen«, dass werden sich wohl viele Leute beim Ausbruch der Finanzkrise im Herbst 2007 gesagt haben. Und konsequent wendet sich das Interesse den Produkten zu, die in einer unsicheren Welt so etwas wie einen kleinen Luxus symbolisieren. Und so sieht man tatsächlich auf beiden Seiten des Atlantiks eine deutliche Steigerung der Suchanfragen zum Thema »Lipstick/Lippenstift« gleich nach dem Kollaps der Lehman Bank.

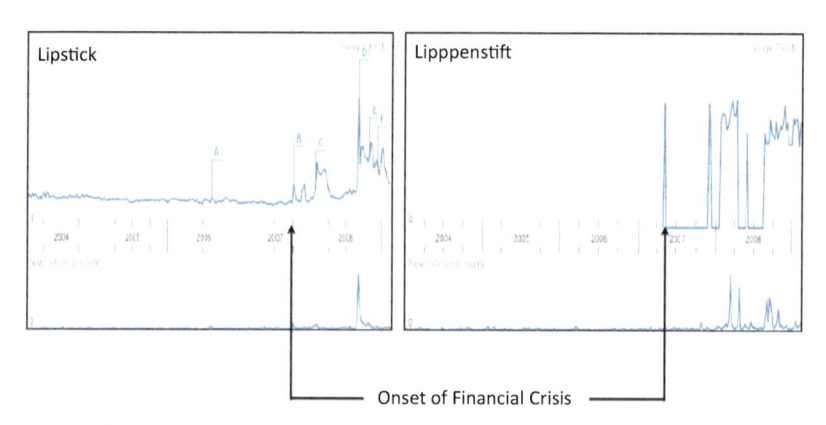

Abb. 11: Suchanfragen bei Google während der Finanzkrise (Quelle: Schroiff, in Vorbereitung)

Was die Leute interessiert, ist halt das, was sie bei den großen Suchmaschinen aktiv nachfragen. Und so bieten gezielte Abfragen bei entsprechenden Angeboten der großen Suchmaschinen hervorragende Möglichkeiten, Antworten auf Forschungsfragen und Arbeitshypothesen zu liefern. Eins aber ist sicher – die Antworten kommen nicht von alleine, wie manche immer noch zu glauben scheinen. Deshalb ist die Existenz einer inhaltlichen Vorstellung über den Gegenstand des Interesses eine unabdingbare Voraussetzung für ein erfolgreiches Hineinhören in das Summen des Netzes. Aber – wer die Informationen nicht in ein Realitätsmodell integrieren kann, wird wenig Freude an den Erkenntnissen haben.

7. Cynic Clinics – Warum ein Produkt nicht verwendet wird

Mindestens ebenso interessant wie Dialoge mit Freunden sind Diskussionen mit Leuten, die einen nicht mögen. Natürlich ist es für das Produktmanagement einer Haarcoloration von großer Bedeutung, mit einer Verwenderin zu sprechen. Aber was sind eigentlich die Beweggründe der Personen, die für nichts auf der Welt ihre Haare färben würden? Sind diese nicht mindestens genauso interessant wie diejenigen, welche Verwender motivieren? Wir legen großen Wert auf eine umfassende *Beschäftigung mit Verwendermotiven* in einem Markt, was automatisch auch ein Verständnis dafür beinhalten muss, warum ein Produkt nicht verwendet wird. Sind es funktionale Defizite? Hat es irgendetwas mit der Marke zu tun? Wird die Verwendung der Kategorie generell abgelehnt und welche Gründe spielen hier eine Rolle? Ist die Verweigerung in übergeordneten Motiven zu suchen? Was stellt hier den entscheidenden Grund dar, sich einer Produktkategorie komplett zu verschließen?

Hier bieten sich spezielle Zugänge in der Marktforschung an, die sowohl qualitativ als auch quantitativ versuchen, Charakteristika der Personen sowie funktionale und emotionale Hintergründe zu isolieren, warum eine Produktkategorie nicht verwendet wird. Hier geht es am Ende des Tages auch weniger darum, kategorische Ablehner mit einem messianischen Sendungsbewusstsein zu konvertieren, sondern darum, aufgrund ihrer Argumentationsstruktur die Beweggründe für die Gruppe der Verwender noch entscheidend zu stärken. So können zum Beispiel Gründe für die strikte Ablehnung (»Colorationen führen generell zu Haarbruch«) konstruktiv aufgenommen werden und eine entsprechende Beweisführung gestaltet werden, die diese grundlegenden Ängste abfedert.

Darüber hinaus tut sich ein interessanter Zugang zu innovativen Ansätzen in der jeweiligen Produktkategorie auf: Kategorische Nicht-Verwender interessieren sich fast immer für alternative Zugänge zu einem Produkt oder einer Dienstleistung und legen hier sehr häufig einen ausgeprägten Erfindungsreichtum an den Tag, wenn es darum geht, ungeliebte Produkte zu vermeiden. Man sehe sich nur auf entsprechenden

Internetplattformen um, und wird feststellen, mit welchen unorthodoxen Lösungsmöglichkeiten häufig tradierte Produktkategorien umgangen oder ausmanövriert werden, ohne dass letztendlich große Abstriche an dem funktionalen Nutzen des Produkts gemacht werden müssen.

Wir lieben eine bestimmte Form des methodischen Zugangs, die zum Beispiel als »Cynic Clinic« in den Katalog der Verfahren eingegangen ist. Hier werden Nicht-Verwender geradezu explizit aufgefordert, sich möglichst konträr zu artikulieren – selbst wenn die Äußerungen in den Bereich des Zynismus abdriften. Dies zwingt in erster Linie die Produktmanager der entsprechenden Kategorien, ihre Argumentationsstruktur (basierend auf der realen Produktleistung) entsprechend zu schärfen, um selbst auf entlegenen Diskussionspfaden noch sicher (re)agieren zu können. Am Ende trägt dies entscheidend zur weiteren Verbesserung von funktionalen Produktleistungen bei. Wir betrachten Kritik – selbst in einer manchmal extremen Form – als absolut hilfreich und unverzichtbar, wenn es um innovative Weiterentwicklungen in einer Produktkategorie geht.

8. (Creative) Diaries

Konsumentenorientierung bedeutet, den Finger ständig am Puls des Konsumenten zu haben. Das ist natürlich leider schon organisatorisch nicht möglich. Aber im übertragenen Sinne sehen wir gigantische Möglichkeiten in der aufmerksamen Lektüre einer ganz traditionellen Institution – dem Tagebuch. Natürlich wollen wir keine Kopien der privaten Tagebücher unserer Kunden, wir lehnen ultimative Einblicke in das Privatleben unserer Kunden ab und beschränken uns auf die von uns initiierten Tagebücher, auf bestimmte Verhaltensausschnitte oder Nutzungsspektren, wie zum Beispiel der persönliche Umgang mit Produkten gegen unreine Haut. Hier geht es nicht nur um das leidige Pickelthema bei Heranwachsenden, sondern um Einfühlungsvermögen in ihre ganz besonderen Lebensumstände, ihre Erfahrungen, Ängste und Sehnsüchte. Wer nur Pickelcreme verkaufen will, braucht das nicht. Wer aber darüber hinaus in Richtung »gesteigertes Selbstbewusstsein« und »Anerkennung« Marketing für diese Produktgruppe betreiben will, der sollte diese Einsichten nicht verpassen.

Aber generell erfahren wir hier sehr grundlegende Tatsachen zum Beispiel über die Anforderungen von Frauen, die eine Berufstätigkeit mit der Kindererziehung verbinden müssen. Daraus lässt sich zum Beispiel kreativ extrapolieren, welche Eigenschaften Produkte bzw. Dienstleistungen aufweisen müssen, um neue Anforderungskataloge zu erfüllen. Zukünfte sind ja in den seltensten Fälle ein lineare Fortschreibung der Vergangenheit und deswegen sind faktische Informationen über die qualitative Veränderung von Daseinstechniken unerlässlich. Das versteht zum Beispiel der niederländische Kinderwagenhersteller Bugaboo sehr gut und richtet einen Teil seiner Produkte konsequent nach den Lifestyle-Kriterien einer jungen urbanen Zielgruppe aus.

9. A Day in the Life / Behaviour Sampling
Darunter verstehen wir grundsätzlich nichts anderes als eine mit dem jeweilgen Untersuchungsteilnehmern offen abgestimmte Verhaltensbeobachtung. Verabredet wird die Dokumentation eines bestimmten Verhaltensausschnitts, bei dem durch teilnehmende Beobachtung oder durch Ton- oder Video-Aufnahmen Personen bei der Nutzung eines Produkts oder einer Dienstleistung beobachtet werden. Dabei erfolgt grundsätzlich keine Einflussnahme durch den Versuchsleiter oder andere Personen. »A Day in the Life« hat also nichts mit dem gleichnamigen Song von den Beatles zu tun, sondern bezeichnet einfach eine spezielle Form der Verhaltensbeobachtung, bei der komplette Tagesabläufe von Personen registriert, beschrieben und ausgewertet werden.

Einer der Autoren zitiert gerne seine Marktforschungskollegen von General Motors, die in dieser Art von Projekten tatsächlich mehrere Wochen im Haushalt von Familien verbringen und sich in ihren Beobachtungen speziell der Häufigkeit und Art von Automobilnutzung widmen. Ist die Ladeklappe bei einem SUV tatsächlich niedrig genug, damit die Frau des Hauses auch problemlos ihre Einkaufstüten verstauen kann? Wie fährt man von A nach B bei strömendem Regen über einen Zeitraum von vier Stunden mit drei Kindern und zwei nassen Hunden bei gleichzeitigem Ausfall des Navigationsgeräts? Warum werden eine ganze Reihe von Ausstattungsmerkmalen des Fahrzeugs nicht genutzt? Und warum monieren zum Beispiel Frauen in erster Linie die Größe und Position des Getränkehalters, aber nicht die offensichtlichen Defizite bei der Motorleistung? Warum ist es für Frauen so entscheidend, dass die Heckklappe eines SUV automatisch schließt?

Einen ähnlichen Zugang verfolgen auch die Marketingkollegen aus einem großen internationalen Konzern für alkoholische Getränke, die sich vor Ort einen Eindruck davon verschaffen, unter welchen Bedingungen junge Leute am Wochenende feiern und welche Motive und Einstellungen dabei vorherrschen (und natürlich auch den Getränkekonsum beeinflussen).

10. Composition Writing / Essays
Einer der Autoren schwört auf diese Methode. Sie ist ganz einfach: Man bittet Konsumenten lediglich, einen kleinen Aufsatz zu schreiben. Ganz einfach so, wie man es vielfach schon in der Grundschule getan hat – etwa zu so spannenden Themen wie

»Mein schönstes Ferienerlebnis« oder »Was der Pastor am letzten Sonntag gepredigt hat«. Natürlich sind wir in der Themenwahl einfallsreicher – je nach interessierendem Produktbereich kommt es zum Beispiel zu Aufsatzthemen wie »Mein schlimmster Fleck« oder »Wie ich einmal ganz toll aussah«; der Bandbreite sind hier keine Grenzen gesetzt. Allerdings haben alle diese Bemühungen eines gemeinsam – sie zielen darauf ab, ein Thema komplett aus der *Sicht der Konsumenten* zu beleuchten. Und das führt fast immer zu interessanten Ergebnissen und Erkenntnissen.

Und dann sammeln wir diese Aufsätze und lesen sie zunächst einmal komplett durch. Das erfordert Geduld und Zeit, denn da reden wir schon einmal über ca. 200 bis 300 kleine Geschichten. Aber die Lektüre lohnt sich – bereits nach kurzer Zeit eröffnet sich dem kundigen Leser so etwas wie eine Art Grundstruktur, die in der Regel dem Storytelling unserer Testpersonen zugrunde liegt. Man erfährt etwas über die Bedienungskonstellationen der Geschichte, über Protagonisten, über typische Hintergrund-Settings und vor allen Dingen auch viel über mögliche Lösungen – zum Beispiel eines Konflikts, eines Problems, von situativen Bedingungen und vieles mehr. Und wenn man nun die Inhalte und die Struktur dieser Geschichten auch noch textanalytisch behandelt, dann zeigt sich recht bald eine Art Grundgerüst oder Taxonomie. Taxonomien sind für das Verständnis von Zusammenhängen von erheblicher Bedeutung, weil sie aus dem Umgang mit Einzelfällen heraus summarische Aussagen ermöglichen und Erklärungen für komplexe Zusammenhänge bieten.

Betrachten wir dazu das folgende Beispiel. Es geht um Flecken in Kleidungsstücken – eigentlich ein trivial anmutendes Thema trotz der massiven Kampagnen aller Hersteller, die um eine Dramatisierung dieses Problems bemüht sind. Und natürlich sind Flecken und wie man sie entfernt auch der Gegenstand des Interesses von Chemikern, Physikern, Verfahrenstechnikern und vielen anderen. Denen mangelt es nicht an Klassifikationssystemen, um die Vielzahl von unterschiedlichen Flecken wissenschaftlich zu ordnen.

Die nachstehende Abbildung zeigt anhand eines Gedächtnis-Protokolls einen Ausschnitt aus einem solchen Klassifikationssystem:

	Stain classes	
	Consumer denomination	Chemical nature
Tea	Drink	Bleachable
Coffee	Drink	Bleachable
Red wine	Drink	Bleachable
Fruit juice	Drink	Bleachable
Tomato puree	Food	Bleachable
Carrot baby food	Food	Bleachable Enzymatic
French Squeezy Mustard	Food	Bleachable Enzymatic
Chocolate	Food	Enzymatic
Grass	General soil	Bleachable Enzymatic
Grass/Mud	General soil	Bleachable Enzymatic Particulate
Blood	General soil	Enzymatic
Dirty motor oil	Greas, Oil	Greasy Particulate
Frying fat (Hamburger grease)	Greas, Oil	Greasy Enzymatic
Make up	Cosmetics	Greasy Particulate

Abb. 12: Taxonomie der Flecken (Chemiker) (Quelle: Schroiff, in Vorbereitung)

Die Logik der Ordnung erschließt sich dem wissenschaftlichen Laien rasch – sie erfolgt quasi nach »Verursacher-Substanzen« (wie z. B. Tinte oder Karottenbrei), die dann auch gleich ein entsprechendes Behandlungsmuster nach sich ziehen. Dieses Muster wendet man an und das sollte den Fleck dann beseitigen. Und es wundert uns nicht, wenn ein Unternehmen sich der gleichen Logik bedient, um auch mit Kunden über Flecken zu reden.

Aber denken normale Konsumenten auch in diesen Kategorien und Begrifflichkeiten? Was ist ihr mentales Modell über Flecken? Decken sich die Ansichten oder sind sie grundverschieden?

Dazu haben wir unsere Versuchspersonen gebeten, einen kleinen Aufsatz zu schreiben mit dem Titel »Mein schlimmster Fleck«. Anschließend haben wir alle diese Aufsätze inhaltsanalytisch aufbereitet und versucht, eine dahinter stehende Taxonomie zu erarbeiten. Die könnte wie folgt aussehen:

3 Innovation – Vom Consumer Insight zum Produktkonzept

Facets of the determinands for »problem pressure«		
The Stain	The Garment	The Situation

■ Visibility
   - visible
   - not visible
	■ Type of fabric
	   - rough
	   - delicate
		■ Time pressure
		   - high/urgent
		   - low/relaxed

■ Type of stain
   - easy to remove
   - difficult to remove
	■ Monetary value
	   - high
	   - low
		■ Social pressure
		   - high
		   - low

■ Predictability
   - expected
   - unexpected
	■ Usage duration
	   - new
	   - old	

	■ Emotional value
	   - high
	   - low	

Abb. 13: Facets of the determinants (Quelle: Schroiff, in Vorbereitung)

Natürlich kommen die Hauptdarsteller vor: die Flecken und das Kleidungsstück. Aber irgendwie spielt auch die Situation, in der Flecken auftreten, eine tragende Rolle. Und auch das Kleidungsstück ist nicht eine anonyme Anordnung von Fasern, sondern steht teilweise für einen emotionalen Besitzstand (z. B. die Lieblingsbluse). Wir erkennen aus der Taxonomie die subjektive emotionale Welt des Konsumenten um das Thema »Flecken«, und Unternehmen sind wohl beraten, diese Welt zum Ausgangspunkt dieser konzeptionellen Überlegungen zu machen.

Auf den ersten Blick wird ganz offensichtlich, dass beide Modelle eigentlich so gar nichts miteinander gemein haben. So treffen zum Beispiel Chemiker grundsätzliche Unterschiede zwischen bleichbaren und nicht-bleichbaren Flecken. Das ist aus der Sicht des Chemikers ein relevanter Unterschied, müssen doch beide Kategorien von Flecken sehr unterschiedlich behandelt werden. Für Konsumenten erscheint diese Differenzierung eher vernachlässigbar – entscheidend ist nur, dass der Fleck (egal ob bleichbar oder nicht-bleichbar) nach dem Waschen verschwunden ist. Für Konsumenten ist es eben schlimm, wenn der Fleck die Lieblingsbluse besudelt. Für Chemiker ist das völlig egal, denn in der Chemie spielt die emotionale Bindungsqualität zu einem Kleidungsstück keine Rolle, da zählt allein der chemische Prozess der Fleckentfernung.

Was lernen wir aus diesen Geschichten? Wir lernen, dass die Verwendung von Produkten oder die Inanspruchnahme von Dienstleistungen Bestandteile von Geschichten in unserem Leben sind. Wir lernen, dass funktionale Benefits integriert werden müssen in einen emotionalen Kontext, wenn sie für uns wirklich Bedeutung haben sollen. Die nackte Bilanzierung von technischem Leistungsvermögen (so wichtig das als Basisleistung auch ist und so faszinierend es ihren Schöpfern erscheinen mag) ist nicht entscheidend dafür, ob wir etwas wünschen oder nicht. Entscheidend ist, wie wir diese Leistungen in einen emotionalen Kontext unseres Lebens einbringen – und diese Kontexte muss jeder Produktmanager grundlegend verstehen, wenn er oder sie auf Dauer erfolgreich sein will.

Und wie kann man dieses Wissen um ein mentales Modell nutzen, um mit Konsumenten über das Produkt zu kommunizieren? Ganz einfach, indem man zum Beispiel die Taxonomie als Ausgangspunkt oder Inspiration nimmt für neue Geschichten – etwa in der Werbung. Und so kommt es, dass Studierende der RWTH Aachen begeistert Storyboards für Kommunikationskampagnen aus den Ankerelementen der Taxonomie erfinden. Diese Geschichten sind deshalb so leibnah, weil sie ja auf dem mentalen Modell beruhen, das uns Konsumenten selbst vermittelt haben. Schauen wir uns ein paar Beispiele an:

> **Beispiele**
>
> **Beispiel 1:** Ankerelemente: visible stain – unexpected – high monetary value
> [Off voice] »Na prima, immer dann, wenn man es gerade nicht brauchen kann, passiert so etwas. Und dann auch noch auf den neuen Pullover. Da würde man normalerweise an die Decke gehen vor Ärger, bei dem Preis, den ich dafür bezahlt habe. Na ja, aber Gott sei Dank habe ich ja mein Waschmittel X, das schafft das schon. Da kann ich mich absolut drauf verlassen.«
> **Beispiel 2:** Ankerelemente: visible stain – unexpected – high social pressure
> [Off voice] »So ein Mist – in fünf Minuten beginnt mein Vorstellungsgespräch und ich sehe aus, als ob ich gerade mit dieser Bratwurst einen Ringkampf gemacht habe. Meine Bluse ist absolut hin … auf die Stärkung hätte ich wohl besser verzichtet. Na ja, um die Bluse mache ich mir jetzt erst mal keine Sorgen. Dafür hab' ich ja mein Waschmittel X, das kriegt das wieder hin. Mal sehen, ob auch der Chef weiß, was er an mir hat, und mich trotz Fettfleck nimmt.« [Cut. Im Hintergrund Chef mit neu eingestellter Protagonistin beim Bratwurstessen.]
> **Beispiel 3:** Ankerelemente: visible stain – expected – rough garment – low monetary value – high emotional value – low social pressure
> [Off voice] »Mein Mann, sein Oldtimer und sein Lieblingshemd – die drei sind wirklich unzertrennlich. So richtig schrauben und sich dabei so richtig dreckig machen, das steht bei uns jedes Wochenende auf dem Programm. Und was ist wohl immer der absolute Garant dafür, dass sein altes Hemd für den nächsten Ölwechsel wieder neu ist? Waschmittel X natürlich, was sonst – da kann ich mich total drauf verlassen.«

11. Trend Monitoring

Beim Beobachten von Trends hat sich im Laufe der Jahre fast eine richtige Industrie entwickelt. Eine Vielzahl an Trend-Instituten und solche, die es werden wollen, sind irgendwie omnipräsent und propagieren die unterschiedlichsten Entwicklungen und Zukünfte. Es vergeht nicht eine Woche, in der nicht eine Einladung erfolgt, bei der man über das informiert wird, was sich ansatzweise in der Welt tut und sich (möglicherweise) einmal für uns als lebensbestimmend erweisen wird. Es ist legitim, dass alle Autoren dies mit einer Art Sendungsbewusstsein tun und den Anspruch erheben, den Lauf der Dinge zu antizipieren. Das wird sicher für eine ganze Reihe von gut dokumentierten Geschehnissen möglich sein. Hier denken wir gleich an die demografische Entwicklung in den Ländern Westeuropas (vgl. Slupina et al., 2019), den Aufstieg von Frauen in der Dritten Welt, die zunehmend über ein eigenes Einkommen verfügen und damit eine der gewaltigsten Opportunitäten darstellen, die die Ökonomie je gesehen hat. Wir denken an das Thema »Wasserressourcen« und werden uns fragen, wie viel Liter Wasser wir in Zukunft pro Waschgang für das Waschen aufbringen können oder für die Generierung eines Kilos Rindfleisch. Wir denken auch an Veränderungen in Europa aufgrund von Migration und zu welchen antizipierbaren Konsequenzen dies führen kann.

Auf der anderen Seite haben wir es mit eher flüchtigen Inhalten zu tun – wie die Modefarben des Jahres, die von dem italienischen Konzern Pantone quasi definiert werden, oder kurzlebige Geschehnisse wie die aktuelle Rückbesinnung des deutschen Einzelhandels auf Produkte »aus der Region« (Juli 2013). Es gibt Wellenbewegungen wie die zeitweise Reaktivierung von Aloe Vera als natürlicher Inhaltstoff von Lebensmitteln bis hin zu Waschmitteln. Und darüber hinaus informieren uns die diversen Sorgenkataloge der Deutschen wie etwa vom Institut für Demoskopie in Allensbach, in der die Fluktuation der nationalen Befindlichkeit seit vielen Jahren akribisch dokumentiert ist.

Viele dienstleistende Agenturen konfrontieren den interessierten Kunden mit einer Vielzahl von Einflussfaktoren, verschaffen reihenweise Eindrücke über das, was ist und was sein könnte, und helfen Entscheidern bei Übersetzungsarbeiten, was bedeutsam für das eigene Geschäft sein könnte und was nicht.

Die Herausforderung besteht für das Marketing nach wie vor darin, einen überdauernden Trend zu erkennen und abzugrenzen von flüchtigeren Phänomenen, die sich für eine kurzfristige Vermarktung anbieten. Das ist sicherlich nicht immer einfach, gestaltet sich aber umso erfolgversprechender, je breiter man die jeweiligen Erkenntnisse in einem Netzwerk weiterer Informationen integrieren kann. Hier gilt auch das Grundprinzip des Wellenreitens: die Welle, auf der man reiten möchte, muss man schon vorher als groß erkennen und aufspringen, wenn sie noch flach ist – und nicht erst dann, wenn sie sich schon am Strand bricht.

Für ein Unternehmen der Getränkeindustrie unterhalten wir heute (2020) einen sich beständig aktualisierenden Trendmonitor, in dem die unterschiedlichsten Themenstellungen kontinuierlich beobachtet und bilanziert werden, d. h. es wird entschieden, ob die Synopse von Trendentwicklungen wesentliche Inhalte der Geschäftsstrategie tangiert. Dazu finden quartalsweise Workshops mit der Geschäftsführung statt, bei der entscheiden wird, wie und wann auf welche Trendkonstellationen proaktiv bzw. retroaktiv gehandelt werden muss.

12. Social-Media-Analysen

Bei diesem Thema tun wir uns weiterhin schwer. Auf der einen Seite sind wir fasziniert von der Intensität des kommunikativen Geschehens auf den unterschiedlichsten Social-Media-Plattformen und von der Intensität, mit der Menschen sich mitteilen. Einem der Autoren klappt immer noch regelmäßig der Unterkiefer herunter, wenn er sich ansieht, was Personen freiwillig über sich und ihr Leben zum Beispiel bei Facebook in die Welt streuen – er erinnert sich dabei an Zeiten, wo Marktforschungsinstituten mit einer Klage wegen Eingriff in die Privatsphäre gedroht wurde, bloß weil man die Person in der Fußgängerzone wegen eines Interviews angesprochen hatte.

Dennoch lässt sich nicht von der Hand weisen, dass die Myriaden an freiwilligen Meinungsäußerungen zu allem, wozu man eine Meinung haben kann (oder auch nicht), auch einen Informationswert besitzen können. Noch kann niemand von uns abschätzen, welche emotionale Bindungsqualität zu einem Thema oder zu einer Person sich tatsächlich in dem reflexartigen Drücken eines Gefällt-mir-Buttons manifestiert – oder ob hier nicht eine Art persönlicher Duftmarke gesetzt wird, um sich selbst eine temporäre Bedeutung vorzugaukeln.

Wir glauben auch heute noch nicht, dass man darüber ein abschließendes Urteil fällen kann, welche Bedeutung diese Art Informationen tatsächlich für das Marketing hat. Das liegt nicht zuletzt an den noch ganz offensichtlichen Problemen, aus der Vielzahl an Eingangsinformationen tatsächlich etwas zu destillieren, das einen Informationswert besitzt, der deutlich über andere Informationsquellen hinausgeht. Dieser Nachweis steht unseres Erachtens noch aus und wir hoffen, dass er zügig und qualifiziert geführt wird. Im Augenblick kommt es uns so vor, als ob unterschiedliche Kategorien von Social-Media-Glücksrittern sich aller möglichen Fischerboote bemächtigen, an einer zufälligen Stelle ein Schleppnetz über den Grund des World Wide Web ziehen und dann dem staunenden Auftraggeber Kabeljau, Dorsch, Heringe, Tintenfisch samt Beifang auf den Hof kippen – verbunden mit der indirekten Aufforderung, dass man sich das jetzt mal gemeinsam anschauen könnte mit dem Anliegen, darin eine Systematik zu entdecken (vgl. Schroiff, 2013a).

Einer der Autoren hat für einen Auftraggeber aus der Nahrungsmittelindustrie eine vergleichende Untersuchung durchgeführt. Auf der einen Seite versuchte man, anhand einer Social-Media-Analyse grundlegende Verzehrsituationen für Snacks zu identifizieren – einschließlich einer Etikettierung des emotionalen Werts der jeweiligen Verzehrsituation. Auf der anderen Seite wurden zwei Gruppendiskussionen zur gleichen Thematik durchgeführt. Ziel der Untersuchung war es, sich über den Informationswert beider Ansätze in einer Art Methodenexperiment einmal grundlegenden Aufschluss zu verschaffen. Die Ergebnisse stehen quasi stellvertretend für das, was wir zurzeit in der Methodenlandschaft vorfinden: Zunächst einmal wurden eine Vielzahl von Einzelnennungen (»snippets«) präsentiert, die man nun jede einzeln lesen konnte oder nicht (es waren doch ziemlich viele). Dann wurde versucht, daraus einige Grundthematiken abzuleiten, unter denen man die Nennungen subsumieren konnte. Bereits bei der Lektüre der Einzelnennungen wurde klar, dass der Informationsgehalt doch auf einer vergleichsweise seichten Oberfläche bleibt. Wer dies als diagnostisch bedeutsam ansieht, dem ist damit sicher gedient – immerhin erfährt man, dass der Verzehr von Snacks nicht unbedingt zu den Dingen gehört, die mit einem hoch artikulierten Involvement ausgestattet sind. Aber wer erwartet, dass eine Social-Media-Analyse nun zu ungeahnten und bislang völlig unbekannten Einsichten in einen Realitätsbereich führt, der wird wohl eher enttäuscht sein. Wir wollen dies beim jetzigen Stand der Dinge nicht unbedingt verallgemeinern, aber es ist nicht so wie in der Bibel, wo man vom Baum der Erkenntnis isst und die Welt plötzlich mit ganz anderen Augen sieht. Auf der anderen Seite erschien uns in diesem Beispiel der Erkenntniswert von Gruppendiskussionen auf einem vergleichbaren Niveau. Auch das wird natürlich vom jeweiligen Einzelfall abhängen, aber dennoch bleibt bei aller Faszination für das Neue die Frage, wie denn der relative Wissenszuwachs beschieden ist. Und hier liegt zumindest aus unserer Sicht die große Zukunft der Social-Media-Analysen noch vor uns.

13. Big Data – nach dem Hype ist vor dem Hype

Wir können dieses Kapitel nicht abschließen, ohne kurz auf die aktuelle Diskussion zum Thema »Big Data« einzugehen. In breit aufgemachten Artikeln wird in allen möglichen Gazetten die Idee verbreitet, dass man *Kundendaten als Basis der Geschäftsentwicklung* nutzen sollte. Das ist eine richtige Aussage, aber eigentlich keine revolutionäre Erkenntnis.

Zunächst zur »neuen Auskunftsbereitschaft« der Kunden: Wenn man einem der Autoren vor zehn Jahren gesagt hätte, dass mittlerweile die Leute Fotos von ihren Eingeweiden bei Facebook posten (und damit gleichzeitig das Copyright des Fotos an Facebook transferieren), dann hätte er es nicht geglaubt. Was auch immer Menschen dazu bewegt, mehrmals pro Stunde öffentlich im Netz zu deklarieren, wo sie gerade sind und was sie gerade essen oder betrachten, ist den Autoren als »digital Immigrants« nicht ganz erklärlich. Auch nicht der offensichtliche Zwang, jede Trivialität des Lebens kommentieren und bewerten zu müssen. Aber wir konstatieren einfach mal, dass das so ist.

Erstaunt sind wir ebenfalls darüber, dass Empörung hochschlägt, wenn diese Daten »gebraucht« werden. Gerne nutzt man die (vermeintlich) kostenlose Möglichkeit der häufig sinnfreien sozialen Interaktion über E-Mails, Chatrooms und anderen sozialen Plattformen, aber beschwert sich dann darüber, wenn die Provider gar nicht die warmherzigen Bernhardiner sind, für die wir sie gerne halten, und unsere »privaten« Inhalte zum Geldverdienen nutzen. Dass der amerikanische Geheimdienst die E-Mails der Deutschen liest, wird zu Recht zum Gegenstand der öffentlichen Empörung – aber wer seine vertraulichen Daten unverschlüsselt durch die Gegend schickt oder in einer Cloud ablegt, muss sich fragen, ob er nicht zu blauäugig mit der Datensicherheit umgeht.

Aber mit »Big Data« ist es so wie mit den Kartoffeln: Gemäß dem »Kartoffel-Prinzip« sind die Kartoffeln da, also müssen sie gegessen werden. Und so beobachten wir einen weiteren Hype wie beim großen Goldrausch in Klondyke. Unser Eindruck ist momentan, dass das Thema »Big Data« immer noch nach dem Prinzip funktioniert, wie kleine Jungs Fußball spielen: Alle rennen hinter dem Ball her, aber es kommt momentan weder ein Spiel zustande, noch wird ein Tor erzielt.

Wenn man sich nämlich mit Unternehmen (vorzugsweise den dafür verantwortlichen IT-Abteilungen) unterhält, wozu man das alles sammelt und was letztendlich an operativ verwertbaren Erkenntnissen aus dem gigantischen Datenstrom herausgefiltert wird, so stößt man derzeit doch weitgehend auf eine gewisse Konzeptionslosigkeit und daraus resultierende Erkenntnisschwäche. Und genau da liegt immer noch das Kernproblem.

> **Wichtig**
> Daten an sich sind völlig bedeutungslos. Sie gewinnen erst an Bedeutung vor dem Hintergrund eines mentalen Models, das Erkenntnisse aus diesen Daten in ein operatives Handlungsschema einbringt. Ein Unternehmen, das weder über ein mentales Modell seines Marktes oder seiner Kundenstruktur, noch über ein operatives Handlungsschema verfügt, kann sich an Daten die Finger wund sammeln und stolz im Geschäftsbericht die weitere Steigerung der Speicherkapazität vermelden – es wird damit keine einzige Packung mehr verkaufen. Von daher ist das Thema »Big Data« bei den IT-Abteilungen überhaupt nicht gut aufgehoben, die können einem am Ende nur leid tun.

Und somit eröffnen sich uns mit »Big Data« interessante Erkenntnismöglichkeiten – aber nur dann, wenn es uns gelingt, das Interessante aus dem Datenstrom vom Beifang zu trennen. Wenn »Big Data« tatsächlich Wachstumstreiber sein sollten, dann brauchen wir weiterhin eine Art rudimentäre Vorstellung, wie denn die Daten in welcher Form in eine Gesamtkonzeption einer Wissensarchitektur einfließen sollen. »Big Data«-Know-how kann ein entscheidender Wettbewerbsfaktor der Zukunft sein – aber erst dann, wenn es gelingt, eine immer größere und damit unkontrollierbarere Datenflut einer Konsolidierung zugänglich zu machen.

Es gibt keinen Zweifel daran, dass »Big Data« eine Entwicklung darstellt, die man weiterverfolgen wird. Allein die ständig bei Kunden diskutierten Budget-Reduzierungen werden den Fokus auf »anfallende« Daten aufrecht erhalten und den Trend zu technisierten Datenerhebungen wie Online-Communities, Mobile Surveys, Social-Media-Analysen und Text Analytics verstärken. Der Trend wird eher aus dem Controlling bzw. Marketing getrieben. Marktforscher verhalten sich nach unserem Eindruck da noch etwas konservativer – wohl wissend um die Probleme bei der Interpretation von Ergebnissen aus anfallenden (und nicht repräsentativ gezogenen) Stichproben. Konsumenten sehen sowieso zunehmend jeden Versuch von Unternehmen skeptisch, private Daten zu kommerziellen Zwecken zu sammeln (siehe auch HORIZONT 11/2013, S. 18).

Eigentlich könnten wir nun weitermachen mit vielen weiteren Möglichkeiten, sich im Rahmen eines wohlüberlegten Learning Plan umfassend an Konsumentenbefindlichkeiten und Marktgegebenheiten anzudocken. Das lässt aber der geplante Umfang dieses Buches nicht zu und so beschließen wir dieses Kapitel mit einem erneuten Plädoyer für eine enge Bindung an die Konsumenten und der Notwendigkeit, ihn und seine Bedürfnisse zu verstehen. Wer nichts weiß, wird es nicht besser wissen können als andere – und auf Letzteres kommt es schließlich an.

Aber dass ganz viel punktuelles Wissen allein nicht genügt, auch darüber sind wir uns einig. Und daher widmen wir uns nun der Frage, wie denn Wissen zu Einsichten destilliert wird.

Wie man Daten zu Einsichten zusammenführt
Am 28. Februar 2012 erschien in *USA Today* die Anzeige einer christlichen Sekte. Angekündigt wurde die Rückkehr des Herrn. Und es wurde auch aufgezeigt, wie man sich darauf am besten vorbereiten kann. Das Interessante an der Anzeige waren acht Gründe, die letztendlich beim Leser den Eindruck erwecken sollten, dass es nun wirklich ernst ist mit dem Jüngsten Tag. Die Liste der angeführten Beweise und Fakten war beeindruckend. Sowohl die steigende Häufigkeit von Erdbeben wurde angeführt, aber auch die zunehmende Reisetätigkeit der Weltbevölkerung. Der Verfall von Moral und Sitte natürlich auch, aber auch die Zunahme von Wissenschaft und IT. Leider erfährt man nicht, wann genau es so weit ist mit dem Ende der Welt. Und eigentlich fehlt auch so etwas wie eine Schlussfolgerung oder ein Richtungsindikator oder ein Handlungskatalog; der Leser bleibt mit sich, der angeblichen Beweiskette und mit dem diffusen Gefühl alleine, dass man nicht so genau weiß, was Sache ist.

Natürlich handelt es sich hier um ein extremes Beispiel (pseudo-)wissenschaftlicher Beweisführung und einer daraus abgeleiteten Handlungsstrategie. Weder das eine – die empirische Basis – noch das andere – die Ableitung einer Handlung – wird gegeben. Aber wenn wir uns einmal kritisch bei Unternehmen umschauen, so entdecken wir eine ganze Reihe von Situationen, die ähnliche Merkmale aufweisen. Es geht immer um die Frage, wie scheinbar unzusammenhängende Daten, Informationen, Einsichten so destilliert werden, dass für das Unternehmen eine Wissensplattform entsteht, die zu zielgerichtetem Handeln führt. Und hier sehen wir einen enorm großen *Handlungsbedarf in den Unternehmen*: Wie schafft man es, ein übergreifendes Modell von Menschen und Märkten aktualisiert zu halten und seine Handlungen an diesen Voraussetzungen zu orientieren? Welche inhaltlichen und organisatorischen Voraussetzungen müssen in Form von übergreifenden Programmen geschaffen werden, um Wissensbestände systematischer zu integrieren und nutzbar zu machen?

Eine grundlegende Logik für solche Programme ist bereits vor vielen Jahren von Vince Barabba in seinem Buch »Meeting of the Minds« (1995) beschrieben worden. Seine

Philosophie »Listen, Learn, Lead« ist für uns nach wie vor eine Blaupause für die Verbindung zwischen den strategischen Vorstellungen eines Unternehmens und den taktischen Aktivitäten im Markt. Das bezieht sich nicht allein auf Innovationsprogramme, sondern geht zum Beispiel auch in Richtung Unternehmensorganisation. Wissen um Konsumenten und Märkte ist der Motor eines jeden erfolgreichen Unternehmens – und der muss zwangsläufig stottern, wenn Daten als das neue Öl nicht richtig fließen und an allen Ecken und Enden versickern.

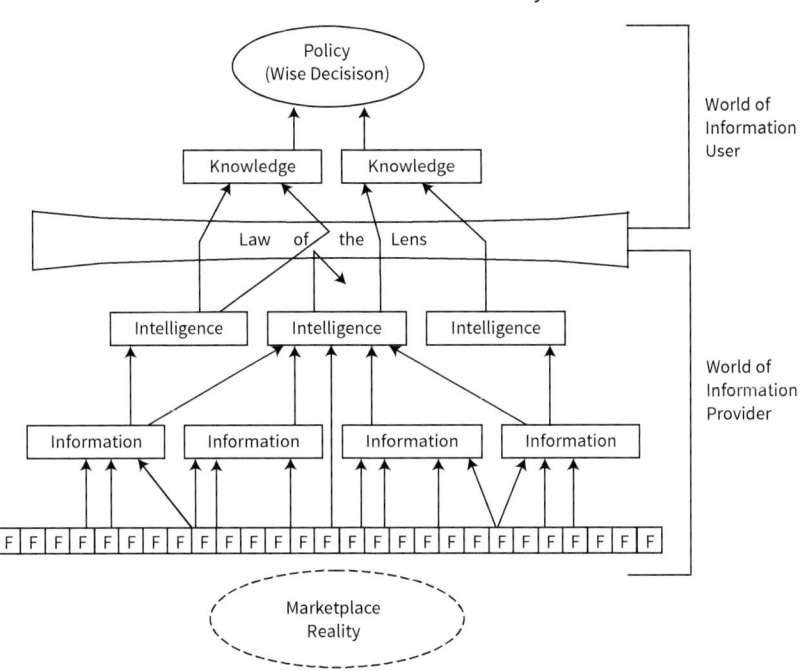

Abb. 14: The Law of the Lens in the Information Pyramid (Quelle: Barabba & Zaltman 1991)

Deshalb zahlt es sich unserer Meinung nach aus, die *Transformation von Wissen zu Einsichten* in einem Unternehmen zu institutionalisieren – d.h. auch so zu gestalten, dass unterschiedliche Unternehmenseinheiten aus diesen Erkenntnissen schöpfen können und damit ihr Tun und Handeln konsequenter als bisher am Markt ausrichten. Zweifellos wird dies eine kontinuierliche Investition sein müssen, die nicht erst gestartet wird, wenn die ausgetrocknete Innovation Pipeline schon Realität ist.

Und daher glauben wir schon, dass der simple Migrationspfad von Daten zu Einsichten, wie ihn Vince Barabba propagiert (a. a. O., S. 44 ff.), von den Unternehmen konsequent zu orchestrieren ist. Das Verdichten von einzelnen Daten zu Informationen, die weitere Konsolidierung zu Einsichten, die Verifizierung zu Wissen und das erfolgreiche Handeln auf der Basis dieses Wissens – das sind die Wertschöpfungsschritte, in die fortwährend investiert werden muss (Schroiff, 1999). Daten in einem Unternehmen taugen zu mehr, als isoliert einem ausgewählten Kreis als Herrschaftswissen präsentiert zu werden. Wissen hat nur dann einen hohen ROI, wenn es geteilt und immer wieder genutzt wird.

Es zeigt sich für uns immer wieder, dass es Sinn macht,
- Wissen im Unternehmen auch über verschiedene »Silos« wie etwa unterschiedliche Unternehmensbereiche heraus zu präparieren,
- dieses Wissen freier zugänglich zu machen (Wissen ist der einzige Rohstoff, der sich bei Gebrauch nicht abnutzt),
- unterschiedliche Meinungen und Sichtweisen im Unternehmen nicht als störende Dissidenten abzutun, sondern als willkommene Stimulation von Innovation und Fortschritt,
- Unternehmen weniger punktuell-datengetrieben, sondern integriert-entscheidungsgetrieben zu gestalten, vor dem Hintergrund einer inhaltlich begründbaren Strategie, die nicht nur aus austauschbaren Wortfetzen unverbundener Management-Imperative besteht,
- Marketing nicht mehr nur als eine Funktion unter vielen im Unternehmen zu begreifen und auszustatten, sondern als eine Art »Geisteszustand«, in dem Konsumentenorientierung zum Primat des Denkens und Handelns aller Personen im Unternehmen wird.

3.3 Keine Integration von Schwarmintelligenz und Co-Kreation

In vielen internationalen Markenartikel-Unternehmen findet der globale Innovationsprozess heute vorwiegend in der Zentrale statt, um möglichst einen weltweiten Markenauftritt zu gewährleisten und Entwicklungskosten zu sparen. Das macht aus unserer Sicht auch Sinn, jedoch nur unter der Bedingung, dass die zentrale strategische Marketingabteilung in ihrer personellen Zusammensetzung international und divers besetzt ist, um möglichst viele Insights der Märkte einfließen zu lassen und sie auch entsprechend bewerten zu können. Es kann davon ausgegangen werden, dass eine rein mit deutschen Mitarbeitern besetzte Markenzentrale nicht ausreichend in der Lage ist, eine globale Markenstrategie zu entwickeln und relevante Innovationen zu kreieren.

Außerdem muss die Branche sich für eine globale Markenstrategie eignen. In der Nahrungsmittelindustrie zum Beispiel sind die regionalen Geschmäcker zum Teil so verschieden, dass sich Neuprodukte oft nicht weltweit vermarkten lassen und eine Innovation Pipeline regionale Besonderheiten einfach berücksichtigen muss.

Zu einer weltweiten strategischen Markenzentrale gehört heute auch die Aufgabe der »Reverse Innovation« (vgl. Govindarajan & Trimble, 2012). Dabei werden regionale und lokale Produkte und Marken auf globalen Einsatz geprüft und unter der Verantwortung und Koordination der Zentrale entsprechend ausgerollt. Solche Projekte können sich in allen Preissegmenten positionieren. Bekannt ist der Begriff *Reverse Innovation* heute hauptsächlich durch den globalen Roll-out von preisaggressiven und abgespeckten Produkten aus Wachstumsmärkten in hochentwickelte Märkte.

Dass es auch umgekehrt funktioniert, zeigt die weltweite Einführung einer japanischen Haarfärbetechnik. Der japanische Kosmetikmarkt ist extrem innovationsfreudig und gilt als Benchmark für alle US-amerikanischen und europäischen Kosmetikhersteller.

> **Beispiel: Einführung einer japanischen Haarfärbetechnik**
>
> Seit Mitte bis Ende 2000 kristallisierte sich auf dem japanischen Markt ein neues Segment der Haarfärbemittel heraus: die Schaum-Coloration. Dabei wird die Farbe, bevor sie in der Selbstanwendung auf den Kopf aufgebracht wird, statt als Creme als Schaum aus der Verpackung entnommen. Schaum hat den Vorteil, dass er sich besonders gut und gleichmäßig verteilen lässt und von der Konsumentin als ausgesprochen pflegend eingeschätzt wird. Die Innovation der japanischen Hersteller entwickelte sich sehr schnell zu einem signifikanten Marktsegment von bis zu zehn Prozent des Gesamtmarkts der japanischen Haarfärbemittel. Diese neue Technik gelangte sehr schnell auf den Radarschirm der europäischen Hersteller, die einen Einsatz für kaukasisches Haar prüften und dessen Ziel es war, diese innovative Technik möglichst schnell in ihre Märkte einzuführen. Daraus entstand ein Wettlauf um die schnellste Einführung. Auf der einen Seite die europäischen Hersteller, auf der anderen Seite japanische Firmen wie zum Beispiel KAO mit der in Europa existierenden Marke John Frida.

Da es ein signifikanter Erfolgsfaktor ist, als Erster mit einer Innovation auf dem Markt zu sein (»time to market«), kann ein zeitlicher Vorsprung von nur drei Monaten entscheidend für eine profitable Einführung sein. Innerhalb von rund zwölf Monaten waren alle Hersteller in der Lage, die Schaum-Coloration auf den europäischen Markt zu bringen. Schwarzkopf Perfect Mousse hatte in einigen Ländern die Nase vorne und wurde dort häufig Marktführer des Segments, das sich auch außerhalb von Japan schnell als fester Teilmarkt im Bereich Colorationen etablierte.

Ohne eine starke Führung und Koordination in der Zentrale, die schnelles und fokussiertes Handeln sicherstellt, wäre dieser Erfolg aus unserer Sicht nicht möglich gewesen. Stellen Sie sich vor, jedes Land hätte ein eigenes Konzept dieser neuen Coloration entwickelt und einen eigenen Marketing-Mix. Es hätte Monate mehr gekostet und ein internationales Erscheinungsbild wäre nicht sichergestellt gewesen.

Ein anderes Beispiel für den First-Mover-Vorteil (»time to market«) ist die Einführung einer neuen Körperpflege-Generation – Duschgel und Body Lotion als kombinierte

Anwendung in der Dusche. Bislang benutzen Konsumenten beide Produkte getrennt. Erst das Duschgel und nach dem Abtrocknen die Body Lotion. Wäre es nicht schön, ein Produkt zu haben, das man direkt unter der Dusche anwendet und einem damit das spätere Eincremen erspart? Unter Nivea haben wir ein solches Produkt als Erstes in Italien gesichtet, das als After Shower Lotion in der Dusche nach dem Duschgel angewendet und anschließend abgespült wird. Die Verpackung verspricht, dass sich die Haut weich anfühlt, ähnlich wie bei der Anwendung einer Body Lotion. Die Einführung wurde in Italien in kurzer Zeit zum Erfolg, der auch für andere Wettbewerber sichtbar war.

Für einen internationalen Erfolg wäre es aus Sicht der Autoren gut gewesen, das Produkt möglichst schnell in alle Nivea-Märkte auszurollen, um zu verhindern, dass der Wettbewerb mit einem ähnlichen Produkt zügig auf den Markt kommt. Die Beobachtung der Autoren ergab aber, dass zunächst Monate vergingen und ein weiterer Roll-out erst danach in einzelne Länder erfolgte.

Anfang 2013 konnte man dann beobachten, dass Nivea das Produkt auch in Deutschland einführte und zur gleichen Zeit lancierte die Konkurrenz unter der Marke Fa Shower & Lotion ein Duschgel mit Body-Lotion-Anteilen direkt in der Produktformel. Basierend auf dem gleichen Consumer Insight bekommt man hier den Body-Lotion-Effekt anscheinend gratis im Duschgel mitgeliefert.

Keiner hatte den First-Mover-Vorteil, denn beide Innovationen wurden nahezu zeitgleich eingeführt, und es bleibt abzuwarten, wer mehr Marktanteil generieren wird und wie nachhaltig der Erfolg sein wird. Das Nivea-Produkt hat aber aus unserer Sicht einen grundlegenden Wettbewerbsvorteil verspielt: nämlich den »time to market« mit einer zügigeren Einführung. Eine zentrale strategische Markenabteilung hätte hier die Aufgabe gehabt, einen schnellen Roll-out zu gewährleisten und zu koordinieren und interne Hemmnisse auszuräumen. Und so kann es geschehen, dass ein gutes Produkt unter einer starken Marke sich nicht der Chance entsprechend im Markt etabliert, wenn diese Chance verspielt wird.

Gefahren eines zentralisierten Marketings
Natürlich besteht bei einem rein zentralisierten Marketing auch die Gefahr, dass Ideen liegengelassen werden. Was meinen wir damit? Stellen Sie sich vor, es existiert eine strategische Marketingzentrale mit ungefähr 100 Mitarbeitern. In den einzelnen Ländergesellschaften gibt es weltweit darüber hinaus noch circa 800 Marketingmitarbeiter, die hauptsächlich für die operative Exekution der Marken und Neuprodukte verantwortlich sind: sprich für Distribution, Promotion-Durchführung und Media Planung. Hinzu kommen natürlich noch die Vertriebsmannschaft und die regionalen Außenstellen von Forschung und Entwicklung. Am Produktinnovationsprozess selbst

sind sie meistens nicht mehr beteiligt. Hier wird ein unglaubliches Potenzial an Kreativität, Expertise und Ideen vernachlässigt.

Sicher versuchen viele Unternehmen dennoch Ideen aus den Landesgesellschaften einfließen zu lassen, in dem sie den Markenführungsprozess in Lead-Countries auslagern oder internationale Projektteams installieren. Aber auch diese Maßnahmen schöpfen nicht das volle weltweite Potenzial aus. Darauf zu warten, dass Mitarbeiter von sich aus Ideen an die Zentrale schicken, kann man sich sparen, denn es ist nicht ihre Kernaufgabe, für die sie bezahlt und vor allem bewertet werden.

Implementierung eines Innovation Sourcing Systems
Gibt es nun ein System, mithilfe dessen man sich das gesamte kreative weltweite Potenzial in einer frühen Phase des Innovationsprozesses zunutze machen kann, ohne die strategische Markenführung in der Zentrale aus der Hand zu geben?

Sie mögen jetzt an ein betriebliches Vorschlagswesen denken, jedoch dümpeln die meisten Systeme dieser Art vor sich hin und der Output ist extrem gering. Daher muss es ein System sein, das hohe motivationale Anreize schafft, die sich nicht ausschließlich monetär ausdrücken. Ein besonders Erfolg versprechender motivationaler Hebel ist die Anerkennung durch das Top-Management in der Zentrale und die damit garantierte Sichtbarkeit der Mitarbeiter quer durch alle Hierarchiestufen.

Wir empfehlen daher folgendes *Innovation Sourcing System*, das auf dem Ansatz der Schwarmintelligenz basiert. Ein solches System hat die Zielsetzung, alle relevanten Mitarbeiter weltweit für den Innovationsprozess verantwortlich zu machen und ihr kreatives Potenzial optimal zu nutzen.

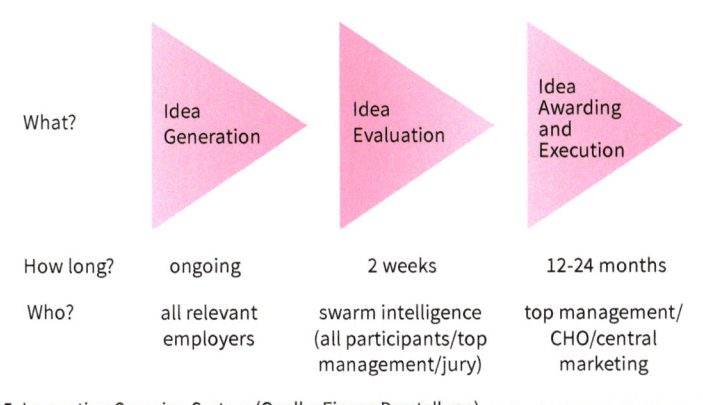

What?	Idea Generation	Idea Evaluation	Idea Awarding and Execution
How long?	ongoing	2 weeks	12-24 months
Who?	all relevant employers	swarm intelligence (all participants/top management/jury)	top management/ CHO/central marketing

Abb. 15: Innovation Sourcing System (Quelle: Eigene Darstellung)

Das Innovation Sourcing System besteht aus drei Bausteinen, denen drei Phasen entsprechen:

Phase 1: Ideen-Generierung
Monatliche oder quartalsmäßige weltweite Ideen-Generierung in Form von Verbalkonzepten durch alle verantwortlichen Mitarbeiter in Marketing, Marktforschung, Forschung und Entwicklung etc.

Phase 2: Ideen-Evaluierung
Bewertung der Ideen durch alle Teilnehmer und zusätzlich durch ein zentrales Entscheidungsgremium bestehend aus: CMO, Leiter Marktforschung, Leiter Forschung & Entwicklung, Vertreter der Länder durch Geschäftsführer und/oder Marketingleiter.

Phase 3: Ideen-Prämierung und Umsetzung
Prämierung der Innovationsideen des Monats und des Jahres durch das Top-Management/CMO und damit Startschuss zur Weiterverfolgung im Innovationsprozess (Stage Gage Prozess).

Das *Innovation Sourcing System* kann als computergesteuertes Intranet-basiertes Programm entwickelt werden. Es gibt aber auch fertige Angebote am Markt zu kaufen. Die Verantwortung für das System sollte beim CMO liegen und für das Gelingen muss es einen oder mehrere Mitarbeiter geben, die sich permanent um die Pflege des Systems kümmern. Diese Personen können jedoch auch andere Innovationsthemen behandeln, wie zum Beispiel die Pflege des Trend Monitorings, wie in Kapitel 3.2 dargestellt. Per Passwort gelangen alle Teilnehmer in das System und können Ideen einstellen, die Gesamtheit aller bereits eingestellten Ideen sehen und anschließend bewerten. Vollständige Transparenz erhöht die Attraktivität und das Vertrauen.

Zu Phase 1: Ideen-Generierung
In der Phase 1 werden alle weltweit relevanten Mitarbeiter aufgefordert, Ideen in das Innovation Sourcing System einzustellen. Dabei ist es besonders wichtig, den Ideen eine formale Struktur zu geben, um die Bewertung zu vereinfachen. Unsere Empfehlung ist die Verbalkonzeptform, also die Form, die wir bereits in Kapitel 3.1 beschrieben haben.

Dazu ist es erforderlich, vor allem diejenigen Mitarbeiter ausreichend zu trainieren, die keine Erfahrung mit dem Verfassen eines Verbalkonzepts haben. Es können aber auch zusätzliche innovative Marketing-Mix-Elemente eingestellt werden, wie interessante Packungen, neue Inhaltsstoffe oder relevante Kommunikationsbeispiele. Das Training der weltweiten Mitarbeiter für das Verfassen eines Marken- oder Produktkonzepts hat auch den Vorteil, dass bei einem beruflichen Transfer in das zentrale strategische Marketing das Know-how schon vorhanden ist und der Mitarbeiter wesentlich schneller in die Aufgabe hineinwächst.

Die entscheidende Frage ist nun, warum die vielbeschäftigten Mitarbeiter außerhalb der Zentrale sich für diese Aufgabe Zeit nehmen sollten, wo sie doch täglichem Umsatzdruck unterliegen?

Marketingmitarbeiter sind nach unserer Meinung sehr gut durch zwei Dinge zu motivieren: Geld und Ansehen in der Firma bzw. gute Karriereoptionen. Daraus ergeben sich zwei motivationale Handlungsaspekte, damit das System erfolgreich wird: ein monetärer, indem die besten Ideen mit einem signifikanten Geldbetrag vergütet werden, und ein Ansehen und Karriere fördernder, indem die Mitarbeiter Gelegenheit haben, aus ihrer Organisation anzureisen, um die Winner-Konzepte selbst zu präsentieren und damit Kontakt und Visibility zum Top-Management aufzubauen.

Der größte Hebel ist unserer Erfahrung nach die Anerkennung des Top-Managements und die daraus resultierenden weiteren beruflichen Chancen des Mitarbeiters. Dies ist auch mehr als verständlich: Stellen Sie sich vor, Sie sind Junior-Produktmanager in Argentinien und außer dem regionalen Marketingleiter kennt Sie niemand in der Unternehmenswelt des Großkonzerns. Sie entwickeln ein Innovationskonzept, das in der Bewertung als Top-Konzept des Monats das Rennen macht. Daraufhin reisen Sie aus Argentinien in die Zentrale des Unternehmens nach Europa und präsentieren das Konzept dem Top-Management. Plötzlich sind Sie auf dem Radar und genießen eine Visibilität, die sie wahrscheinlich im normalen Karriereverlauf erst in einigen Jahren bekommen hätten. Vielleicht entstehen aus dieser Gelegenheit neue Karriereoptionen und gewiss eine unglaublich hohe Motivation auch in Zukunft Top-Innovationsideen zu liefern. Außerdem qualifizieren Sie sich damit für einen eventuellen späteren Wechsel in die Marketingzentrale. Beide Motivationen sind nicht zu unterschätzen und wirken je nach Land und Kultur unterschiedlich.

Die Präsentation der Innovation durch den Mitarbeiter
Das System kann nur dann richtig funktionieren, wenn es vom Top-Management initiiert wird, gelebt wird und die Ideen wertgeschätzt werden. Die Innovationspräsentation des Mitarbeiters sollte in einer positiven wohlwollenden Atmosphäre stattfinden und Druck, vor allem auch in Form von Zeitdruck und Unaufmerksamkeit, müssen vermieden werden. Der Schuss kann nämlich faktisch nach hinten losgehen, wenn die Präsentation als unangenehme und störende Veranstaltung empfunden wird.

Die größte Herausforderung ist, wenn der hierarchiehöchste Manager nicht hinter dem System steht und mehr Bedenken als Anerkennung ausstrahlt und darüber hinaus noch die Entscheidung des Bewertungsgremiums infrage stellt und die Innovation kritisiert. Damit kann das ganze Innovation-Sourcing-Modell zunichte gemacht werden und kein Mitarbeiter ist in der Folge motiviert, weiter innovative Konzepte einzureichen.

Zu Phase 2: Evaluierung der Ideen
Die Ideen sollten nach folgenden Kriterien, die Sie schon aus dem Konzeptkapitel (Kapitel 3) kennen, bewertet werden:
- Grad der Neuigkeit
- Grad der Relevanz
- Grad der Machbarkeit
- Grad des Umsatzpotenzials
- Gesamtscore

Wichtig ist es, die Kriterien übersichtlich zu halten, damit die Bewertung nicht zu viel Zeit in Anspruch nimmt. Es empfiehlt sich ein Scoring auf einer Skala von 1 bis 7. Die Bewertung sollte auf Grundlage der Schwarmintelligenz im ersten Schritt von allen Teilnehmern des Innovationssystems gleichermaßen erfolgen.

> **Das Phänomen der Schwarmintelligenz**
>
> Die Theorie der Schwarmintelligenz als kollektive Intelligenz besagt, dass die Masse immer eine bessere Einschätzung gibt im Vergleich zu einzelnen Personen. Ein berühmtes Beispiel bildet die Geschichte von Francis Galton: Die Besucher der westenglischen Nutztiermesse im Jahre 1906 sollten im Rahmen eines Gewinnspiels das Schlachtgewicht eines Rindes genau schätzen. 787 Personen haben das Gewicht des Rindes geschätzt. Als man als Schätzwert der Gruppe den Mittelwert aller 787 Einzelschätzungen ansetzte, stellte sich heraus, dass der durchschnittliche Schätzwert der Gruppe genauer war als der jedes einzelnen Teilnehmers, und darunter waren sogar Experten wie zum Beispiel Metzger.

Dieses Phänomen der Schwarmintelligenz kann optimal für ein Innovation Sourcing System genutzt werden, bei dem alle Teilnehmer nach den definierten Kriterien Bewertungen abgeben und so eine erste relevante Einschätzung der kollektiven Intelligenz erfolgt. Da es bei Innovationen jedoch auch auf das besondere unternehmerische Gespür ankommt und Innovationen sich der Gesamtstrategie unterordnen müssen, empfehlen wir, die zusätzliche und anschließende Bewertung durch eine Fachjury aus dem Top-Management unter der Verantwortung des CMOs, die auch über die Auswahl der Ideen, die später in den Innovationsprozess übergehen, entscheidet.

Jeder Teilnehmer aus dieser Fachjury – bestehend aus CMO, Leiter Forschung und Entwicklung, Leiter Marktforschung, General Manager einiger Landesgesellschaften – sollte die Innovationskonzepte unabhängig bewerten. Auch dieser Prozessschritt wird innerhalb des Programms angelegt.

Erstellung eines Konzeptrankings
Das Programm rechnet dann selbstständig die Scores aller Teilnehmer aus und erstellt ein Ranking der Konzepte nach Gesamtscore und nach Einzelscores der jeweiligen

Kriterien. Damit existiert für das Entscheidungsmeeting eine Auswahl der 20 bis 30 Top-Ideen, aus denen dann die Ideen des Monats ausgewählt werden können.

Viele werden jetzt sagen, dass das Top-Management keine Zeit hat, jeden Tag viele Ideen zu bewerten. Wenn die Unternehmensphilosophie sich jedoch durch »Wachstum durch Innovationen« auszeichnet, dann gehört es zur Kernaufgabe des gesamten operativen Top-Managements, neuen Ideen Zeit zu widmen. Aus unserer Erfahrung nimmt die Bewertung im Rahmen eines weltweit operierenden Großkonzerns jeden Tag nicht mehr als zehn Minuten ein, zehn Minuten gut investierte Zeit in die Zukunft des Unternehmens.

Meeting der Fachjury
Die Fachjury sollte aus mindestens vier Top-Managern bestehen. Im Entscheidungsmeeting, das jeden Monat oder mindestens einmal im Quartal stattfindet, hat sich nach unserer Erfahrung auch gezeigt, dass allein die lebhafte Diskussion der Innovationsideen dem gesamten Innovationsprozess sehr dienlich ist. Denn hier sitzen alle relevanten am Innovationsprozess beteiligten Fachabteilungen um einen Tisch und nehmen sich Zeit, über den wichtigsten Wachstumshebel eines Markenartiklers zu diskutieren. Oft entstehen aus diesem Meeting neue Ideen oder bestehende Ideen können bereits weiterentwickelt und auf Machbarkeit geprüft werden. All dies führt am Ende dazu, dass die Innovation Pipeline reicher und voller wird.

Wenn jeder Teilnehmer gut vorbereitet ist und alle Ideen gelesen hat, kann es auch passieren, dass eine gute Idee, die von anderen übersehen wurde, noch einmal als sogenannte Wild Card auf den Tisch kommt, diskutiert wird und am Ende als Top-Idee des Monats prämiert wird. Es ist jedoch wichtig, diese Entscheidung transparent und nachvollziehbar zu machen, damit die Motivation entsprechend hochgehalten wird.

Die zentrale Rolle in dieser Phase spielt der CMO, der weltweit für Innovationen verantwortlich ist. Unter seiner Regie wird das System geführt und unter seiner Leitung steht das finale Jury-Meeting. Er steht auch dafür, dass das System optimalen Output liefert, denn dadurch wird seine Aufgabe der Erstellung einer Innovation Pipeline einfacher. Wir wollen nämlich gerade nicht, dass durch die Installation eines solchen Systems die Funktion des CMO hinsichtlich seiner Innovationsaufgabe geschmälert wird, wie man auch befürchten könnte.

Das Innovation Sourcing System ist nur ein System unter anderen, um den Innovation-Tunnel (vgl. Abb. 16) in der Anfangsphase möglichst breit zu halten. Je mehr Ideen dem CMO aus allen Quellen zu Verfügung stehen, desto eher hat er eine Chance, die Innovation Pipeline voll zu bekommen. Und ein voller Reigen aus Innovationen ist die Grundvoraussetzung dafür, Marktanteile zu gewinnen, und auch die Voraussetzung,

Flops schnell aus dem Regal zu entfernen, da genug Nachschub in der Pipeline vorhanden ist. Wir werden darauf später noch einmal zurückkommen.

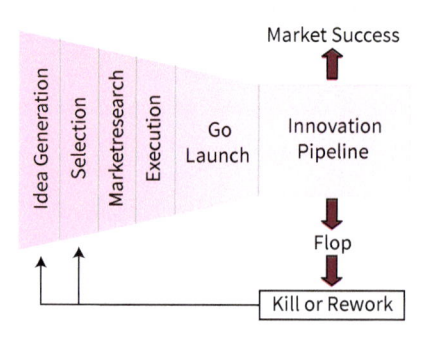

Abb. 16: Innovation-Tunnel (Quelle: Eigene Darstellung)

Monitoring des Innovation Sourcing Systems
Es ist auch die Verantwortung des CMO, das System zu monitoren und die Teilnehmerstruktur zu analysieren. Welche Länder und Abteilungen liefern besonders viel Input und welche haben Nachholbedarf? Wie hoch ist die Beteiligungsquote und die Output-Qualität? Jedes Land und jede Fachabteilung sollten bei ihren relevanten Mitarbeitern eine Beteiligungsquote von über 70 Prozent einhalten. Verantwortlich dafür ist der jeweilige Abteilungsleiter (Marketingleiter). Je höher diese Verantwortung hierarchisch angesiedelt ist, desto eher werden Sie positive Ergebnisse erzielen. Machen Sie die Geschäftsführer der jeweiligen Länder dafür verantwortlich, dass ihre Mitarbeiter sich bei der Ideenfindung beteiligen und dafür ausgebildet werden.

Die zweite Key Performance Indicator (KPI) ist der Qualitätsscore der Konzepte. Gibt es Länder oder Fachabteilungen, die kontinuierlich ungenügende Qualität liefern? Brauchen diese zusätzliches Training, das wiederum vom Verantwortlichen geleistet werden kann?

! **Unsere Empfehlung**

Je wichtiger das Top-Management das Innovation Sourcing System nimmt und dahinter steht, desto weniger Nacharbeit und Motivation zur Teilnahme ist erforderlich. Das System braucht dennoch regelmäßige Sonderaktionen, um auch jene Mitarbeiter zu animieren, die sich bisher nicht unter den Konzeptgewinnern fanden und vielleicht mit der Zeit aufgegeben haben. Hier eignen sich vor allem Team-Wettbewerbe, bei denen Länderabteilungen bzw. alle Abteilungen gegeneinander antreten, oder Wettbewerbe, bei denen zu ganz bestimmten Themen Innovationen gesucht werden. Es sollte immer erlaubt sein, dass auch mehrere Mitarbeiter eine Idee einstellen.

Es ist eine philosophische Frage, ob die besten Ideen von Einzelpersonen oder aus Teamarbeit entstehen. Aus unserer Erfahrung mit unterschiedlichen Innovationssystemen hat jeder Mitarbeiter, der im Innovationsprozess arbeitet, seine persönliche Präferenz und die sollte man ihm oder ihr auch lassen. Die einen liefern mehr Output im stillen Kämmerlein oder unter der Dusche, die anderen im Brainstorming mit anderen. Ein Unternehmen sollte beides stimulieren und für beides optimale Voraussetzungen bieten.

Zu Phase 3: Ideen-Prämierung und Umsetzung innerhalb des Innovationsprozesses
Eine ideale Prämierung gestalten Sie durch die Integration in ein bereits bestehendes Top-Management-Meeting. Das reduziert den Aufwand erheblich, da alle Teilnehmer bereits anwesend sind. Das Entscheidungmeeting kann ein Marketingmeeting oder ein generelles Executive Committee sein. Die Fachjury sollte in jedem Fall anwesend sein. Wenn Sie es in Ihre bestehenden Managementprozesse nicht eingliedern können, dann können Sie die Prämierung auch quartalsweise vornehmen und somit Ideen zeitlich poolen. Es empfiehlt sich auch, mit starker Symbolik zu arbeiten und zusätzliche visuelle Anerkennungen zu entwickeln in Gestalt von Pokalen oder Urkunden, die dem Mitarbeiter ausgehändigt werden. Aus unserer Sicht können folgende Arten von Prämierungen vorgenommen werden:

- Konzept des Monats
- Top-10-Konzepte
- Innovation Leader of the Year (derjenige mit den meisten Top-Konzepten des Monats über das Jahr verteilt)
- Innovation Country of the Year

Sie können die Prämierungen den Notwendigkeiten Ihres Unternehmens und Markenportfolios anpassen.

Der Mitarbeiter mit dem Gewinnerkonzept des Monats präsentiert seine Idee, gibt Hintergründe, wie er auf die Idee gekommen ist, und beantwortet Fragen aus der Managementrunde. Eine Vorstellung der Gewinner in der Hauszeitung oder im Firmen-Newsletter ist ebenfalls eine gute Maßnahme, um den Mitarbeiter zu würdigen und Werbung für das System zu machen. Die Innovationsidee des Monats sollte dann unter der Regie des zentralen Marketings in die erste Phase des Innovationsprozesses eingehen und auf konkrete Realisierung im Rahmen der Innovation Pipeline geprüft werden.

Die Frage stellt sich, wie viele Ideen braucht es in einem solchen System, um am Ende marktrelevante Innovationen zu erhalten? Unsere Erfahrung ist, dass aus 1.000 Ideen am Ende eine das Rennen zur Marktreife macht. Das gilt generell im Innovationsprozess, egal welches System dahinter liegt.

Je nach Größe des Teilnehmerkreises können Sie leicht im Rahmen des Innovation Sourcing Systems mehrere Tausend Ideen generieren. Rund zehn Prozent der Ideen eignen sich für eine weitere kritische Beurteilung hinsichtlich Realisierung und ein bis zwei Prozent gelangen wahrscheinlich zur Marktreife.

Wenn eine Idee aus dem Innovation Sourcing System in den weiteren Innovationsprozess oder auch als Stage-Gate-Prozess aufgenommen wird, dann sollte sie in der Verantwortung zurück in die zentrale Marketingabteilung gehen. Sie werden jetzt sagen, dass dies frustrierend für den Mitarbeiter ist, der die Idee entwickelt hat, weil er sie nicht weiterentwickeln kann. Aber vergessen Sie nicht die Aufgabe des Systems innerhalb des Innovationsprozesses. Es ist dafür da, dem zentralen strategischen Marketing möglichst viel Input am Anfang des Tunnels zu liefern. Die Regeln müssen von Anfang an klar und transparent sein, dann kommt es nicht zur Frustration. Mitarbeiter, die Lust an der Erstellung der Innovation Pipeline haben und dafür geeignet sind, werden sowieso den Weg in die strategische Marketingzentrale finden.

Für den CMO ist dieses System nicht nur eine Quelle für gute Ideen, sondern auch ein Fundus für Mitarbeiter, die für einen Transfer in die globale Marketingzentrale geeignet sind. Solche Mitarbeiter sind erst durch das System auf den Radar gekommen. Möglicherweise wurde auch in den Landesgesellschaften ihr Potenzial im Hinblick auf ihre konzeptionelle Eignung nie erfasst oder sie sind gar versteckt worden, da man sie auf lokaler Ebene nicht verlieren wollte. Das gehört aber dann in das Kapitel »Politisches Powerplay« (vgl. Kapitel 5.3).

Archivierung aller Ideen
Ein weiterer Vorteil des Innovation Sourcing Systems ist die systematische Archivierung aller Ideen. Früher wanderten Ideen, wenn sie verworfen wurden, meistens in den Papierkorb und durch den üblichen schnellen Personalwechsel im Marketing waren sie für immer verloren. Manchmal ist die Zeit für eine Idee aber auch noch nicht reif gewesen, ein paar Jahre später kann es der Knaller oder Blockbuster werden. Zum anderen entstehen neue Ideen aus der Kombinatorik von existierenden Ideen. Der CMO kann in regelmäßigen Abständen ausgewählte Ideen aus dem Archiv nachlesen und dadurch neue Impulse für zukünftige Innovationen erhalten.

Das Ideenarchiv hat einen unschätzbaren Wert und ein Unternehmen, das darauf zurückgreifen kann, einen signifikanten Wettbewerbsvorteil. Der Aufbau eines solchen professionellen Systems ist zeitaufwendig und bedarf der ständigen Pflege, aber es lohnt sich aus unserer Sicht. Und vergessen Sie nicht: Die Qualität der Innovation Pipeline ist der entscheidende Wachstumshebel für ein Markenartikel-Unternehmen und bekanntlich muss man viele Frösche küssen, um den einen Prinzen zu finden.

3.4 Keine empirische Überprüfung von Ideen und Konzepten

Eigentlich wollten wir dieses Kapitel zunächst gar nicht schreiben, denn warum sollten wir Raum und Zeit auf etwas verschwenden, das aus unserer Sicht mehr als selbstverständlich ist: die Reflexion von Ideen und Konzepten mit dem Konsumenten in Form von konsequenten empirischen Prüfungen. Aber dann mussten wir doch ernüchtert feststellen, dass das alles gar nicht so selbstverständlich ist, wie wir angenommen hatten. In vielen betrieblichen Entscheidungskontexten herrscht doch so etwas wie Willkür bei der Entscheidung über Ideen und Konzepte. Da geht es zu wie in der römischen Arena, wenn der Imperator den Daumen nach oben oder nach unten streckt und damit über Leben und Tod des Gladiators entscheidet. Umso unverständlicher erscheint uns dieses Vorgehen in solchen Unternehmen, in denen durchaus Ansätze eines systematischen Innovationsmanagements zu erkennen sind. Warum also macht man am Anfang vieles richtig, aber am Schluss auch vieles falsch?

Natürlich waren wir beide lange genug in der Praxis, um einschätzen zu können, was sich da so alles in den Weg stellen kann. Da geht es möglicherweise um (subjektiven) Zeitdruck vor der Einführung (der Wettbewerber hat schon im Handel angekündigt). Da geht es um Kosten oder um eine überhöhte subjektive Entscheidungssicherheit und vieles mehr. Aber wir haben auch sehr oft die Erfahrung gemacht, dass vorschnelle Entscheidungen auf den letzten Metern zu einer überhöhten Konfidenz (Vertrauen in die Innovation) führen, die möglicherweise einfach unrealistisch ist. Und wer sich beeilen muss, macht immer mehr Fehler als andere.

Aus diesen Gründen plädieren wir uneingeschränkt für die Zeit und für die Investitionen, das Konzept am Ende noch einmal in der Auseinandersetzung mit Konsumenten auf Herz und Nieren zu prüfen. Wie hat einmal ein Agenturmitarbeiter über ein großes deutsches DAX-Unternehmen gesagt: »There is never enough time to do it right – but there is always enough time to do it over and over again.«

Wir sehen hier zwei große Möglichkeiten, sich Informationen zu verschaffen, die für die Entscheidung des Launches, aber auch für die Zeit nach dem Launch von entscheidender Bedeutung sind.

Zunächst einmal sollte ein Konzept auf jeden Fall final vor dem Hintergrund von Benchmarks entschieden werden. Wir werden immer und immer wieder auf das Thema Benchmarking zurückkommen – nicht weil wir unbedingt die Marktforschungsindustrie reich machen wollen, sondern weil uns Benchmarks helfen können, die mit unserem Projekt verbundenen Optionen richtig einzuordnen. Eng mit den Benchmarks verbunden sind auch die Möglichkeiten einer Prognose, also der Vorhersage eines zukünftigen Marktanteils oder Absatzvolumens innerhalb eines definierten Zeitraumes. Darüber kann man endlos diskutieren, je nachdem welche Erwartungen man mit dem Begriff »Prognose« verbindet. Aber darauf werden wir später noch detailliert eingehen.

Benchmarking
Benchmarks sind immer nur so gut wie die Regeln, anhand derer man sie aufstellt. Da gibt es eine breite Variation – von *sehr konservativ* bis *sehr offensiv*.

Ein sehr *konservatives* Benchmarking würde (theoretisch) alle eigenen Konzepte eines Unternehmens testen und die Ergebnisse in eine hausinterne Datenbank einbringen. Diese wird über die Jahre hinweg kontinuierlich befüllt und man vergleicht immer den aktuellen Testwert mit einem Kriteriumswert aus der historischen Verteilung – häufig ist das der Mittelwert oder der Median, auch wenn das nicht in allen Fällen sinnvoll ist. Das ist ein für alle Beteiligten beruhigendes Verfahren: Das Marktforschungsinstitut kann sicher sein, auch dann sein Geschäft zu machen, wenn man das Tool gar nicht weiterentwickelt (im Gegenteil), der Produktmanager hat rein statistisch über die Zeit die *ex-ante*-Wahrscheinlichkeit von 50 Prozent, dass sein Konzept gewinnt, und der Marktforscher macht eigentlich gar nichts, außer den nächsten Auftrag zu schreiben.

Ein sehr *offensives* Benchmarking würde (theoretisch) *alle* Konzepte testen, die in einem Markt anfallen. Auch hier resultiert eine Verteilung der Testwerte. Das Benchmarking aber würde bestimmt von denjenigen Konzepten, die nach ihrer Einführung im Markt aufgrund ihrer konzeptionellen Überlegenheit wirtschaftlich erfolgreich abschneiden. Nur wenn man mit dem Testwert in diese Region vorstößt, gehört das Konzept zu den »Gewinnern«. Diese Wahrscheinlichkeit ist nicht konstant, sondern variiert in Abhängigkeit von den wechselnden Marktgegebenheiten.

Zwischen diesen beiden Extremen passiert eigentlich alles, was an Benchmarking in den Unternehmen realisiert wird. Das sehr offensive Benchmarking ist wohl eher eine Fiktion – es ist extrem unwahrscheinlich, dass immer alle Konzepte in einem Markt *ex ante* getestet würden, dass alle Informationen zugänglich sind und dass wir es schaffen, den Einfluss des Konzepts auf den finalen Vermarktungserfolg exakt herauszupräparieren. Und daher bleibt es bei einer Reihe von unterschiedlichen Kompromissen, die auch vom Marketing- bzw. Marktforschungsbudget bestimmt werden.

Als ein gangbarer Kompromiss erscheint uns das standardisierte Testen der eigenen Konzepte (plus gegebenenfalls einer Reihe von nachgestellten erfolgreichen Wettbewerberkonzepten). »Nachgestellt« heißt in diesem Fall, den existierenden Marketing-Mix des bestehenden Produkts auf die Konzeptbeschreibung zu reduzieren. Diese Tests sollten allerdings unmittelbar nach Einführung des Wettbewerberproduktes durchgeführt werden, bevor der Konsument den vollständigen Mix des Wettbewerbers schon komplett »inhaliert« hat.

3.4 Keine empirische Überprüfung von Ideen und Konzepten

Das Benchmarking an der Verteilung nutzt die Fälle aus einem »rollenden Fenster« der zum Beispiel jüngsten 100 Tests, um nicht noch die Konzepte von Anno Tobak in der Datenbank zu haben. Und nur diejenigen Konzepte werden als »Gewinner« klassifiziert (und weiterverfolgt), die ein internes Kriterium (z. B. Top-Box-Kaufbereitschaft) erreichen, das sich nur an empirisch validierten Erfolgskonzepten orientiert.

Das ist mühsam – sowohl, was die ständige Validierung der Datenbank angeht (da ist es mit einem Telefonanruf beim Institut nicht erledigt) als auch hinsichtlich der Anstrengungen, den Kriteriumswert zu erreichen bzw. zu übertreffen. Und jetzt geht es eigentlich für die Entscheider im Unternehmen nur darum, sich intern eine Art Entscheidungsmatrix zuzulegen.

In Beziehung gesetzt werden zum Beispiel zwei Kennwerte, einen Prädiktor (z. B. der Testwert relativ zur Verteilung, etwa als z-Wert) und ein Kriterium (z. B. ein Kennwert für den relativen Markterfolg des eingeführten Produkts in der Kategorie, etwa »Marktanteil pro Prozentpunkt gewichteter Distribution«). Und dann schaut man sich die Verteilung eine Zeitlang an (gute Benchmarks gibt es nicht von heute auf morgen). Daraus resultiert ein Eindruck über die Trennschärfe und Prognosefähigkeit des verwendeten diagnostischen Tools, wie die folgende Abbildung zeigt:

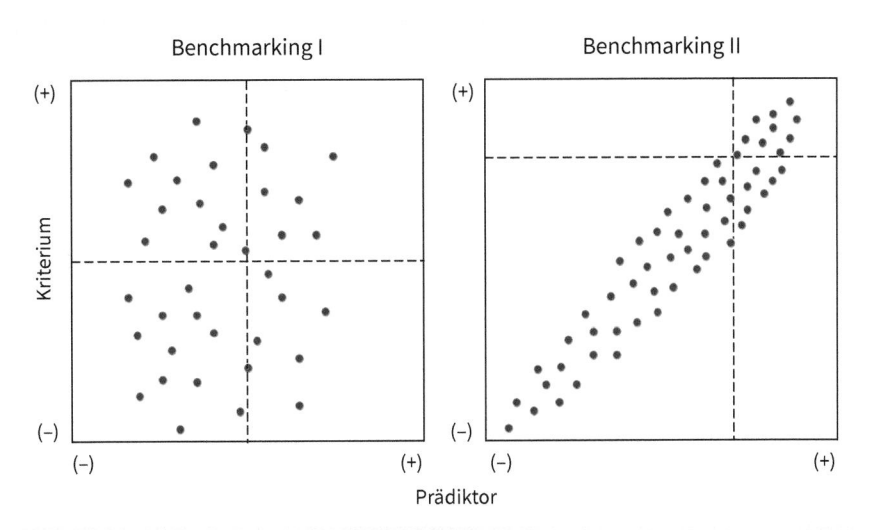

Abb. 17: Benchmarking-Systeme (Quelle: Eigene Darstellung)

Mindestanforderungen an ein diagnostisches System

Auf der linken Seite (Benchmarking I) sehen wir ein eher wenig trennscharfes und wenig prognosestarkes Tool – der Zusammenhang stellt sich als Punktwolke dar. Auf der rechten Seite (Benchmarking II) würden wir die Leistung des Tools eher mit Zufriedenheit betrachten: Sowohl Trennschärfe als auch prognostische Leistung sind als akzeptabel zu bezeichnen. Bei dem System »Benchmarking II« könnte man nun noch einen Schritt weitergehen und den Prädiktorwert anpassen.

Benchmarking II wird bis zu einem gewissen Grad theoretisch bleiben, denn es werden um der wissenschaftlichen Erkenntnis willen kaum Projekte gelauncht, die sich im Vorfeld von ihrem Prädiktorwert her als unzureichend erwiesen haben. Daher fehlt empirisch der mittlere bzw. untere Teil der Punktwolke bei Benchmarking II.

Das alles sind aus unserer Sicht Mindestanforderungen an ein diagnostisches System und eine damit verbundene intellektuelle Basisleistung auf der Urteilerseite. Das kann man natürlich weitaus intensiver und differenzierter gestalten, die entsprechenden Möglichkeiten sind auf jeden Fall vorhanden.

Wie dem auch sei, es wird keine perfekte Prognoseleistung aus einem Konzepttestergebnis auf eine Performance im Markt geben. Zwischen den Top-Box-Werten (Top-Box = »würde bestimmt kaufen«) bei einer Kaufbereitschaftsfrage und den messbaren Veränderungen im Abverkauf zum Beispiel nach einem Marken-Relaunch liegen viele Einflussfaktoren, die wir in der nachstehenden Abbildung nur ansatzweise aufgeführt haben.

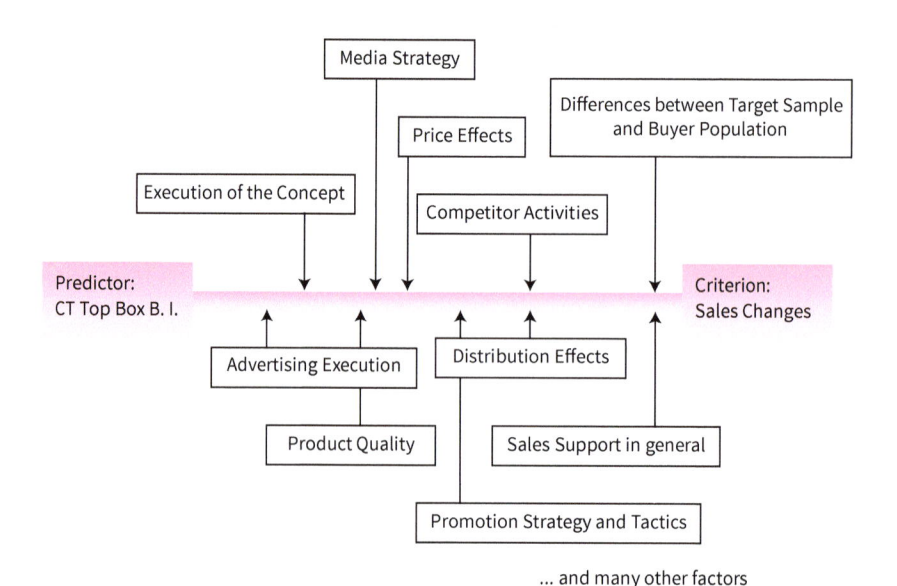

Abb. 18: Einflussfaktoren zwischen Konzepttest-Ergebnis und Abverkaufsveränderungen (Quelle: Schroiff, in Vorbereitung)

Insofern erweist sich das Ergebnis eines Konzepttests als eine unbedingt notwendige, aber nicht hinreichende Bedingung für den Erfolg eines Produkts. Wir werden in den folgenden Kapiteln auf einen großen Teil dieser intermittierenden Faktoren eingehen. Drei Schlussfolgerungen können wir aber jetzt schon ziehen:

1. Kein diagnostisches System mit Prognoseambitionen ist fehlerfrei
Auch wenn von Anbieterseite durch die Marktforschungsinstitute manchmal abenteuerliche Aussagen hinsichtlich der Prognosevalidität getätigt werden, bleibt es dabei: Es wird immer Fehler der ersten Art und solche der zweiten Art geben. Man muss sich als Unternehmen entscheiden, mit welchem Fehler man besser leben kann, aber das haben wir ja oben schon deklariert.

2. Konzepttests laufen unter »ceteris paribus«-Bedingungen
Auch dieser Punkt ist immer wieder betont worden. Alle in einem solchen Test getroffenen Aussagen gelten natürlich nur für die Randbedingungen, die zum Zeitpunkt des Tests vorgeherrscht haben. Und sie gelten streng genommen auch nur für Bedingungen im Markt, in denen man davon ausgehen kann, dass das neue Produkt eine Distribution von 100 Prozent erreicht hat und zudem ebenfalls einen (gestützten) Bekanntheitsgrad von 100 Prozent. Beides dürfte zumindest in den Frühphasen einer Einführung kaum schnell und simultan erreicht werden können, vor allen Dingen bei der Bekanntheit beobachten wir immer wieder gravierende Abweichungen von den Planwerten. Daher haben wir in Abbildung 18 aus dem Stand heraus eine Reihe von Faktoren aufgeführt, die im Prinzip »dazwischen« kommen können, wenn wir zuvor schnell von dem Erfolg eines Konzepts auf einen Erfolg im Markt generalisieren. Es wäre viel zu einfach und zu kurz gesprungen, wollte man immer und immer wieder eine Eins-zu-eins-Relation zwischen einem Konzepttestwert und einer Steigerung des Marktanteils herbeireden.

3. Ein Konzept ist nur solange »gut«, bis es »besser« wird
Hier sprechen wir den immer wieder festgestellten Umstand an, dass Konzepte häufig in Stein gemeißelt werden. Dagegen spricht zunächst nichts, denn wir haben uns ja in einem empirischen Prozess klar und deutlich auf dieses Konzept hin bewegt. Aber es ist und bleibt in diesem Stadium immer noch ein Konzept und wir werden es in mehreren Schritten zum Leben erwecken, indem wir der Reihe nach die einzelnen Marketing-Mix-Faktoren entsprechend inszenieren.

Hier gibt es reichlich Raum für weitere Erkenntnisse, die auf jeden Fall in das Finetuning der Konzeption einbezogen werden sollten. Und häufig stellt sich auch *ex post* in den einzelnen Tests der Marketing-Mix-Faktoren heraus, dass an bestimmten Stellen des Konzepts noch einmal gefeilt werden sollte. Dem wird man sich natürlich grundsätzlich nicht versagen – das Bessere ist und bleibt der Feind des Guten. Umgekehrt gilt Ähnliches: Stellt sich im Verlauf der Realisierung des Konzepts hin zu einem Markenartikel heraus, dass sich bestimmte Aussagen auf Konzeptebene nicht im Produkt und nicht unter der Marke realisieren lassen, dann sind diese Informationen entsprechend negativ zu werten. Man wird wohl oder übel von konzeptionellen Themen abrücken und das entsprechend veränderte Konzept möglicherweise noch einmal einer Konzeptprüfung unterziehen müssen. Es hilft wenig, an dieser Stelle kein Realitätsbewusstsein zu zeigen und darauf zu hoffen, dass man über kurz oder lang die Lücken in der Produktleistung oder im Markenimage schließen kann, indem man sich im Markt durchlaviert. Das gestaltet sich nach unserer Erfahrung sehr schwierig und ist kaum kurzfristig zu leisten.

4 Marketing-Mix – Vom Produktkonzept zum Markenartikel

4.1 Keine klare Markenpositionierung

Wir werden in diesem Kapitel kein ellenlanges Traktat zum Thema »Marke« abliefern, wie immer bei Domizlaff anfangen und bei der fraktalen Marke aufhören und dazwischen wie ein Vorortzug alle möglichen Stationen abklappern. Das haben schon Hunderte vor uns gemacht und Tausende nach uns stehen noch an.

Aber wir stellen doch fest, dass ganz viele Leute über Marken *reden* (und dass sie was davon verstehen) und dass diese theoretische Beschäftigung oft in einem mehr oder weniger großen Gegensatz zu dem steht, was sie mit ihren Marken *machen*. Und da erfahren wir manchmal erstaunliche Dinge. So trennt zum Beispiel ein Hersteller von Gebrauchsgütern sein Produktmanagement in zwei Bereiche: Der eine Kollege kümmert sich um neue Produkte und der andere hat die Anweisung, die Marke als Lifestyle zu inszenieren. Beide sprechen aber nicht miteinander und so entstehen merkwürdige Angebote, bei denen die potenziellen Käufer die Stirn kraus ziehen und sich fragen, was da im Regal steht. In einem anderen Unternehmen stellt einer der Autoren fest, dass Mitglieder der obersten Führungsebene sich auch nach einem Zweitages-Workshop (noch) nicht einig darüber sind, wofür eigentlich ihre Marke in ihrem emotionalen Nutzenversprechen steht – geschweige denn in ihrer kommunikativen Inszenierung.

Und daher sprechen wir vielleicht doch noch einmal darüber, was denn unser Grundverständnis von einer »Marke« ist, weil das zum Gesamtverständnis unseres Ansatzes beiträgt. Zunächst einmal sechs aus unserer Sicht unverrückbare Aussagen über Marken.

1. Marken sind notwendig
Es gibt tatsächlich hin und wieder diese frustrierenden Diskussionen, warum denn Investitionen in eine Marke überhaupt notwendig sind. Das sei alles nicht greifbar, intangibel, das entziehe sich dem direkt nachweisbaren Return on Investment, das seien doch alles nur »bunte Bilder«, Umsatz werde »im Vertrieb« gemacht. – Wer hat nicht schon so etwas gehört?

Wir werden immer die Meinung vertreten, dass es sich bei Marken um etwas jenseits des Produkts handelt – eigentlich um so eine Art Fesselballon, ein *psychologisches Trägersystem*, das das Produkt möglichst weit über den Horizont des Gewöhnlichen hinausbefördert. Schroiff und Arnold (2004) haben dies eingehend beschrieben: Ein Markenartikel ist immer eine untrennbare Verbindung von Produkt und Marke. Dabei ist das Produkt der eher tangible Teil, die Marke der eher intangible Teil (vgl. a. a. O., S. 168). Und daher rührt auch das Grundverständnis der Autoren, wonach ein Markenartikel einen Besitzstand darstellt, der sowohl dem Unternehmen, aber auch dem Konsumenten gehört. »Das Produkt ist im Regal, die Marke ist im Kopf«, heißt es häufig. Aber der Kopf gehört in diesem Fall dem Konsumenten. Wir werden später darauf noch gesondert eingehen.

Marken sind untrennbar mit ihren Produkten verbunden und bilden zusammen dieses Bündel an funktionalen, emotionalen und selbst-expressiven Nutzen, die jede Marke mehr oder weniger kennzeichnen. Der Begriff des Markenartikels bezeichnet diese Untrennbarkeit.

2. Marken befriedigen emotionale Bedürfnisse
»People don't buy drills, they buy holes« – Das ist eine häufig zitierte Bemerkung des Marketingprofessors Theodore »Ted« Levitt von der Harvard Business School. Levitt wurde noch wegen anderer Dinge bekannt, wie sein Eintreten für eine rückhaltlose Globalisierung von Produkten (was in der von ihm propagierten Form bisher noch nicht eingetreten ist), aber er hat wohl recht, was die Sache mit den Bohrern (drills) angeht. Da geht es am Ende um mehr als die basale funktionale Leistung, ein schlichtes Loch zu bohren. Davon kann sich jeder Leser zum Beispiel am Wochenende in jedem x-beliebigen Baumarkt überzeugen. Das weiß man spätestens nach zehn Minuten, wie Männer dort vor einem Regal mit Bohrmaschinen agieren. Und wie sie dann ausgerechnet diejenige kaufen, die vor dem Hintergrund dessen, was sie funktional brauchen, völlig überdimensioniert ist.

Was Levitt mit seinem Zitat auf jeden Fall meinte, war, dass man kein Produkt kauft, sondern einen damit verbundenen Nutzen. Und die subjektive Skalierung dieses wie auch immer gearteten Nutzens ist es, die bei jedem von uns ausschlaggebend dafür ist, ob er sich für ein Angebot interessiert und es schließlich erwirbt. Dabei spielt auch noch eine Rolle, was er dafür zu bezahlen bereit ist.

Die erste triviale Konsequenz aus diesen Überlegungen ist, dass man eher den Nutzen thematisieren muss und nicht die nackten Eigenschaften des Produkts. Erst wenn es dem Käufer gelingt, diese Eigenschaften in einen für ihn relevanten Nutzen zu übersetzen, hat man als Verkäufer eine Chance. Das wissen wir alle. Die weitere Konsequenz ist ebenfalls trivial, aber gar nicht so einfach: Hier geht es darum, eine verbindliche Architektur von emotionalem Nutzen zu definieren und gegebenenfalls die Positionierung der eigenen Marke danach auszurichten.

Und somit folgen wir David Aaker (1996) in seiner fundamentalen Differenzierung des Markennutzens, wonach für jede Marke hinsichtlich ihrer Benefit-Struktur folgende Fragen zu stellen sind:

Funktionaler Benefit

Hat die Marke einen ausschließlich *funktionalen* Benefit – geht es also zum Beispiel bei einem Waschmittel um Fleckentfernung oder geht es um Gewebeschonung oder geht es vielleicht um Farberhalt? Was ist der funktionale Nutzen eines Mineralwassers jenseits der Tatsache, dass Wasser das Elektrolytgleichgewicht beeinflusst? Und was wäre der funktionale Nutzen eines Parfüms oder eines schottischen Hochland-Whiskys?

Emotionaler Benefit

Hat die Marke vielleicht noch einen *emotionalen* Benefit und wenn ja, was für einen? Steht dieser gleichbedeutend neben dem funktionalen Nutzen oder lässt er diesen um Längen hinter sich? Wird über die Marke neben der Fleckentfernung auch Vertrauen und Zuverlässigkeit signalisiert? Wie ist ein emotionaler Nutzen mit einem funktionalen Nutzenspektrum in Einklang zu bringen – oder ist das etwa gar nicht erforderlich?

Selbst-expressiver Nutzen

Und wie steht es schließlich um den *selbst-expressiven* Nutzen? Was drückt ein Konsument über sich und seine Werthaltungen, seinen Lebensstil, seine politische Überzeugung über die Marken aus, die er verwendet? Kann man mit einem Opel Adam beim Kunden vorfahren oder soll man doch bei der Autovermietung tiefer in die Tasche greifen und den 5er-BMW mieten? Es ist zwar letztendlich unerheblich, wie man von A nach B kommt, aber vielleicht könnte man dann doch auf dem Parkplatz gesehen werden.

Motivationale Bedürfnisarchitekturen

Nutzen welcher Art auch immer können aber nur abgebildet werden, wenn wir eine zugrunde liegende Architektur der Bedürfnisse annehmen. Es ist zielführender, dem Konsumenten ein Angebot zu machen, das mit einer großen Wahrscheinlichkeit auch einen Widerhall in seiner Bedürfnisstruktur findet. Dabei spielt es für uns zunächst nicht die entscheidende Rolle, welche motivationale Architekturen man in einem Unternehmen abwägt und welches Gedankengebäude man sich schließlich zu eigen macht – entscheidend ist, dass eine solche Diskussion überhaupt geführt wird. Und man diskutiert immer leichter vor dem Hintergrund eines gemeinsamen intellektuellen Bezugssystems. Tut man dies nicht, so läuft man Gefahr, bereits bei der grundsätzlichen Frage einer Markenkonzeption intern keine Gemeinsamkeiten bei der Suche einer gemeinsamen Denk- und Handlungsplattform zu finden.

Kaffee trinken – motivationspsychologisch betrachtet

Betrachten wir einmal das Trinken einer Tasse Kaffee (Hans-Georg Häusel sei gedankt für dieses Beispiel). Es handelt sich dabei um einen simplen, immer wiederkehrenden Verhaltensakt der legalen Einnahme einer leicht stimulierenden Droge.

Je nachdem aber, vor welchem motivationalen Hintergrund ich diesen Verhaltensakt betrachte, bekommt er ein deutlich anderes Bedeutungsumfeld. So kann ich mir zum Beispiel vorstellen, mit einer Tasse starken Kaffees am frühen Morgen meine Leistungsfähigkeit deutlich zu steigern und damit (auch nach einer fröhlichen Nacht) in der Frühbesprechung mit dem Chef gute Laune und sprühenden Sachverstand zu demonstrieren und damit bei ihm Pluspunkte zu sammeln. Pluspunkte, die mir möglicherweise helfen, mich in meinem beruflichen Umfeld besser durchzusetzen (Dominanz-Motiv).

Ein paar Stunden später treffe ich mich mit meinen Kollegen zur obligatorischen Tasse Kaffee nach dem Mittagessen in der Cafeteria des Unternehmens. Es ist uns mittlerweile ein liebgewonnenes Ritual, dort die bisherigen Ereignisse des Tages Revue passieren zu lassen und uns auf die Herausforderungen des Nachmittags einzustellen. Die Tasse Kaffee ist hier ein nicht-funktionales Beiwerk, sie ist integraler Bestandteil eines immer wiederkehrenden Rituals. Wäre unsere Sozialisationsgeschichte anders verlaufen, hätte es vielleicht auch eine Tasse Hühnerbrühe sein können. Oder ein Glas Dickmilch. Der gleiche Verhaltensakt, aber unter einem völlig anderen motivationalen Hintergrund: Hier ist die Tasse Kaffee das Requisit eines situativen Kontextes, der unserem Tagesablauf Struktur verleiht.

»10 Uhr morgens in Deutschland« – damit wirbt eine Art Müsliriegel mit der Zusatzbezeichnung »das Frühstückchen«. Weder ist das Produkt in irgendeiner Form mit Frühstück assoziiert noch in irgendeiner Form mit einer zeitgebundenen Verwendung um 10 Uhr morgens, aber dennoch kann diese Art der Positionierung dazu führen, dass man das Produkt in eine Art Ritual einbindet.

Ganz am Ende des Tages, da setzt man sich vielleicht mit seiner Gattin entspannt daheim auf das Sofa, genießt einmal »in Ruhe« eine Tasse Kaffee und blickt beschaulich auf den Tag zurück und versucht, sich zu entspannen. Wieder der gleiche Verhaltensakt, aber auch wieder in einem völlig anderen motivationalen Kontext: Diesmal soll der Kaffee offensichtlich nicht anregen, sondern wird zur Requisite des entspannten Nichtstuns und hilft mir, nach einem hektischen Tag wieder ins Gleichgewicht zu kommen (Balance-Motiv).

Ob Kaffee als Entspannungsmittel auf dem Sofa oder Kaffee als Leistungsbeschleuniger für den Büroalltag, vor dem Hintergrund der zugrunde liegenden Motivstrukturen ergeben sich sehr unterschiedliche Möglichkeiten der Einordnung des gleichen Verhaltensaktes des Trinkens einer Tasse Kaffee. So kann man vor dem Hintergrund einer motivationalen Spannbreite für Kaffee eine Vielzahl an emotionalen Positionierungen generieren, die als Grundlage für die Inszenierung einer Marke dienen könnten.

Limbische Landkarte
Was ist eine akzeptable Denkplattform für eine motivationale Architektur? Wir sind nicht die Bundesagentur für Arbeit und wir geben grundsätzlich keine Empfehlungen

zu Instituten oder Agenturen, aber eine für uns akzeptable Denkplattform ist zum Beispiel die *Limbische Landkarte* oder *Limbic Map* (vgl. Häusel, 2007). Sie ist akzeptabel, weil sie auf umfassenden und sorgfältigen Recherchen darüber beruht, welche Evidenz über motivationale Strebungen sich in der Grundlagenforschung der unterschiedlichsten Forschungsdisziplinen wiederfinden lassen. Sie ist weiterhin akzeptabel, weil diese vielfältigen Inhalte in eine strukturell einfache Form gegossen wurden, die zwar basal anmutet, aber dennoch die inhaltliche Essenz einer motivationalen Architektur reflektiert. Und schließlich ist sie akzeptabel, weil man mit dieser einfachen Struktur gut arbeiten kann – d. h. sich rasch ein inhaltlicher Konsens in der horizontalen und vertikalen Struktur von Unternehmen entwickelt, was einen konstruktiven weiteren Markendialog innerhalb und außerhalb des Unternehmens fördert.

Die Struktur der Limbic Map ist einfach. Die grundlegenden Motivstrukturen werden in einer topologischen Darstellung abgebildet. Sie repräsentiert die drei grundlegenden menschlichen Emotionssysteme Dominanz, Stimulanz und Balance (vgl. Häusel, 2007). Dazu Häusel (a. a. O., S. 73 ff.): »Die Motivdynamik zwischen Balance auf der einen Seite und Dominanz/Stimulanz auf der anderen Seite wird […] noch erweitert. Es gibt eine Reihe von Gegenpolen, die beachtenswert sind. Der vermeidenden und bewahrenden Balance-Kraft steht das Abenteuer und damit Veränderung und Revolution gegenüber. Die an sich egoistische Dominanz-Kraft hat als Gegenpol die altruistische Fürsorge und Bindung: dem hellenistischen und spontanen Hier und Jetzt der Stimulanz-Kraft steht das asketische Disziplin-/Kontroll-Motiv gegenüber.«

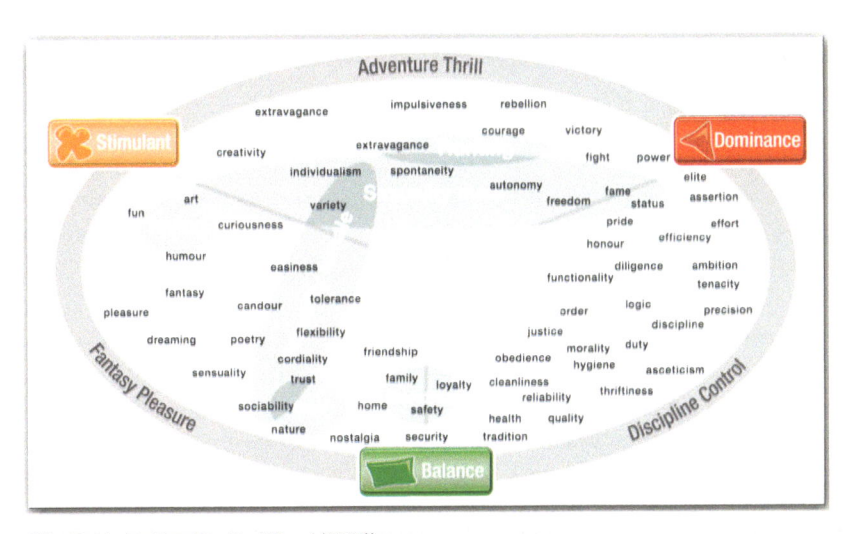

Abb. 19: Limbic Map (Quelle: Häusel (2007))

Zwischen den großen Polen dieser Architektur finden wir eine Reihe von emotionalen »Zwischentönen«. Wie immer man diese Darstellung auch bezeichnet – als motivationale Architektur oder als Werte-Raum oder was auch immer – sie stellt auf jeden Fall eine Möglichkeit dar, um darin Nutzenversprechen abzubilden, die einen bestimmten Wert aus diesem Wertesystem adressieren. Und damit kann man diese Art von Darstellung auch benutzen, um darin Wertesysteme von Marken zu repräsentieren, ihnen sozusagen einen emotionale Heimat zuzuweisen.

3. Auch Marken haben eine Heimat
Damit sind wir bei dem ganz wesentlichen Punkt zum Thema Marke und ihre Positionierung, den wir in diesem Buch machen wollen. Wir sind beide überzeugt, dass Marken eine emotionale Heimat haben müssen. Und so wie man »Heimat« auf einer geografischen Landkarte verorten kann, so glauben wir an die Möglichkeit einer emotionalen Verortung der Heimat einer Marke in einer gegebenen motivationalen Architektur.

Die Heimat der Marke ist die Positionierung in Form ihres emotionalen Nutzenversprechens. Sie muss empirisch erarbeitet werden und sie muss von allen im Unternehmen in ihrer Art und Beschaffenheit verstanden und gekannt werden. Das emotionale Nutzenversprechen stellt den Grundstein für alle Aktivitäten dar, die nachfolgend auf den verschiedenen Realisierungsebenen inszeniert werden müssen, um das Nutzenversprechen kommunikativ schnell und eindeutig zu transportieren.

Wie gesagt, welche motivationale Architektur ein Unternehmen seinen Überlegungen zugrunde legen möchte, wird von uns nicht präjudiziert. Entscheidend für uns ist die empirische Fundierung anhand von Grundlagenforschung und gleichlautenden Erkenntnissen in einer Reihe von verhaltenswissenschaftlichen Disziplinen, nicht so sehr das isolierte Gedankengebäude eines einzelnen Ordinarius oder Werbefachmanns. Das wäre uns zu riskant.

Wie immer man auch über das Thema »Neuromarketing« denken mag – eins ist sicher: es hat in den letzten fünf bis zehn Jahren zur Renaissance einer verhaltensorientierten Denkweise im Marketing beigetragen. Wir haben wesentlich mehr darüber erfahren, wie Reize im Allgemeinen und Marken im Besonderen in den unterschiedlichen Hirnstrukturen verarbeitet werden (vgl. Scheier et al., 2006, 2007). Hier kommt eben bestimmten Strukturen im Zwischenhirn eine entscheidende Bedeutung zu. Dort geschehen zwei Dinge mit dem Sinneseindruck – er wird zunächst in Beziehung zu Erinnerungselementen gesetzt und dann erfährt er sofort eine emotionale Einfärbung. Nach Bruchteilen von Sekunden haben wir einen (vorbewussten) Eindruck davon, was es sein könnte und ob es für uns eine Bedrohung oder eine Belohnung darstellt. Das Grundlagenbuch zum Thema »Thinking: Fast and Slow« von Daniel Kahneman (Kahneman, 2011) sollte daher eigentlich eine Pflichtlektüre für das Fach Marketing sein und einer der Autoren handhabt das auch grundsätzlich so.

Und so kommen wir beide zu dem gemeinsamen Schluss, dass starke Marken letztendlich ein emotionales Bedürfnis befriedigen und dass auch Einigkeit darüber herrscht, wo sie dann standesgemäß wohnen: im Zwischenhirn mit all seinen emotionalen Verdrahtungen. Marken sind eben »emotionale Hüllkurven«, sie funktionieren so wie der Equalizer einer Stereoanlage: das *gleiche* Stück klingt unter der Einstellung »Rock« völlig anders als unter »Klassik«.

4. Marken verändern die Wahrnehmung
Wenn das alles so ist, wie wir es in den vergangenen Abschnitten beschrieben haben, dann lassen sich einige einfache Schlussfolgerungen ziehen, die auch den letzten Zweifler dazu bewegen sollten, schwerpunktmäßig in seine Marke zu investieren. Eigentlich ist das alles bekannt, aber es gilt eben auch der Satz »knowing is not doing«.

Unzählige Experimente haben bewiesen, dass eine Marke die Wahrnehmung aktiv verändert. Wohlgemerkt – bereits die *Wahrnehmung* als erste Stufe der Urteilsbildung. Wir beide haben unzählige Ergebnisvergleiche zwischen *blinden* (ohne Markeneinfluss) und *gestalteten* (mit Markeneinfluss) Produkttests durchlebt und kommen immer wieder zu der gleichen Konsequenz: Eine prägnant positionierte und gut inszenierte Marke führt zwangsläufig zu Wahrnehmungsveränderungen in Richtung der Positionierung. Einem als »sicher« positionierten Automobil wird nach der aktiven Erprobung auch eine größere Sicherheit attestiert. Die emotionale Einfärbung im Zwischenhirn verändert aktiv die Perzeption und stärkt die Urteilssicherheit der Bewerter. Das ist Fluch und Segen zugleich, denn in diesem Sinne gut positionierte Marken kommen eben auch schlechter von ihrem Ross wieder herunter.

5. Marken gehören den Konsumenten
Obwohl einer der Autoren dieses Beispiel seit Jahren in seinen Vorlesungen bzw. Vorträgen zitiert, nutzt es sich in seiner didaktischen Wirkung nicht einfach ab – und deshalb muss es auch wieder in dieses Buch. Es geht am Ende um die Frage, wem eine Marke »gehört«. Das meinen wir hier aber nicht in einem juristischen Sinne mit notarieller Eintragung im »Grundbuch der Markengeografie« oder so. Uns interessiert stattdessen, wer denn als »Eigner« final die Geschicke von Menschen oder Dingen bestimmt – auch wenn sie ihm in einem juristischen Sinne nicht gehören.

Procter & Gamble brachte ihre Marke Fairy, ein Handgeschirrspülmittel, in Deutschland auf den Markt und erwirtschaftete einen respektablen Marktanteil von etwa 12,6 Prozent. Eigentlich war alles gut, die Wettbewerber deutlich nervös und der Markt offen wie ein Scheunentor. Man erwartete die nächste Generaloffensive des Giganten aus Cincinnati. Und siehe da, sie kam in Form der Ankündigung, dass Procter & Gamble nun die Marke Fairy in Deutschland in ihre internationale Marke Dawn umbenennen wollte (das nennt man in der Marketingsprache auch »umbranden«).

4 Marketing-Mix – Vom Produktkonzept zum Markenartikel

Gab es dafür einen konsumentenzentrierten Grund? Wir wissen es nicht, aber eine hohe Wahrscheinlichkeit spricht dagegen. Es war wohl eher das kollektive Abnicken einer firmeninternen Entscheidungsvorlage gewesen sein, in deren Begründungstruktur ganz oft Verbalhülsen vorkommen wie »Synergien schöpfen«, »Komplexität reduzieren«, »Supply Chain optimieren«, »Profitabilität verbessern«, »globale Marken schaffen« etc. Aber das können wir nur vermuten. Fakt ist auf jeden Fall, dass Fairy in Deutschland aus dem Markt genommen und Dawn eingeführt wurde. Die nachstehende Abbildung zeigt die Marktanteilsentwicklung von Fairy während des Einführungszeitraums.

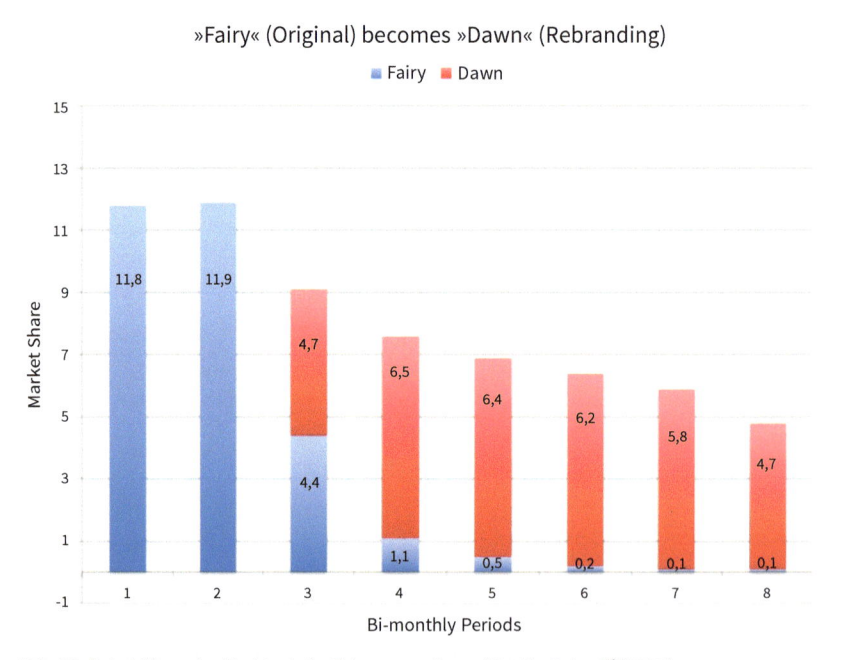

»Fairy« (Original) becomes »Dawn« (Rebranding)

Bi-monthly Period	Fairy	Dawn
1	11,8	
2	11,9	
3	4,4	4,7
4	1,1	6,5
5	0,5	6,4
6	0,2	6,2
7	0,1	5,8
8	0,1	4,7

Abb. 20: Entwicklung des Marktanteils: Fairy versus Dawn (Quelle: Schroiff (2012))

Einer der Autoren war damals ganz dicht dran am Geschehen und kann sich nicht erinnern, dass es Veränderungen am Produkt gegeben hatte oder sonst etwas Gravierendes geschehen sei, was auf andere Art und Weise zu den erdrutschartigen Marktanteilsverlusten geführt hätte, die Dawn in der Folge hinnehmen musste. Wie die Abbildung zeigt, erfüllten sich die Träume der P&G-Chefetage nicht. Die dramatischen Marktanteilsverluste konnten offenbar überhaupt nicht durch Produktionssynergien kompensiert werden.

Was lehrt uns dieser Fall? Auf jeden Fall, dass sich Konsumenten nicht einfach so zu passiven Rezipienten von internen betrieblichen Entscheidungen machen lassen. Zu Konsumvieh, das sich in jedes Gatter treiben lässt, wenn man es denn nur öffnet und ein anderes schließt. Offensichtlich teilten die bisherigen Fairy-Verwender die Entscheidung der hoch bezahlten P&G-Manager nicht und kehrten der Marke rasend schnell und beeindruckend konsequent den Rücken. Und dies nicht etwa wegen einer schlechteren Produktleistung oder Ähnlichem, nein, es muss wohl die Marke gewesen sein. Und so lernen wir auch daraus, dass ein Eigner der Marke diesen emotionalen Bindungsvertrag nicht einfach so einseitig auflösen oder kündigen kann. Der Verbraucher sitzt auf jeden Fall am längeren Hebel und votiert mit seiner Kaufentscheidung über das, was geht, und das, was zu weit geht. Und dies ist der Grund, warum wir beide behaupten, dass die Marke den Konsumenten gehört. Und das ist gut so.

6. Marken sind jede Menge wert
Dieser Punkt ist so trivial, dass wir uns wirklich ganz kurz fassen. Dazu ist eigentlich in der periodisch wiederkehrenden Diskussion um monetäre Markenbewertungssysteme schon alles gesagt (vgl. Fischer, 2007). Und es erscheint uns fast wie eine Art Naturgesetz, dass der psychologische Markenwert eng daran gekoppelt ist, inwieweit es den Marken-Managern gelingt, eine Marke aus ihrem funktionalen Nutzenspektrum in einen emotionalen oder gar selbst-expressiven Wert für den Konsumenten zu überführen. Wir beide können (und wollen) gar nicht beurteilen, ob ein iPhone einem Samsung-Smartphone technologisch überlegen ist und ob man einen Bugaboo-Kinderwagen leichter um die Ecke manövrieren kann als ein Konkurrenzmodell. Entscheidend ist in solchen Fällen, dass (neben einem funktionierenden Produkt natürlich) es der unmittelbar wahrgenommene psychologische Mehrwert ist, der die Kaufentscheidung beeinflusst und nicht z. B. die Kavalkaden an technischen Vorteilen im Side-by-side-Vergleich der Produktbeschreibungskataloge.

Führt das zu einer Abwertung des funktionalen Produktnutzens und ist am Ende alles nur eine Frage der Größe einer »Marketing-Nebelkerze«? Natürlich nicht, ein qualitativ hochwertiges Produkt mit einer ordentlichen Produktleistung ist die Grundlage von allem. Fällt die Harley schon während der Probefahrt aus, dann wird sich auch der größte Freak nicht dazu entscheiden wollen. Aber wenn Harley Davidson aufhören würde, ihr distinktes Markenimage zu pflegen und zu entwickeln, dann würde es gar nicht erst zu einer Probefahrt kommen. Wir fragen uns zum Beispiel, ob die häufig berichtete abnehmende Markenloyalität in der Zigarettenindustrie nicht auch daher kommt, dass es in dieser Produktgruppe aufgrund gesetzlicher Restriktionen nur begrenzte Möglichkeiten gibt, über Werbung eine emotionale Markenpersönlichkeit zu kreieren.

Und deshalb bekennen wir uns noch einmal mit einem messianischen Sendungsbewusstsein zum Wert der Marke. Und legen allen Leserinnen und Lesern ans Herz, dieses Bekenntnis nicht nur verbal zu leisten, sondern auch zu leben. Denn – ohne Marke geht nicht viel. Nun aber zum Prozess der Markenpositionierung.

Zur Bedeutung der (globalen) Markenpositionierung

Wir beide glauben, dass es die oberste Führungsverantwortung von Marketingverantwortlichen ist, innerhalb der verschiedensten Ebenen und Linien eines Unternehmens ein klares internes Bild davon zu schaffen und zu verankern, für was die Marke funktional, emotional und selbst-expressiv steht (vgl. Aaker, 1996, 2011).

> **! Unsere Empfehlung**
>
> Wir empfehlen nachdrücklich, sich im Unternehmen breit um die Verankerung eines gemeinsamen Markenbewusstseins zu kümmern und darin kontinuierlich zu investieren. Wer nicht weiß, wo er hin soll, der kann niemals sagen, ob er denn tatsächlich angekommen ist. Und wenn eine große Gruppe von Leuten nicht mit einer klaren Zielvorstellung ihren Marsch beginnt, so wird man am Ende des Tages nicht gemeinsam ankommen.
>
> Ziel ist die gemeinsame und einheitliche Definition dessen, wofür die Marke emotional in den Köpfen der Konsumenten stehen soll. Und dabei sollte man gegebenenfalls an der eigenen Haustür nicht Halt machen. Verwenden Sie mindestens ebenso viel Zeit darauf, auch externen Partnern (zum Beispiel Werbeagenturen, Zulieferern etc.) deutlich zu machen, in welche emotionale Struktur hineingearbeitet werden muss, wenn man für die Marke des Hauses arbeitet.
>
> Erst dann, wenn diese Basis gelegt ist, wenn ein gemeinsames Verständnis einer Marke bei den handelnden Personen eines Unternehmens angelegt ist, erst dann kann man hingehen und über die Inszenierung dieser Marke nachdenken. Nicht umgekehrt, indem man eine beziehungslose Produktinnovation oder eine als witzig erachtete Werbeidee rückwärts auf eine Markenpersönlichkeit aufpfropft.

Wir glauben, dass es in der primären Verantwortlichkeit eines CMO liegt, die Markenpositionierungen für ein Unternehmen verbindlich zu erarbeiten und konsequent festzulegen. Wohlgemerkt, wir reden hier noch gar nicht über Ausführungsfragen, über Werbung und dergleichen – hier geht es um die strategische Standortbestimmung der Marke in einer emotionalen Bedürfnisarchitektur.

Die grundlegenden Schritte eines solchen Prozesses könnten ungefähr folgendermaßen aussehen.

Schritt 1: Interne Einigung auf eine Bedürfnisarchitektur als konzeptionelle Grundlage

Das Kardinalproblem in den meisten Unternehmen ist schlicht und einfach, dass zwar alle über die Marke reden wollen – aber jeder vor dem Hintergrund von mindestens einem anderen konzeptionellen Bezugssystem. Der eine schwelgt in einer funktionalen Differenzierung von ästhetischen Produktmerkmalen, der andere vertraut einer tiefenpsychologischen Mystik, der dritte schwört auf das Klassifikationsschema einer Werbeagentur aus den USA usw. Wie aber soll unter diesen Vorzeichen ein konzertiertes Verständnis einer Markenarchitektur zustande kommen, wenn noch nicht einmal eine Einigung über die Struktur der Bedürfnisse zustande kommt, die die Marke adressieren soll.

Daher plädieren wir nachdrücklich dafür, intern eine grundsätzliche Einigung über ein konzeptionelles Modell einer Bedürfnisarchitektur zu erzielen und alle Beteiligten an einer solchen Diskussion darin grundlegend zu schulen. Das hört sich regulatorisch an, geht aber nicht anders – wir wissen, wovon wir sprechen. Erst wenn man bei allen Beteiligten den gleichen »Treiber« installiert hat, kann man sich so über das Thema unterhalten, dass jeder jeden versteht.

Wir überlassen es jedem Unternehmen, sich ein theoretisches Bezugssystem zu wählen, mit dem es am besten arbeiten kann. Wir bevorzugen beide erfahrungswissenschaftlich fundierte Ordnungen wie zum Beispiel die »Limbic Map« (vgl. Häusel, 2007), deren Logik beweisbar und didaktisch vermittelbar ist. Die Kardinalstrebungen nach Dominanz, Stimulanz und Balance lassen sich aus ganz verschiedenen wissenschaftlichen Disziplinen als Leitmotive unserer motivationalen Strebungen einvernehmlich herleiten und (mit entsprechenden Zwischenkategorien versehen) als Grundlage einer motivationalen Architektur begreifen, die bereits seit geraumer Zeit in der Psychologie als Konzept bestanden hat (vgl. Bischof, 1989). Häusel (2007) nennt diese Architektur »Limbic Map«.

Wir verstehen eine »Limbic Map« als eine Art Denkplattform für emotionale Positionierungen. Ihre zwingende Einfachheit steht in einem wohltuenden Gegensatz zu teilweise sehr fantasievollen Vorstellungen von Werbeagenturen, Beratungsunternehmen und Marktforschungsdienstleistern über das, was Menschen antreibt.

Schritt 2: Repräsentation der aktuellen Positionierung in der Bedürfnisarchitektur
Nun kann man hingehen und als nächsten Schritt die Verortung der aktuellen Positionierung in dieser Bedürfnisarchitektur vornehmen. Wie einer der Autoren aus vielen Beratungskontexten weiß, ist das eine fundamentale Nagelprobe für jedes Unternehmen. Zum Beispiel schon hinsichtlich der Frage, mit welch empirischer Evidenz denn ein aussagefähiges Urteil über die aktuelle Positionierung gestützt werden kann. Da reicht es kaum aus, lapidar den aktuellen TV-Spot oder die Printanzeige herumzureichen und individuelle Meinungen abzusondern, wie etwa »Das sieht doch jeder, wofür unsere Marke steht«. In den meisten Fällen ist das eher dünnes Eis, auf dem man sich bewegt: Weder die begründbare Herleitung der Positionierung noch ihre valide empirische Verifikation aus Konsumentensicht sind häufig verfügbar. Man verlässt sich auf interne Mutmaßungen und macht sich wechselseitig Mut, dass das alles in Ordnung ist. Wie entsprechende Workshops zeigen, ist aber selten alles in Ordnung.

Im Gegenteil – häufig werden Unsummen aus dem Kommunikations-Etat für eine konzeptionelle, strategische Chimäre bewegt. So behauptete der CEO eines Genussmittelherstellers vor Kurzem gegenüber einem der Autoren, dass seine Marke im Premiumsegment konkurriere und bezog sich dabei auf eine Marktforschungsstudie aus dem Jahre 1996! Faktisch hält sich sein Angebot aktuell noch durch unablässige

Verauktionierung im Billigsegment über Wasser, von Premiumwettbewerb kann noch nicht einmal ansatzweise die Rede sein. Wie soll vor diesem Hintergrund eine strategisch sinnstiftende Positionierungsdiskussion geführt werden? Die Antwort lautet kurz und knapp: überhaupt nicht.

Am Ende dieses Schrittes steht auf jeden Fall eine interne Übereinkunft – idealerweise in Form einer topografischen Verortung in der gewählten Bedürfnisarchitektur. In Abbildung 21 haben wir dargestellt, wie wir uns beispielsweise im Rahmen eines Universitätsseminars für eine Positionierung von Bugaboo entschieden haben: Die Marke wurde von den Studierenden in ihrer Kernpositionierung gesehen als Angebot mit einer technologischen Fundierung. Wie könnte nun die Soll-Positionierung dieser Marke aussehen?

Schritt 3: Strategische Standortbestimmung – Festlegen der Soll-Positionierung
Danach erfolgt der zentrale und wertschöpfende Schritt: Für welche emotionalen Inhalte soll denn meine Marke in Zukunft konsequent und eindeutig stehen? Welche Werte verkörpert sie? Warum ist sie für Konsumenten jenseits ihres funktionalen Leistungsspektrums attraktiv oder gar erstrebenswert? Hier sehen wir eine wesentliche Entscheidungshilfe in den Inhalten, die wir als Weltwissen über Konsumenten und Märkte empirisch zusammengetragen haben. Über Positionierungen entscheidet man nicht am Konferenztisch, man muss sie erarbeiten. Das ist hartes Brot, erfordert Professionalität von allen Beteiligten und manchmal auch Mut. Wir sehen das in entsprechenden Workshops an der Intensität der Diskussionen und auch manchmal an der physischen Erschöpfung am Ende eines Tages.

Aber diese Veranstaltungen führen zu einer notwendigen Katharsis – einer *Selbstreinigung* im klassischen Sinne. Nicht nur werden aus einer Faktenbasis heraus Inkonsistenzen, Fehlentwicklungen, Irrationalitäten aufgearbeitet und korrigiert – der andere wesentliche und nicht zu unterschätzende Benefit liegt darin, dass alle Beteiligten sich auf die gemeinsame Konzeption einer Positionierung einschwören können und ab diesem Zeitpunkt in der Lage sind, diese einheitlich zu verstehen, zu kommunizieren und vor allen Dingen gemeinsam zu inszenieren.

Für Bugaboo (vgl. Abb. 21) lassen sich unterschiedliche Positionierungsszenarien spielen. Denkbar für eine revidierte Soll-Positionierung (in Abb. 21 violett dargestellt) wäre eine Ausweitung in Richtung von Wertestrukturen, die Themen wie Unabhängigkeit, Beweglichkeit, Autonomie, Spontaneität ansprechen und der Marke neue Optionen in Richtung von »Mobilität mit Kindern« oder Mobilität im Allgemeinen eröffnen.

Und mit der Inszenierung der Positionierung, diesem zentralen nächsten Wertschöpfungsschritt, geht es im nächsten Kapitel weiter.

4.2 Keine Konsistenz zwischen Produktkonzept und Markenpositionierung

Wir haben bisher über eine Reihe von Möglichkeiten gesprochen, wie ein Unternehmen kontinuierlich und systematisch eine konsumentenzentrierte *Produkt*entwicklung betreiben kann. Wir gehen davon aus, dass ein Unternehmen mit diesen Prozessen fortdauernd seine Innovation Pipeline befüllt und somit einen flexiblen Optionenkatalog erhalten und ausbauen kann, um aus einer Führungsposition heraus den Veränderungsdruck auf die Märkte permanent und autark zu gestalten.

Symbiose zwischen Produkt und Marke
Bislang waren unsere Ausführungen dabei in erster Linie auf Produkte fokussiert – wohl wissend, dass ein Produkt an sich relativ bedeutungslos bleibt, solange man ihm nicht eine Seele einhaucht und es emotional an eine Marke koppeln kann. Der Begriff »Markenartikel« legt diese untrennbare Koppelung ja bereits nahe. Er steht für die quasi symbiotische Einheit zwischen einem funktionalen Produkt und seinem emotionalen Trägersystem. Bei einem Markenartikel ist die Marke als unverzichtbares psychologisches Trägersystem ein integraler Bestandteil der Gesamtkonzeption einer erfolgreichen Innovation. Akzeptiert man diese bedingungslose Symbiose zwischen Produkt und Marke, dann ergibt sich daraus als zwangsweise Verpflichtung eine Art konzeptioneller Gleichschritt zwischen beiden – die Muschel kann ohne den Einsiedlerkrebs auch nirgendwohin und umgekehrt.

Diese gemeinsame Basis, der konzeptionelle Takt, zu dem man marschiert – diese Voraussetzung haben wir im vorigen Kapitel als emotionale Markenpositionierung definiert und beschrieben. Damit haben wir den Startpunkt und die Rahmenbedingungen geschaffen für weitere Inszenierungsschritte unserer Produktinnovation unter ihrem psychologischen Trägersystem der Marke.

Ein erster Inszenierungsschritt besteht darin, die Marke auf ihren unterschiedlichen Realisierungsebenen konsistent hinsichtlich der jeweils verwendeten Codes aufzustellen (vgl. Schroiff & Arnold, 2004; Schroiff, 2013b; Schroiff, 2010). Als Realisierungsebene bezeichnen wir ein differenzierbares Element im Marketing-Mix wie zum Beispiel die Packung, den TV-Film, aber auch einzelne Produktfacetten wie Formel, ästhetische Merkmale wie Farbe, Form des Produkts und einiges mehr. Die zugrunde liegende Logik (Consistent Backboning©, vgl. Schroiff 2010) besprechen wir jetzt.

Consistent Backboning© – die Konsistenz des Marketing-Mix
Steht die gemeinsame Willensbildung in Form eines Statements zur emotionalen Positionierung fest, dann ist die wesentliche Voraussetzung für das erfüllt, was einer der Autoren Consistent Backboning© nennt (vgl. Schroiff, 2013; Schroiff, in Vorbereitung).

4 Marketing-Mix – Vom Produktkonzept zum Markenartikel

Stellen wir uns vor, dass wir die emotionale Heimat einer Marke in einer motivationalen Landkarte gefunden und entsprechend verortet haben – die nachstehende Abbildung zeigt beispielhaft das Ergebnis dieser Verortung.

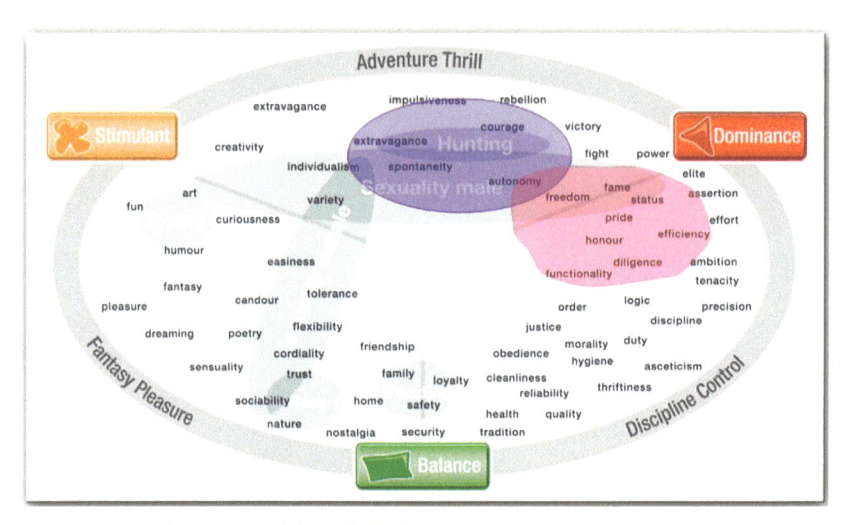

Abb. 21: Limbic Map (Quelle: Häusel, 2007)

Nun betrachten wir alle Realisierungsebenen, unter denen diese Marke inszeniert werden kann. Das kann die Packungsfarbe sein, das kann die Typografie des Markennamens sein, die haptische Anmutung des Produkts beim Anfassen, das Verpackungsmaterial, die Wahl der »Celebrity« im Werbefilm etc. – eigentlich alles, was wir als Mittel zum Zweck nutzen wollen, um die emotionale Positionierung schnell und eindeutig in die Köpfe unserer Zielgruppe zu transportieren und dort felsenfest zu verankern.

Über die Ordnung der Realisierungsebenen brauchen wir unternehmensintern eine Übereinstimmung und eine Gewichtung! Das ist grundlegende Marketingarbeit! Es kann nicht sein, dass manche Ebenen völlig ignoriert werden bzw. andere Ebenen dramatisch unter- oder überrepräsentiert werden. So trifft man auf Unternehmen, die sich gänzlich isoliert auf TV-Werbung stürzen, dort überbetont agieren und den Rest der Inszenierung ihrer Marke dem Zufall oder Social-Media-Agenturen überlassen, die von der markenführenden Lead-Agentur aber völlig abgekoppelt sind (vgl. Schroiff & Arnold, 2004). Gilt das dann auch noch für einen unabhängigen Packungsdesigner, dann spricht die Packung aus dem Regal heraus eine andere Sprache – ein weiterer Grundstein zum Flop ist gelegt.

Und so beginnt dieser Prozess mit dem essenziellen Schritt der Bestandsaufnahme, welche multisensorischen Codes denn bisher zur Inszenierung der einzelnen Realisierungsebenen herangezogen wurden. Einer der Autoren führt im Rahmen seiner

Beratungstätigkeit gemeinsam mit den Unternehmen solche Audits durch und produziert damit zunächst immer eine heilsame kollektive Betroffenheit über die Inkonsistenz, mit der die meisten Marken sich darstellen.

Die gute Nachricht ist, dass unter Anleitung rasch ein unmittelbares Einverständnis darüber resultiert, an welchen Stellen man vom Pfad der kommunikativen Tugend abgewichen ist und systematische Kommunikation durch kreatives Lametta ersetzt hat. Und so zeigt sich bereits nach wenigen Sitzungen ein deutlich renoviertes Kommunikationsprofil, das eher dazu geeignet ist, eine Marke beim Konsumenten emotional konsistent und eindeutig zu verankern.

Das grundlegende Prinzip der Konsistenz aller Realisierungsebenen mit der emotionalen Positionierung der Marke wurde mit einer englischen Bezeichnung versehen – Consistent Backboning©. Und warum das so ist, wird angesichts der nachstehenden Abbildung unmittelbar deutlich.

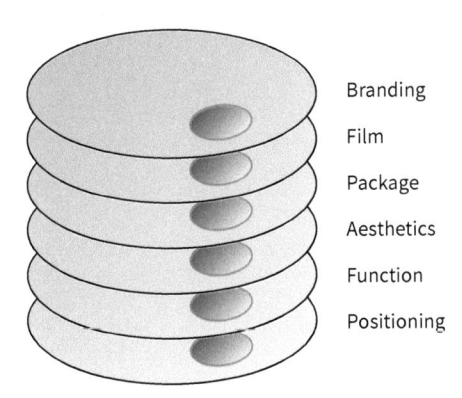

Abb. 22: Consistent Backboning© (Quelle: Schroiff, in Vorbereitung)

Branding
Film
Package
Aesthetics
Function
Positioning

Basis der gesamten Überlegungen bildet die emotionale Positionierung der Marke, wie sie im Unternehmen gemeinsam verortet wurde. Das ist daher auch die unterste Scheibe. Das Prinzip legt nun nahe, dass darüber topologisch kompatibel für jede Realisierungsebene eine weitere Scheibe (= Limbic Map) aufgespannt wird, in der die jeweilige Umsetzung entsprechend ihrer Codes ebenfalls verortet werden kann. Bleiben wir bei dem Waschmittel, das auf ultimative Fleckentfernung positioniert ist. Der Verbraucher muss auf allen Realisierungsebenen implizit ein kräftiges Produkt dekodieren. Daher muss die Inszenierung auf eine nicht zu feine Pulverkonsistenz setzen, ein sicherlich eher weißes Pulver, durchsetzt mit dunkelblauen Sprenkeln, die verbale Diktion auf der Packung und im Werbefilm mit einem Dominanz-geprägten Vokabular spicken und eine funktionale Produkt-Demo im Film mit aggressiv eingestellten Animationen realisieren, die überdramatisiert die Elimination des Flecks zeigen usw.

Jeder dieser Codes sollte an der gleichen Stelle verortet werden, in der auch die Marke ihre Positionierungs-Heimat gefunden hat. Man strebt durchgehend »topologische Kompatibilität« an, was nichts anderes bedeutet als eine konsistente Kodierung der Positionierung über alle Realisierungsebenen. Und da diese Schichtung der verschiedenen Limbic Maps ein bisschen so aussieht wie eine Wirbelsäule (engl. = backbone), wurde das Prinzip Consistent Backboning© genannt.

Nun diktiert die Logik des Ansatzes, dass sich ein Angebot besonders rasch und eindeutig verankert, wenn es konsistent auf allen Realisierungsebenen inszeniert wird. Je größer die Abweichung der Inszenierung vom angestrebten psychologischen Markenkern, desto uneinheitlicher wird das Bild der Marke in den Facetten der Markenkommunikation.

Jede andere Form der Inszenierung ist denkbar, schwächt aber nachweislich die implizite Kommunikation des Kardinalnutzens. Wie oft sehen wir ein Kompromissgeschehen, wenn jemand beispielsweise meint, dass man jetzt bei einem Waschmittel unbedingt auch noch Gewebeschonung als Nutzen einbeziehen müsste, weil das jetzt auch Thema bei zwei kleineren Wettbewerbern sei. Und schon bewegt sich die Kommunikation inhaltlich in die breite Fläche der multiplen Nutzen nach dem Motto: »Für jeden etwas, aber für keinen das Richtige.«

Am Ende dieses Prozesses steht ein von allen Beteiligten gemeinsam getragenes und entwickeltes Inszenierungsgerüst, das die emotionale Markenpositionierung auf allen Realisierungsebenen konsistent trägt. Die Code-Systeme sind diskutiert, entschieden und können für die integrierte Kommunikation des Marken-Benefits genutzt werden.

Damit ist die konzeptionelle Inszenierung der Marke als psychologisches Trägersystem eigentlich abgeschlossen und wir können uns der Frage zuwenden, wie wir unsere Produktinnovation unter dem Markenträger andocken. Hier gelten grundsätzlich vergleichbare Systematiken – der Produkt-Benefit muss sich in die Denkweise des »Consistent Backboning©« ebenfalls einpassen. Resultiert eine zu große Diskrepanz zwischen Produkt und Marke hinsichtlich der Inszenierungskonsistenz, so kommt es zu diesen immer wieder zu beobachtenden Bedeutungsverschiebungen, die selbst bei einem hervorragenden Produkt dazu führen, dass es unter der nicht passenden Marke nicht läuft.

Schauen wir uns dazu als Beispiel die Erkenntnisse aus einer Masterarbeit am Lehrstuhl für Marketing der RWTH Aachen an (Morbach, 2019). Aufgabe war es, im aktuellen Markt der Orangensäfte unterschiedliche Angebote dahingehend zu untersuchen, inwieweit die Produktverpackungen aus Sicht des Verbrauchers den impliziten Eindruck erwecken (d. h. innerhalb von 1-2 Sekunden), dass es sich hier um einen besonders natürlichen Orangensaft handelt. Warum »Natürlichkeit«? Neben Frische und minimaler Verpackung zählt Natürlichkeit laut einer »Nielsen Global Health and Wellness«-Studie zu einer der drei Haupteigenschaften bei der Bewertung eines Lebensmittels durch die Verbraucher.

4.2 Keine Konsistenz zwischen Produktkonzept und Markenpositionierung

Morbach (2019) verglich die Packungsgestaltungen von vier Marktteilnehmern (Albi, Granini, Valensina, Pfanner) sowie zwei Eigenentwicklungen (Pure, Jàna) einer Verpackung für einen »natürlichen« Orangensaft (siehe Abb. 23 und 24).

Abb. 23: Die Original-Produktverpackungen in der Reihenfolge Pfanner, Granini, Valensina und Albi (Quelle: www.shop.rewe.de und www.bringmeister.de)

Abb. 24: Die eigens erstellten Produktverpackungen Pure (links) und Jàna (rechts)

Sie bat die Teilnehmer ihrer Untersuchung, die insgesamt sechs Verpackungen in allen möglichen 30 Paarkombinationen miteinander hinsichtlich ihres impliziten Eindrucks der »Natürlichkeit« zu vergleichen. Die Paarkombinationen wurden dabei nur für drei Sekunden dargeboten, dann musste ein Urteil gefällt werden. Im Vorfeld hatte sie alle Angebote hinsichtlich der Gestaltungselemente Farbe, Form, Material, Visuals, Textelemente Markenname/Logo daraufhin beurteilt, inwieweit jedes einzelne Gestaltungselement »Natürlichkeit« kommuniziert. Die daraus resultierende Rangreihe wurde mit den Ergebnissen der Skalierung anhand des Paarvergleichsverfahrens verglichen (Thurstone-Skalierung, zu den methodischen Details vgl. Morbach, 2019).

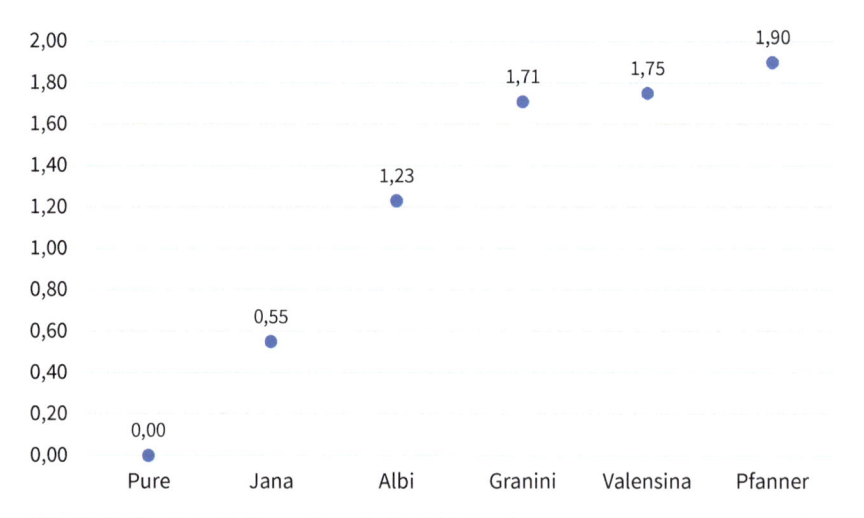

Abb. 25: Die Thurstone-Skalierung der sechs Produktverpackungen

Die Ergebnisse zeigen eindeutig, dass die von Morbach (2019) systematisch und theoriegeleitet konstruierten Verpackungen sich allen Marktlösungen gegenüber als überlegen erweisen, was das implizite Eindrucksurteil der »Natürlichkeit« angeht (siehe Abb. 25). Je geringer der Skalenwert, desto eindeutiger und schneller kommuniziert die jeweilige Verpackung den Eindruck der »Natürlichkeit«.

Kommunikativ wirksame Inszenierungen lassen sich also erarbeiten – vorausgesetzt, man hat vorher die Positionierung professionell festgelegt und die Inszenierung konsequent gestaltet.

Missverhältnis zwischen Innovation und Markendach

Ein breites Thema wird zudem durch die Frage eröffnet, wie viel an Innovation man unter einem Markendach ansiedeln kann und wann die Tragfähigkeit des Daches erschöpft ist. Eine weitere Ursache für den Flop ist also das Missverhältnis zwischen Innovation und Markendach. Ist das falsche psychologische Trägersystem gewählt, das die Produktinnovation nicht stützt, sondern behindert, dann wird in den seltensten Fällen ein Erfolg erzielt.

Es gibt unzählige Beispiele in der Markenartikelindustrie, die genau auf diesen Faktor zurückzuführen sind. Man spricht auch häufig davon, dass eine Marke zu sehr gedehnt und damit verwässert wurde. Innovationen unter der falschen Marke können im schlimmsten Fall dazu führen, dass der Markenkern nachhaltig geschädigt wird.

> **Wichtig**
> Die Passgenauigkeit zwischen der Produktinnovation und dem Trägersystem der Marke ist entscheidend für den Erfolg.

Glaubwürdigkeit zwischen Konzept und Marke

Der Verbraucher hat persönlich definierte Einstellungen zu einer Marke. Diese Einstellungen gehören dem Verbraucher und weichen häufig von den Wunsch- oder Zielvorstellungen des Unternehmens ab. Er beurteilt ein neues Produkt unter einer Marke danach, ob es zum Markenimage passt bzw. ob es unter dieser Marke glaubwürdig ist. Die Glaubwürdigkeit hat hier eine besondere Bedeutung, denn Konsumenten machen natürlich keine Imageanalyse in dem Sinne, dass sie einen systematischen Abgleich zwischen Marke und Produktangebot vollziehen. Aber sie merken sehr schnell, ob etwas klemmt oder ob sich eine Innovation organisch in das Gesamtgefüge von Marke und Konzept einpasst.

Die Grundmotivation für eine Line Extension ist die Kapitalisierung der Markenbekanntheit und der positiven Markenwert für eine Neueinführung. Diese Neueinführung kann in der bestehenden Kategorie erfolgen oder eine neue Kategorie abdecken. Eine Line Extension unter einem bekannten Markendach ist häufig das Mittel der Wahl, da die Einführung einer neuen Marke deutlich kostenintensiver ist.

Eine neue Marke heute zu platzieren bedarf enormer finanzieller Mittel durch die mediale Zersplitterung und das kostspielige Erreichen der relevanten Zielgruppen.

Außerdem ist der Markt extrem gesättigt, das heißt in den meisten Fällen handelt es sich um einen Verdrängungswettbewerb gegen angestammte etablierte Marken. Dafür braucht man einen langen Atem.

Daher sind Line Extensions unter bestehenden Marken heute häufig das Mittel der Wahl. Sie bergen jedoch jede Menge Fallen und manchmal wäre es besser gewesen, das Geld in eine neue Marke zu investieren, denn eine nicht zur Marke passende Produktinnovation kann die Marke beschädigen und in ihrem Kern und Profil verwässern. Das zu reparieren kann mittel- und langfristig noch teurer werden.

Wenn Line Extensions nichts mehr gegen neue Start-up-Marken ausrichten können und Großkonzerne zu unbeweglich geworden sind, um bei Innovationen mit den Start-ups mitzuhalten, kaufen die Konzerne gerne Start-ups oder zapfen deren Kreativität wenigstens über Inkubatoren an. Viele der Kosmetik-Start-ups wie Drunk Elephant, Kylie Jenner, IT Cosmetics oder TOO Faced sind von den großen Herstellern wie Shiseido, Coty, L‹Oréal oder Estée Lauder aquiriert worden.

Beiersdorf geht nach Bericht in der Fachzeitschrift *Horizont* vom 19.12.2019 einen anderen Weg: mit Gründung der Business Unit Oscar & Paul. Bei Marken wie Labello, 8×4 und Hidrofugal soll das Team beweisen, dass sich auch etablierte Marken wie ein Start-up führen lassen. Auch neue Marken sollen entwickelt werden. Die erste »Skin Story« ist bereits eingeführt worden.

Es bleibt in allen Branchen abzuwarten, ob Großkonzerne es wieder schaffen, erfolgreich neue Marken einzuführen, statt sie aus unserer Sicht extrem teuer aufzukaufen.

Betrachten wir jetzt die Glaubwürdigkeit zwischen Konzept und Marke anhand eines konkreten Beispiels:

Beispiel: Glaubwürdige Positionierung auf Haarreparatur

Im deutschen Haarpflegemarkt ist die Marke Gliss Kur als Haarreparatur-Spezialist bekannt und hat damit nach Aussage des Unternehmens seit Jahrzehnten großen Erfolg. Basis des Erfolgs ist aus Sicht der Autoren die eindeutige und fokussierte Spezialistenpositionierung auf Haarreparatur. Der Ausdruck »Hair Repair« wird auch auf der Packung genannt. Visuell wird die Repair-Leistung durch das Werbebild des »Brechens der Schere« untermauert. Kaum eine andere Haarpflegemarke hat unserer Meinung nach solch ein eindeutiges Leistungsimage.

4.2 Keine Konsistenz zwischen Produktkonzept und Markenpositionierung

Abb. 26: Die Marke Gliss Kur – Fokussierte Positionierung für geschädigtes Haar

Fluch oder Segen? Zunächst würde jeder sagen, dass diese klare Spezialistenpositionierung ein Segen sei, denn jeder Marketeer hätte gerne eine Marke im Portfolio, die so klar positioniert ist und damit einen wettbewerbsstarken USP hat. Aber wie so häufig wachstumsgetrieben schielt man gerne über den Tellerrand. Der Haarpflegemarkt besteht aus mehreren großen Segmenten, die die einzelnen Bedürfnisse der Kunden abdecken: Neben dem Reparatur-Segment für geschädigtes und trockenes Haar gibt es zum Beispiel auch die Marktsegmente »Haarvolumen«, »Schuppen« oder das »normale Haarshampoo« und das Männer-Segment. Darüber hinaus sollte man nicht zu vergessen, dass man all diese Leistungen auch mit natürlichen Inhaltsstoffen versehen könnte, um den Wachstumsmarkt Naturhaarpflege zu kapitalisieren.

Diese Segmente decken neben der Reinigung des Haares andere zusätzliche Bedürfnisse ab. Was läge nun näher, als zu sagen, dass die Marke Gliss Kur diese anderen Segmente ebenfalls abdecken sollte und so weiter wachsen könnte? Die Geschäftsleitung hat sicher ein extrem großes Interesse daran, neue potenzielle Segmente zu besetzen, damit die Marke auch zukünftig wächst.

Was spricht *für* eine Einführung von neuen Gliss-Linien in neue Segmente wie Schuppen oder Volumen:
- attraktives Marktpotenzial
- weiterer Kompetenzaufbau
- Zugewinn von Marktanteilen
- mehr Marktmacht gegenüber dem Handel

Welche Risiken gibt es?
- Glaubwürdigkeitsdefizit von Seiten der Zielgruppe
- hohes Flop-Risiko
- Verwässerung des Markenkerns
- geringere Wettbewerbsfähigkeit im Stammsegment, da das Marketingbudget auf die neuen Linien reallokiert wurde

Und wie entscheidet man nun angesichts einer solchen Fragestellung?

Zum einen macht Erfahrung klug, denn sicher hat jeder Marketingfachmann und jede -fachfrau schon vor einigen dieser Entscheidungen gestanden und kann aus der Vergangenheit lernen. Zum anderen sollte man mit intelligenter Marktforschung vorher prüfen, ob die Konsumenten diesen Weg mitgehen. Was man nicht mit Marktforschung überprüfen kann, ist, was diese Line Extension strategisch mit der Marke macht und welchen langfristigen Einfluss sie auf den Markenkern hat. Es ist einzig und alleine eine unternehmensinterne Aufgabe, diese Bewertung durchzuführen.

Beobachtet man über die letzten zehn Jahre einige Line Extensions der Marke Gliss am Regal, dann stellt man fest, dass immer wieder versucht wurde, zum Beispiel Segmente wie Schuppen und Volumen zu kapitalisieren. Aber keiner dieser Line Extensions ist wirklich erfolgreich gewesen. Es scheint hier keinen nachhaltigen Erfolg gegeben zu haben und das ist aus unserer Sicht nur logisch.

Die Glaubwürdigkeit der Marke Gliss basiert auf ihrer fokussierten Positionierung für geschädigtes Haar. Dieser Marke traut man zu, alles zu reparieren, aber bei Schuppen verlässt man sich doch lieber auf einen ausgewiesenen Schuppen-Spezialisten wie zum Beispiel Head & Shoulders. Zudem besteht die Gefahr, dass Line Extensions außerhalb der Stammsegmente viel Geld kosten und meistens auf Kosten des Marketingbudgets der Stammsegmente erfolgen. Zur gleichen Zeit hat sich vielleicht die Konkurrenz vorgenommen, eine Offensive für trockenes, strapaziertes Haar zu starten, und die Kernlinie von Gliss könnte darunter leiden.

Am Ende hätte man dann an beiden Enden verloren. Es ist jedoch unheimlich schwer, sich nicht vom Potenzial hinreißen zu lassen. Denn wo man auch hinschaut, sieht man immer genau diesen Fehler, der singulär einen Flop darstellt, aber dramatische Einflüsse auf die Gesamtmarke haben kann.

> **Unsere Empfehlung**
> Vermeiden Sie es deshalb, sich verführen zu lassen. Denken Sie zuerst an die richtige Markenstrategie. Die Marke ist der wertvollste Aktivposten Ihrer Unternehmensbilanz. Prüfen Sie die *Passgenauigkeit zwischen Innovation und Markendach* sorgfältig. Vielleicht lohnt es sich ja doch, eine neue Marke zu installieren, wenn das Konzept ausreichend neu und relevant ist.

Viele werden jetzt mit der Drohung der Kannibalisierung durch andere Marken kommen. Das ist aus unserer Sicht ein ganz schlechtes Argument. Besser, Sie kannibalisieren sich selbst, anstatt dass es der Wettbewerb macht. Denn wichtig ist, was unterm Strich hängen bleibt. Also der Netto-Effekt nach der Neueinführung. Hätten Sie einen positiven Saldo auch ohne die Neueinführung unter einem anderen Markendach generiert?

Neue Marken sollte man aber nur dann einführen, wenn das Konzept ultra neu und differenzierend ist, nur dann wird es sich bei den meisten Markt- und Branchengegebenheiten rechnen. Oder wie Peter Drucker es sagt:

»The aim of marketing is to understand the consumer and the customer so well the product or service fits him and sells itself.«

4.3 Keine Logik zwischen Marke und Marketing-Mix

Gehen wir davon aus, dass ein relevantes und differenzierendes Produktkonzept gefunden wurde und auch die Marke als psychologisches Trägersystem zur Innovation passt. Jetzt kommt es darauf an, dass die Entwicklung des Marketing-Mix und dessen einzelne Bestandteile passgenau zum Konzept und zur Marke gestaltet werden.

Aufgrund der Komplexität des Prozesses und der kreativen Anforderung ist diese Phase des Innovations- und Wertschöpfungsprozesses Quelle zahlreicher Fehler, die dann am Ende trotz der guten Konzeptbasis das Produkt zum Flop werden lassen können. Dabei spielen zahlreiche Elemente eine Rolle: Das Produkterlebnis, die Qualität des Produkts, das Produktdesign, die Preisgestaltung, die Distribution und der Kommunikationsmix.

Häufig werden bei einem Flop zu schnell falsche Ursachen benannt, unzulässige Schlüsse gezogen oder gar die ganze Idee verteufelt. Dabei handelt es sich manchmal nur um eine kleine Stellschraube des Marketing-Mix, die bei sorgfältiger Korrektur die Innovation zum »Fliegen« bringen könnte. Wenn Konzept, Marke und die Gestaltung des Marketing-Mix ein holistisches Ganzes ergeben, wird sich der Erfolg automatisch einstellen.

Gehen wir die einzelnen Flop-Risiken der Reihe nach durch:

Flop-Risiko 1: Produktqualität
Das Konzept verspricht eine einzigartige und relevante Produktleistung, die neugierig macht und zum Kauf anregt. Falls diese Produktleistung der Prüfung des Konsumenten nicht standhält, führt das zu großer Enttäuschung, die wiederum einen negativen Impact auf das Markenimage hat. Falls die Produktleistung nicht zur Marke passt, gibt es beim Kunden kognitive Dissonanzen und Glaubwürdigkeitsdefizite. Das klingt banal, ist aber häufig in der Praxis eine kräftig sprudelnde Fehlerquelle.

Blind-Test durch den Konsumenten
In der Kosmetikbranche wird eine neue Produktformel, die auf Basis des Konzepts gebrieft wurde, im Vorfeld der Einführung in der Regel auf Akzeptanz beim Konsumenten getestet. Dabei favorisieren die F&E-Mitarbeiter einen »Blind-Home-Use-Test«, in welchem die Formel gegen eigene und/oder gegen Wettbewerbsformeln getestet wird. Das vorherrschende Interesse der Produktentwicklung ist es, herauszufinden, welches die beste Formel darstellt. Um alle anderen Einflussfaktoren auszuschalten, erfolgt der Test blind: Die Marke und das Design sind dem Konsumenten während des Tests nicht bekannt. Er erhält eine weiße Packung, auf der nur die Gebrauchsanleitung gedruckt ist.

Dieser Blind-Test kann zu völlig falschen Einführungsentscheidungen führen, denn kein Konsument wird in der Realität die Produktformel ohne Marke und Design wahrnehmen und es können sich unter dem Einfluss von Marke und Design völlig andere Kaufentscheidungen ergeben.

Bei der Haarkosmetikmarke Taft von Schwarzkopf, dem europäischen Styling-Marktführer, gab es traditionell eine Produktkategorie, in der der Marktanteil deutlich unterproportional war, nämlich der des Styling-Schaums. Die Kernkategorie von Taft ist das Haarspray, das aus unserer Sicht optimal zum Marken-Claim »Hält bei jedem Wetter« passt und in der Produktformel, Markenpositionierung und Kommunikation harmonisch aufeinander abgestimmt ist. Beim Haarspray geht es ja auch zu 90 Prozent um Halt oder, salopp gesagt, um das Festkleben der Frisur.

Der Schaumfestiger hingegen hat eine etwas andere Bedeutung bei der Frisuren-Erstellung. Er unterstützt die Formgebung und Kreation der Frisur und wird ebenfalls mit pflegenden Aspekten und dem Nicht-Austrocknen des Haares bzw. der Flexibilität assoziiert. Allein durch die Konsistenz des Schaums werden diese Assoziationen untermauert.

Daher ist der Schaumfestiger unserer Meinung nach weiter entfernt vom Kernwert »Halt« der Marke Taft. Andere Marken wie Wella Flex oder Nivea stehen im Auge des Konsumenten stärker für Flexibilität der Frisur als Gegenpool zum »festgeklebten« Taft-Haar. Nivea aufgrund der generell pflegenden Markenpositionierung bildet den natürlichen Gegenspieler zu Taft und weist im Vergleich zu den Kategorien Haarspray und Haargel den höchsten Marktanteil im Segment Schaumfestiger aus.

Aufgrund der unterproportionalen Umsätze in der Kategorie Schaumfestiger wäre die erste Aufgabe, diese für Taft zu stärken. Ausgangspunkt könnte die Annahme sein, dass die Taft-Produktformel in den Aspekten Pflege und Flexibilität als weniger gut wahrgenommen wird. Auf Basis dieser Annahmen können verschiedene neue Formeln entwickelt werden mit dem Anspruch, mindestens auf das Niveau von Wella Flex und Nivea zu kommen.

Gesagt, getan. Und um den Beweis anzutreten, würde man einen »Blind-Home-Use-Test« initiieren. Die Formeln würden gegenüber dem Wettbewerb mit weißen Packungen getestet werden, die Wettbewerbsprodukte würden abgeklebt. Es weiß also keine Konsumentin, welche Marke sie in der Anwendung hat. Das Ergebnis wäre mit Sicherheit für Taft sehr zufriedenstellend, denn es würde sich zeigen, dass es keinen Nachteil der Taftformeln gegenüber dem Wettbewerb gäbe – im Gegenteil sogar leichte Vorteile in wichtigen Leistungsaspekten.

Marken- und Produktwahrnehmung – Was ist kaufentscheidend?
Trotz Einsatz dieser optimierten Formeln würde sich aber kein großer Marktanteilsgewinn einstellen. Überdeckt hier womöglich die Markenwahrnehmung die objektive Produktwahrnehmung? Ist der Konsument gar nicht in der Lage, eine Produktleistung objektiv zu beurteilen, wenn er unter dem Einfluss der jeweiligen Marke steht? Man könnte einen »Branded-Home-Use-Test« durchführen, um diesen Aspekt zu beleuchten, und es würde sich wahrscheinlich aus unserer Erfahrung zeigen, dass diese Schlussfolgerung exakt richtig ist.

Die im Blind-Test so gut getestete Formel würde unter dem Einfluss der Marke schlechter bewertet als der Wettbewerb. Hieran erkennt man eindeutig, wie kaufentscheidend das Markenbild ist und wie stark es eine Innovation unterstützen, jedoch auch behindern kann. Für die Konsumentinnen ist Taft unserer Meinung nach so eindeutig mit starkem Halt verbunden, dass die Glaubwürdigkeit und Wahrnehmung im Bereich Flexibilität und Pflege hinter Wella Flex und Nivea zurückfallen würde.

Trotz aller Anstrengungen, über die Produktformel das Produkt zu stärken und damit die Voraussetzung für einen höheren Marktanteil zu schaffen, wäre diese Maßnahme also allein keine Lösung für das Problem. Man müsste an den Wahrnehmungsmustern der Marke arbeiten, aber wäre dies auch der richtige Weg? Würde man plötzlich die Gesamtmarke Taft stärker in Richtung Pflege und Flexibilität positionieren, verwässert man aus unserer Sicht den Kern und den USP der Marke, der sie über lange Zeit so erfolgreich gemacht hat. Sicher könnte man mit viel Anstrengung die Marke so anders positionieren, dass sie auch für die Kategorie Schaumfestiger passgenau wäre, aber geht das nicht auf Kosten der anderen Kategorien Haarspray und Haargel, die so eindeutig und wie keine andere den Kern-Benefit Halt besetzen?

Aus dem Wunsch heraus, zu wachsen und in Potenzialkategorien zu expandieren, wird unserer Meinung nach häufig der Fehler begangen, viel Geld in die Kommunikation von Aktivitäten zu stecken, die zu weit vom Markenkern entfernt sind und nur geringen Grenznutzen aufweisen. Bei knappen Budgets geht das zumeist auf Kosten der Stammsegmente, die dann wiederum darunter leiden und neue Angriffsfläche für den Wettbewerb bieten. Am Ende hat man doppelt verloren. Wenig Zuwachs in Segmenten, die nicht zur Marke passen, und Potenzialverschwendung im Kernsegment bis hin zum Verlust von Marktanteilen durch Reduzierung der Werbe- und Promotion-Investitionen im Stammsegment.

Produktleistung und -qualität ist immer in Zusammenhang mit dem Markenimage zu bewerten. Auf Basis der Limbic Map kann man dies hervorragend einordnen und diese als Diskussionsgrundlage für Innovationen im Zusammenspiel mit der Marke einsetzen. Mithilfe der Limbic Map kann man die Marke Taft analysieren und jede Produktinnovation auf Passgenauigkeit mit dem Markenimage prüfen, damit die oben beschriebenen Fehler vermieden werden.

Generationen von Produktmanagern unterliegen immer wieder der Versuchung, in Segmente eintreten zu wollen, deren Potenziale augenscheinlich noch nicht gehoben sind, die aber nicht zur Marke passen. Häufig wird nach unserer Erfahrung auch von Vorgesetzten verlangt, dass solche Felder erschlossen werden, vor allem wenn der Wettbewerber das tut. Der Wettbewerber hat aber zuweilen das geeignetere Markendach und Trägersystem für die Kategorie. So begab es sich, dass Wella Flex ein Sensitiv-Haarspray einführte für sensibles Haar. Um offensichtlich dem Wettbewerb das Segment nicht zu überlassen, führte man auch für Taft ein Sensitiv-Haarspray ein. Glauben Sie, dass dies eine Chance auf Erfolg hat?

Wie schon beschrieben, steht Taft aus unserer Sicht für »Beton-Halt« und sicher nicht für Sensibilität oder Sensitivität. Egal wie viel Werbung man dafür macht, es würde im Vergleich zu Wella Flex immer weniger glaubwürdig und überzeugend wirken. Inzwischen ist auch das Wella-Flex-Produkt schon wieder aus dem Regal verschwunden, denn ein Haarspray wird offensichtlich vor allem wegen des festen Halts gekauft und einem Sensitiv-Haarspray traut man das augenscheinlich nicht ausreichend zu.

Ein anderer interessanter Fall ist die Marke Opel, an der man sehr schön erkennen kann, wie Qualität und Markenimage wechselseitig zusammenhängen.

> **Beispiel: Markenimage und Produktwahrnehmung bei Opel** !
>
> In den Neunzigerjahren hatte Opel Qualitätsprobleme und die Modelle entsprachen weniger und weniger dem Zeitgeist. Das hat dem Image der Marke nachhaltig geschadet. Die darauf folgende wirtschaftliche Krise des Unternehmens hat sein Übriges getan, denn Marke und Unternehmen tragen den gleichen Namen. Heute knüpfen die neueren Modelle wie der Mokka an die erfolgreichen Zeiten an, leiden aber noch am Gesamtmarkenimage, das immer noch bremst.
> Einschlägige Tests der Auto-Fachzeitschriften attestieren der Marke Opel in der jüngeren Vergangenheit eine absolut wettbewerbsfähige Qualität und das bei einem hervorragenden Preis-Leistungs-Verhältnis. Und trotzdem wird die Marke weniger nachgefragt. Hier hinkt offensichtlich das Markenimage der Produktwahrnehmung hinterher. Ein über Jahrzehnte schlecht gepflegtes Markenimage kann nur dann gedreht werden, wenn ein neuer Kommunikationsansatz gleichzeitig mit neuen innovativen Modellen auf den Markt kommt. Das zeitliche Auseinanderlaufen der erfolgreichen »Umparken im Kopf«-Kampagne und der Einführung neuer Modelle hat aus Sicht der Autoren dazu geführt, dass der Marktanteil zwar kurzfristig stabilisiert werden konnte, jedoch durch mangelnde Konsistenz in der Kommunikation wieder absackte. Es gilt jetzt, dieses nachdrücklich und zügig aufzubessern, auch als Voraussetzung für den höheren Absatz des gesamten Modell-Portfolios. An diesem Beispiel erkennt man, wie wichtig es ist, in der langen Geschichte, die große Marken aufweisen, sich keine signifikanten Patzer in Sachen Produktqualität zu leisten, für die man später teuer bezahlen muss.

Die Aufgabe des CMO ist es, der Unternehmensleitung eines Markenartiklers, der auf Kostenreduktion fokussiert ist, klar zu machen, welchen nachhaltigen Effekt der falsche Umgang mit der Produktqualität haben kann. Das Gemeine daran ist vor allem der Zeiteffekt. Es dauert nur kurze Zeit, wie bei einer heißen Herdplatte, bis sie kalt wird und das Markenimage Schaden nimmt. Wobei in der heutigen Zeit durch die digitalen Medien ein »Shitstorm« dafür sorgen kann, dass ein Markenimage in Sekundenschnelle demoliert und ein Produkt demontiert ist. Ist es um das Markenimage geschehen, braucht es sehr lange, bis man es wieder ausgebügelt hat, und man schleppt die Einstellung zur Produktqualität, die sich in den Köpfen der Kunden manifestiert hat, lange als Ballast mit herum.

Gerade in Branchen, wo es viele Marketinginnovationen gibt, wie zum Beispiel in der Kosmetikindustrie, und neue Produkte über starke Auslobungen verkauft werden, muss die Produktleistung halten, was das Konzept, die Marke und später die Werbung verspricht. Idealerweise ist die Innovation passgenau zum Trägersystem Marke und leistungsstärker als die der Konkurrenz.

Gliss-Kur als Haar-Reparatur-Spezialist hatte immer besonderen Erfolg, wenn es sich um eine Produktinnovation für trockenes und beschädigtes Haar handelte und dies durch eine leistungsstarke Formel untermauert wurde, mithilfe der die Verbraucherinnen eine Verbesserung ihres Haarzustandes spürten, auch wenn sie vorher zum Beispiel L'Oréal oder Produkte anderer Wettbewerbsmarken verwendet hatten.

Flop-Risiko 2: Produktdesign

Dass das Design zum Produktkonzept und zur Marke passen muss, erscheint jedem einleuchtend. Warum gibt es dann so viele Designs, die vermeintlich das Konzept transportieren, wenn es sich eher um ein Bilderrätsel handelt? Liegt es vielleicht daran, dass Designer sich verwirklichen und kein Gefühl für die Positionierung der Marke haben? Liegt es daran, dass 25-jährige Produktmanager Packungsgestaltung für die Zielgruppe der über 50-Jährigen entwickeln? Oder liegt es daran, dass viele Marketingmanager davon ausgehen, dass Konsumenten sich mit ihrer Marke und ihrem Design stundenlang beschäftigen und auch das Kleingedruckte auf der Packung aufmerksam lesen? Oder liegt es am Ende daran, dass die Marketingmanager das Image ihrer Marke nicht genau kennen, sondern nur ihr eigenes Wunschbild auf Marke und Markt projizieren, was dann zu nachhaltigen Fehlentscheidungen führen kann?

Sie merken, es gibt viele Gründe, warum am Ende das Produktdesign das Konzept nicht widerspiegelt und ein gutes Konzept durch ein schlechtes Produktdesign zum Scheitern verurteilt ist.

Farbe und Form des Produktdesigns

Bei der Produktdesigngestaltung spielt Form und Farbe eine besondere Rolle. Ein Haarspray, das extra starken Halt verspricht, sollte vielleicht nicht in runden Formen und in Farben wie pink, hellblau oder weiß gestaltet sein, denn Konsumentinnen verbinden diese Farben und Formen nicht mit extra starkem Halt. Um noch einmal auf die Marke Taft zurückzukommen: Einer der Bestseller unter den Haarspray-Linien war immer die Variante »mit besonders starkem Halt« in schwarz-rotem Design. Hier spricht das Design eine eindeutige Sprache und unterstützt optimal den Produkt-Benefit »extra starker Frisurenhalt« und gleichzeitig die Positionierung der Marke. Übrigens ist das Wort Taft ein phonetisch hartes Wort, dass dadurch aus unserer Sicht zusätzlich den Benefit Halt unterstützt.

Seit Jahren wird versucht, im Männerkosmetik-Markt neue abwechslungsreichere Farbcodes einzuführen, um sich vom Wettbewerb abzuheben. Aber immer wieder stellt man fest, dass die Farben Schwarz, Anthrazit und Dunkelblau den Erfolg zu garantieren scheinen und man gut beraten ist, davon nicht zu stark abzuweichen. Hier handelt es sich nach unserer Meinung um ein biologisches Faktum, verursacht durch den generell höheren Testosteronspiegel des männlichen Geschlechts und den damit verbundenen Farbpräferenzen. Natürlich bestätigen Ausnahmen die Regel und die Welt ist in den letzten Jahren bunter und vielfältiger geworden.

Und trotzdem sind zum Beispiel bei den klassischen Haarshampoo-Marken wie Schauma oder der Körperpflegemarke Fa oder Nivea die umsatzstärksten Männerprodukte alle schwarz und blau gewesen. Und hier gab es nicht immer erst die Henne und dann das Ei, denn man hat reihenweise Produkte mit anderen Farben wie zum Beispiel orange oder grün eingeführt und immer wieder festgestellt, dass eine Einführung in einer klassischen Männerfarbe deutlich mehr Umsatz generiert. Wichtig ist, dass die Farben nicht nur zum Konzept passen, sondern auch zur Marke und ihrer Positionierung. Das Gleiche gilt für die Formgebung. Der Erfolg des Gaultier-Parfums basiert unserer Meinung nach zum großen Anteil auf der Form des Flakons, das als Büste bzw. Torso gestaltet ist.

Störer und Claims können dem Grunddesign schaden
Es wird immer wieder der Fehler gemacht, Packungen mit Claims und Störern zu überfrachten und zu überlasten in der Hoffnung, auch wirklich alle Vorzüge darzustellen. Störer über Störer sollen das Neue prägnant verkünden, dabei werden die Designs immer komplizierter und die Schriftgrößen immer kleiner. Mehr hilft jedoch nicht mehr und kann der Packung die Hochwertigkeit nehmen. Bei starken Marken schafft das Grunddesign Vertrauen und man kann sich auf die wirklich differenzierenden Claims beschränken.

Generell kann man beobachten, dass Konsumenten immer stärker auf Design achten, auch in Bereichen, wo dies lange Jahre keinen Fokus darstellte. Einer der Autoren, der sich gerade auf Wohnungssuche befindet, erlebt immer wieder, dass bei Mietwohnungen, die inzwischen mit Parkett und anderen modernen Ausstattungsmerkmalen versehen sind, die Ausstattungsqualität der Bäder immer hinterherhinkt und die Deutschen wohl erst in den letzten Jahren das Bad als designorientierten Raum entdeckt haben. Dieser Raum bekommt nun eine weitere Funktion. Als Wellness-Oase oder psychologischer Rückzugsort hat er eine entlastende Funktion im stressigen Alltag. An einen Ort mit dieser Funktion stellt man andere Anforderungen als weiße Kacheln und langweilige Armaturen. Was für eine Chance für Bad und Sanitärhersteller, aber auch Fliesen-Unternehmen, hier eine Marke aufzubauen oder zu stärken, die diese Kundenbedürfnisse erfüllt.

Es gibt bereits Ansätze mit Duravit und Grohe im Premiumbereich. Eine Volumen-Marke könnte hier in ein Feld vorstoßen, das großes Wachstumspotenzial aufweist. Vielleicht auch in Zusammenarbeit mit einer starken Kosmetikmarke. Exzellentes Design kann eine Marke von der Konkurrenz differenzieren, wenn Technik kein wesentliches und mögliches Kriterium der Differenzierung mehr darstellt.

Dies gilt mit Einschränkungen auch für die Autobranche. Es wird weiterhin innovative »first mover«-Technologien geben, aber im Volumen-Markt kann ein gutes Design eine Kaufentscheidung bei gleicher Qualitätsausstattung auslösen. Der unaufhaltsame Trend zum SUV und neuerdings zum kleineren City-SUV basiert vor allem auf einem Design und Lifestyle-Trend sowie auf einen Übersicht- und Kontrollvorteil und weniger auf der Notwendigkeit eines SUV in der Stadt.

Hier können sich Marken über das Design profilieren und sich damit vom Wettbewerb differenzieren. Das Design muss jedoch immer zu den Kernwerten der Marke passen. Würde Volkswagen anfangen, einen verspielten eher französisch anmutenden City-SUV zu lancieren, täte das dem Markenkern nicht gut. Die französischen und italienischen Automarken wären auch nicht gut beraten, sich als Technik-Vorreiter zu positionieren, sondern ihre Stärke ist gerade das individuelle, leichte, verspielte Design, das auch die weiblichen Kunden gut anspricht.

Stärken sollten als USP und Differenzierungsmerkmale ausgebaut werden, um Einstellungen beim Kunden zu prägen, statt verzweifelt Schwächen ausbügeln zu wollen.

Flop-Risiko 3: Kommunikation
Die richtige Marken- und Produktkommunikation wäre sicher ein eigenes Buch wert, aber wir wollen hier aus ganz persönlicher Sicht die Essentials unserer Praxis-Learnings darstellen und vor allem die wesentlichen Fehlerquellen aufzeigen.

Zunächst muss festgestellt werden, dass es in den letzten Jahren immer schwerer und teurer geworden ist, den Konsumenten zu erreichen. Durch die Zersplitterung der Medien und durch die extrem stark gestiegene Anzahl von Medien muss man wesentlich mehr Budget in die Hand nehmen, um den gleichen Effekt zu erzielen, als noch vor einem Jahrzehnt.

Ganze Zielgruppen wie die junge Generation lassen sich immer schwerer über klassische TV-Werbung erreichen, da sie sich vornehmlich digital bewegen. Dabei darf man nicht vergessen, dass viele Medien gleichzeitig genutzt werden. Wir sitzen auf dem Sofa, schauen Fernsehen und surfen dabei im Internet oder mit dem Smartphone. Das prominenteste Beispiel ist sicherlich der Tatort. Die Zahl der Tatort-Zuschauer, die das Geschehen auf Twitter mitteilen und bewerten und gleichzeitig den Film verfolgen, wird täglich größer.

Durch das Internet und die daraus folgende Transparenz sind Kaufprozesse heute anders gestaltet und basieren stärker auf dem Empfehlungsmanagement. Schon immer wirksame Mund-zu-Mund-Propaganda hat sich damit potenziert.

Man darf jedoch auch nicht vergessen, dass Werbung nach wie vor wirkt, vor allem in Kombination mit einer Produktinnovation, die den Unterschied im Markt macht. Aus unserer Erfahrung fliegen Top-Produktkonzepte, die sich im Markt differenzieren und relevant sind und zudem das richtige Design und Markendach aufweisen, sehr schnell sehr hoch, wenn ausreichend in die Anfangswerbung investiert wurde. Andere Konzepte dagegen, die nicht genug Neuigkeitswert aufweisen und keine Relevanz besitzen oder bei denen keine Passgenauigkeit zwischen Marke und Marketing-Mix besteht, können trotz massiver Unterstützung durch Werbung und Promotion keinen ausreichenden Umsatz generieren und entwickeln sich zum Rohrkrepierer.

Return on Investment
Die Diskussion über den Werbe-ROI ist sehr wichtig und viele Modelling-Modelle werden aktuell vorgestellt und diskutiert, jedoch kann der Return on Investment (ROI) nach unserer Erfahrung von Marke zu Marke und von Produktangebot zu Produktangebot sehr verschieden ausfallen und man kann die Ergebnisse nur sehr schlecht verallgemeinern. Die Einflussfaktoren auf den Kaufakt bei Fast Moving Consumer Goods sind so vielfältig und lassen sich schwer isolieren. Deshalb kann die Entscheidung über den richtigen Media-Plan nicht wegdelegiert werden, schon gar nicht an Computer-basierte Rechenprogramme. Es ist eine unternehmerische Entscheidung und es geht immer auch um die Qualität der Werbemedien und der Werbumfelder, nicht nur um die nötige Reichweite.

Aus unserer Sicht ist die Ära der Fernsehwerbung mitnichten vorbei, vor allem nicht bei Mass-Market-Produkten, denn um schnell Bekanntheit zu erreichen, ist das Fernsehen nach wie vor das effektivste Werbemedium.

Bei all den ROI-Diskussionen wird immer die Qualität der Werbung als Inputgröße vergessen im Sinne von »Impact« und »Persuasion« (Überzeugung). Nur wenn die Werbung qualitativ stark genug ist, erinnert zu werden, und im wahrsten Sinne des Worte beim Verbraucher ankommt, kann es überhaupt einen Kaufeffekt geben. Das Gleiche gilt für die Überzeugungsqualität, damit der Konsument das beworbene Produkt überhaupt in sein Relevant Set aufnimmt. Deshalb hängt der ROI extrem stark von der Qualität der Werbung und von der Qualität des Produktkonzepts sowie von der Markenstärke ab. Diese Variable wird bei fast allen Modelling-Modellen vernachlässigt, da sie sich schlecht errechnen lässt.

Jede Werbung verfolgt verschiedene Ziele, aber das Hauptziel bleibt immer die nachhaltige Markenbindung und -verwendung.

Schlussfolgerungen für effektive Werbung
Auf den folgenden Seiten diskutieren wir fünfzehn Schlussfolgerungen, die aus unserer Sicht zu einer effektiven und erfolgreichen Werbung beitragen.

> **Schlussfolgerung 1**
>
> Die Einzigartigkeit und Relevanz muss eindeutig und unverwechselbar kommuniziert werden, egal ob es sich um ein neues Produkt oder eine neue Marke handelt!

Nur wenn diese beiden Aspekte des Konzepts – Einzigartigkeit und Relevanz – auch in der Kommunikation klar und deutlich umgesetzt werden, kann die Werbung zum Kauf animieren. Häufig merkt man erst beim Kommunikations-Briefing und vor allem beim Rebriefing der Werbeagentur, dass eigentlich etwas mit dem Konzept nicht stimmt.

Unsere Erfahrung ist, dass ein schlechtes Produktkonzept unweigerlich zu Problemen in der Kreation der Kommunikation führt. Wie schon in Kapitel 3.1 beschrieben, sollte das Konzept 20 bis 30 Sekunden Lesezeit nicht überschreiten und als optimale Briefing-Plattform dienen. Werbung ist aber mehr als das Konzept und die Aufgabe der Kreation ist es, die Einzigartigkeit und Relevanz auf eine Weise zu erklären und zu erzählen, die beim Verbraucher gehört und anschließend auch erinnert wird und zum Kauf anregt.

In der Kosmetikbranche sind die Konzepte manchmal so stark, dass man sich auf die Einzigartigkeit der Produktleistung konzentriert und Geschichten vernachlässigt. Das kann aber dazu führen, dass man sich Möglichkeiten der nachhaltigen Beeinflussung des Markenbildes vergibt. Die Produktfokussierung liegt aber häufig auch daran, dass für Frauen Kosmetikartikel »Non Nonsense«-Produkte darstellen, die so ernst und wichtig sind, dass man darüber keinen Spaß macht oder Geschichten erzählt. Hier gilt es, sich auf das Wesentliche zu fokussieren. In dieser Branche funktioniert bei der weiblichen Zielgruppe Humor fast überhaupt nicht. Dagegen funktioniert Humor in der Werbung für Herrenkosmetik besonders gut, solange man die Marke und die Produktleistung darüber nicht vernachlässigt. In der männlichen Zielgruppe stellt die Taft-Gel-Werbung für uns ein Benchmark dar, die den einzigartigen Produktnutzen auf humorige Art und Weise umsetzt. Zu sehen auf Youtube unter Taft-Styling-Gel.

> **Schlussfolgerung 2** !
> Der Konsument schaut Werbung nur noch nebenbei und muss daher zunächst wachgerüttelt werden!

Wie oft ertappen wir uns selbst dabei, dass wir Werbung nur noch *en passant* wahrnehmen, den Fernseher im Hintergrund laufen haben, uns über Bannerwerbung im Internet ärgern oder Anzeigen noch nicht einmal zwei Sekunden widmen. Wenn die Gestaltung der Werbung nicht laut genug ist, dass sie zu uns durchdringt, oder so spannend, dass man darüber spricht und sie sehen will und sucht, wird es schwerfallen, einen direkten Kaufimpuls zu generieren. »Breaking through the clutter« ist ein Must in der heutigen Medienlandschaft mit den Verhaltensweisen, die der Verbraucher an den Tag legt.

AIDA-Regel

Aber wie schlägt man sich zum Gehirn des Verbrauchers durch? Es gilt für uns nach wie vor die Relevanzfolge der klassischen AIDA-Regel: **A**ttention vor **I**nterest, **D**esire und **A**ction. Attention kann man auf viele verschiedene Arten erreichen. Ein sehr gutes Beispiel ist sicherlich die Zalando-Werbung, die mithilfe des Schreis arbeitet und im wahrsten Sinne des Wortes wachrüttelt. Der Schrei alleine wäre sicherlich nur nervig, aber er ist intelligent in die Geschichte eingebunden und demonstriert die Begehrlichkeit des Produkts. Er ist damit sehr eng am Produktversprechen. Wachrütteln und Aufmerksamkeit kreieren ist also richtig, aber nur wirksam als Veranschaulichung der Produktleistung.

> **Schlussfolgerung 3** !
> Unser Gehirn kann besser Geschichten erinnern als theoretische Produktaussagen.

Unser Gehirn ist so konzipiert, dass es einfacher und besonders gut Geschichten memorieren kann im Vergleich zu Produktbeschreibungen. Denn Geschichten werden stärker mit Emotionen verbunden und alles, was mit Emotionen belegt ist, wird stärker erinnert. Immer wieder haben wir in der Praxis gehört, dass es eine reine Zeit- und damit Geldverschwendung ist, wertvolle Sekunden in eine Geschichte zu investieren, wenn man doch etwas Einzigartiges mitzuteilen hat. Dem stimmen wir ausdrücklich nicht zu, denn man vergibt sich die Chance, dem Produkt und der Marke dadurch einen echten »Purpose« zu verleihen, eine Daseinsberechtigung, die die Marke auf einer höheren Ebene ansiedelt.

Sinnhaftigkeit in der Markenwelt
Die heutigen Konsumenten suchen immer stärker nach Sinnhaftigkeit in der Markenwelt und beim Konsum. Das Paradebeispiel in der Kosmetikindustrie ist sicher die Dove-Kommunikationskampagne »Real Beauty«, die auf einem Insight aufgebaut ist, den sehr viele Konsumentinnen widerspiegeln, nämlich, dass sie sich selbst nicht schön genug finden. Doves Purpose besteht darin, normalen Frauen, die keine retouchierten Models darstellen, Selbstbewusstsein für ihre eigene Schönheit zurückzugeben. Dies wird durch sehr eingängige Geschichten transportiert, die so stark sind, dass sie millionenfach im Internet angesehen werden. »Sketches« ist die aktuelle Geschichte, die das Phänomen Selbst- versus Fremdwahrnehmung beleuchtet. Hier handelt es sich um Markenwerbung und weniger um Werbung für ein spezifisches Produkt.

Dove greift in einzigartiger Weise einen Schönheits-Insight auf und gibt ihrer Markenbotschaft durch eine Geschichte und starke Bilder einen Purpose, der deutlich mehr Emotionen für die Marke auslöst als klassische Produktwerbung.

»Camera Shy« ist eine weitere Geschichte von Dove. Warum wehren sich Erwachsene so häufig dagegen, von Freunden oder Verwandten gefilmt zu werden? Sie glauben offensichtlich und laut Dove, sie seien nicht schön genug für die Kamera, ihr Selbstbewusstsein ist nicht stark genug, einfach ungezwungen in die Kamera zu lächeln. Wir alle kennen diese Szenen und Bilder und das macht den Insight so stark, denn wir verbinden mit diesem Insight nicht nur Zustimmung, sondern auch starke Emotionen. Die Geschichte erzählt mit eindrucksvollen Bildern, dass Kinder dieses Problem nicht haben bzw. noch nicht haben und wesentlich befreiter mit der Kamera umgehen. Denn Kinder haben noch ein unbekümmertes und selbstbewusstes Verhältnis zu ihrer Schönheit, das angeblich noch nicht von den prägenden Werbebildern der Kosmetikindustrie beeinflusst wurde.

Dove greift diesen psychologischen Anker auf und erzählt die Geschichte zu Ende. Die Marke ruft die Konsumentinnen zu mehr Selbstbewusstsein in Sachen Schönheit auf. Die Geschichte basiert auf einen starken Insight und wird mit starken emotionalen Bildern erzählt. So bleibt sie nachhaltig im Gedächtnis und die Menschen sprechen über diese Kampagne. Nicht jede Frau wird sich mit diesem Ansatz identifizieren, aber die meisten, die diesen Film sehen, werden sich damit auseinandersetzen und das ist die erste Hürde, die die Werbung nehmen muss. Eine Geschichte, die einen »Purpose« vertritt, wird zu stärkerer Bindung führen als die bloße Abfolge von Produkt-Features.

Eine andere Geschichte mit einem starken Impact war der Muttertags-Spot von Nivea im Jahre 2013. Die Geschichte zeigte auf hochemotionale Weise Babys, die noch nicht sprechen können, aber in (laut gewordenen) Gedanken der Mutter anlässlich des Muttertags danken. Hier werden starke emotionale Bindungen zwischen Mutter und Kind genutzt und auf die Marke übertragen. Die Geschichte ist nicht nur hochemotional, sondern auch sehr einfach zu verstehen und zu erinnern und sie passt ideal zum pflegenden Markenkern von Nivea. Und fast alle Mütter, die wir kennen, zeigten sich begeistert von dieser Ansprache.

Die Macht der Geschichte zeigte sich auch beim legendären Mercedes-Spot »Ohrfeige«. Hier wurde die Produktleistung Sicherheit auf so kreative und humorvolle Art erzählt, dass sie nicht nur ein Produkt verkauft hat, sondern gleichzeitig signifikant zur Modernisierung der Marke Mercedes beigetragen hat.

Versuchen Sie also Ihre Produkt- und Markenbotschaft in der bewegten Kommunikation im Rahmen einer einprägsamen und emotionalen Geschichte zu erzählen, die gleichzeitig das Image der Marke beim Verbraucher positiv beeinflusst. Dabei ist es unerlässlich, dass die Geschichte etwas mit dem Produkt zu tun hat. Ja, Sie haben richtig gelesen, denn es gibt genug Geschichten in der Werbung, die rein gar nichts mit dem Produkt zu tun haben, zu 100 Prozent austauschbar sind und weder einen positiven Einfluss auf den Abverkauf haben noch auf die Stärkung des Markenbilds. Denken Sie auch daran, dass die Geschichte Impact haben muss, um überhaupt wahrgenommen zu werden (siehe Schlussfolgerung 1).

Schlussfolgerung 4
Eine emotionale Ansprache hat mehr Impact und trägt stärker zur Veränderung des Markenimages bei!

Gerade hat der Fußballverein Bayern München das Triple aus Bundesliga, Champions League und Pokalfinale gewonnen. Glück für alle Sponsoren wie Audi, Telekom oder die Lufthansa, die mit Printanzeigen und TV-Spots der Mannschaft gratulierten. Kaum ein anderes Thema und sowieso kein anderer Sport ist so emotional wie Fußball und kaum eine Siegerpose strotzt nur so vor positiven (männlichen) Emotionen wie die des Fußballs. Das Gleiche gilt auch für den hohen Identifikationsgrad für die Zuschauer und damit lässt sich das Fußballthema ideal nutzen, um Emotionen wie Sieg und Gemeinschaftsgefühl, aber auch Frust und Zusammenhalt in der Niederlage für die eigene Marke zu kapitalisieren.

Die beiden nachfolgenden Anzeigen reflektieren, wie man Emotionen eines Ereignisses auf die Marke übertragen kann.

4   Marketing-Mix – Vom Produktkonzept zum Markenartikel

Abb. 27 und 28: Werbung mit starken Emotionen (Adidas und Telekom) (Quellen: http://www.horizont.net/aktuell/marketing/pages/protected/showfull.php?p=59159undhttp://www.horizont.net/aktuell/marketing/pages/protected/showfull.php?p=59001)

Es gibt viele Beispiele, wie emotionale Werbung die Wirkung verstärkt. Wenn man solche Werbekampagnen analysiert, wird deutlich, dass in aller Regel die menschlichen Grundemotionen wie Liebe in jeder Form ebenso wie Angst besonders starke Reaktionen und Impulse auslösen. Machen Sie sich diese Emotionen für Ihre Werbung zunutze und überlegen Sie bei jeder Kampagne, die Sie zur Beurteilung vor sich haben, inwiefern Emotionen genutzt werden können, um sich im Gedächtnis des Verbraucher nachhaltig festzusetzen.

Schlussfolgerung 5 !
Das Gehirn erinnert Bilder stärker als Worte!

Manchmal staunen wir, wenn bei »Wetten dass?« wieder ein Kind auftaucht, das scheinbar mühelos 100 Dinge auswendig gelernt hat und diese anschließend fehlerfrei wiedergibt. Die Methodik dahinter ist bekannt und basiert auf der besonderen Erinnerungsleistung des Gehirns, wenn man sich Gegenstände oder auch Zahlen als starke Bilder einprägt und in eine emotionale Geschichte einbindet. Diese Erkenntnisse kann man sich für die Werbung zunutze machen, denn hier sollten Sie es dem Konsumenten von vornherein so einfach wie möglich machen, Marke und Produkte nachhaltig zu erinnern.

Im einem TV-Spot ist es wesentlich einfacher, mit zahlreichen emotionalen Bildern zu arbeiten als in einer Printanzeige. Denn hier hat man nur ein Bild zu Verfügung, und wenn das nicht stimmt, dann gibt es keine zweite Chance.

Eine Printanzeige oder ein Online-Banner wird im Schnitt maximal zwei Sekunden angeschaut. Wenn eine Anzeige sehr textlastig ist, dann startet sie schon bei 90 Prozent der Zielgruppen mit einem großen Handicap, denn der Text wird einfach nicht gelesen. Zu anstrengend für das Gehirn, denn es ist auf Energieeffizienz ausgelegt. Das Gehirn verbraucht die meiste Energie im Körper, da muss es sorgsam haushalten.

Da das Gehirn Bilder besser erinnern kann und emotionaler verarbeitet als Texte, sollte eine gute Anzeige aus unserer Sicht immer mit einem starken Bild verknüpft werden. Das muss auch nicht zwangsläufig das Produkt sein oder nur das Produkt alleine. Wichtig ist jedoch, dass das Bild eindeutig zu dekodieren ist, mit der Marke verknüpft wird, und dies innerhalb sehr kurzer Zeit.

Der »Torture Test« bezieht sich auf Plakatwerbung an Straßen, insbesondere an Schnellstraßen. Wir alle fahren regelmäßig mit dem Auto an solchen Plakaten vorbei. Versuchen Sie sich einmal an diejenigen Plakate zu erinnern, die Sie beispielsweise heute morgen auf dem Weg zur Arbeit gesehen haben? Und dann machen Sie heute Abend auf dem Rückweg denselben Test und vergleichen die Erinnerung von heute morgen mit all dem, was Sie sehen, wenn Sie bewusst hinschauen. Ich mache diesen

Test ständig und stelle immer wieder fest, dass hier viel Geld zum Fenster hinausgeschmissen wird. Die meisten Plakate sind so kleinteilig und mit so vielen Elementen versehen, dass das Auge sie beim Vorbeifahren nicht erfassen kann. Es fehlt der Fokus.

Möglicherweise hat der Kunde bei der Marketingagentur verlangt, dass die Headline eine Unter-Headline haben muss, mindestens drei Bulletpoints mit Produkt- oder Markenbeschreibung, den Claim und am besten noch eine Internetadresse oder einen QR-Code oder einen Preisstörer und so manches mehr. Hängen Sie Ihr zukünftiges Plakat probeweise auf und lassen Sie Ihren Partner oder Ihre Freunde daran vorbeifahren und dann wissen Sie was und ob überhaupt etwas hängengeblieben ist. Wählen Sie stattdessen ein starkes Bild, das eindeutig Ihrer Marke zugeordnet werden kann, das für sich spricht! Dazu eine kurze Headline und das Logo oder die Packung. Sonst nichts!

Bilder, die starke Emotionen auslösen, gehen häufig auf menschliche Grundemotionen wie Liebe, Mutterliebe, Sex, Sicherheit, Geborgenheit, Fürsorge, Erfolg oder Selbstverwirklichung zurück. Nutzen Sie diese Ur-Emotionen für eine positive Transformation auf Ihre Marke, aber achten Sie darauf, dass die Bilder nicht austauschbar sind, sondern dass Sie sie unmissverständlich und auf einzigartige Weise an Ihre Marke binden können. Wiederholen Sie diese Bilder, denn das Gehirn braucht einige Repetitionen, damit sich etwas nachhaltig im Gedächtnis einprägt.

Aus unserer Erfahrung in der Kosmetikbranche wissen wir, dass bei Anzeigen für Marken und Produkte dieser Kategorie Bilder extrem wichtig sind. Besonders bei Haarwerbung lautet immer wieder die Frage, inwieweit man die Haare in voller Pracht zeigen sollte und dabei auch auf einen Teil des Gesichts verzichten kann. Tests mit Blickkameras haben jedoch gezeigt, dass dies keine gute Idee ist. Gerade bei Printanzeigen wird der Konsument zuerst auf die Augen und das Gesicht sehen, denn das Gehirn sucht sich seinen Referenzpunkt zuallererst im Gesicht. Es gibt Ausnahmen und zu denen kommen wir später. Danach betrachtet der Konsument die Haare im näheren Umfeld. In den allermeisten Fällen ist dann auch schon Schluss. Daher ist eine Packung, Logo oder ein Claim, der rechts unten oder oben platziert ist, viel zu weit weg vom eigentlichen Geschehen. Deshalb ist eine Anzeige umso wirksamer, je enger die Packung und das Logo in die Blickbewegung der Konsumentin integriert sind, denn dann gibt es eine gute Chance, dass nach der Wahrnehmung des Motivs auch die Marke erinnert wird.

Dabei spielen typische Markenkodierungen eine besondere Rolle, wie Farbe, das Zeigen von Testimonials, Schrifttypen, Erlebniswelten etc., durch die eine Anzeige sich sofort einer Marke zuordnen lässt. Dies entlastet das Gehirn erheblich, denn der Betrachter kann sich auf die neuen Elemente konzentrieren.

Es ist die Königsklasse, wenn Sie Farben oder Bilder für Ihre Marke gepachtet haben. Beispiele wie das Blau von Nivea, der Cowboy von Marlboro oder die Schere in der Gliss-Kur-Werbung sollten heilig sein und der Veränderungslust der Produktmanager standhalten.

> **Schlussfolgerung 6** !
> Das Gehirn kann nur eine bestimmte Geschwindigkeit einer Bilderabfolge verarbeiten und eine begrenzte Anzahl von Worten pro Sekunde.

Stimmt es wirklich, dass die heutige Jugend durch die schnellen MTV-Bildschnitte auch in der Lage ist, schnell geschnittene Werbung zu erfassen und zu erinnern? Wir würden immer auf Nummer sicher gehen und TV-Spots nicht zu sehr mit Schnitten und Einzelbildern überfrachten. Das Gleiche gilt für den gesprochenen Text.

Es besteht immer wieder das Bedürfnis, doch noch dies und jenes zu sagen, um das Produkt besser zu verkaufen, aber am Ende wird all diese Überladung sowieso nicht erinnert und nimmt dem Werbefilm die Einprägsamkeit. Da wir sowieso der Meinung sind, dass der gesprochene Text nur die Untermalung der Bilder darstellt, sollten Sie darauf verzichten, den Film »vollzuquatschen«.

Und geben Sie dem Gehirn des Verbrauchers eine Chance, die Bilder zu erfassen. Vergessen Sie dabei nie, dass Verbraucher keine Experten auf ihrem Gebiet sind. Dazu ist es nützlich, sich öfter Werbung einer völlig anderen Branche anzuschauen und dann zu überlegen, was man überhaupt behalten hat. Gerade bei Fernsehwerbung, die die Generation 40 plus anspricht, ist es ratsam, die Geschwindigkeit aus dem Film herauszunehmen und auf das Wesentliche zu fokussieren.

> **Schlussfolgerung 7** !
> Es sollte nicht nur der Spot im Gedächtnis bleiben, sondern auch die Marke!

Entscheidend ist nicht, dass der Werbefilm gefallen hat, sondern dass er im Gedächtnis und später im Unterbewusstsein bleibt und im richtigen Moment, nämlich in der Vorbereitung des Kaufaktes, seine Wirkung entfaltet. Dazu ist es erforderlich, dass die Marke Einzug in die Erinnerung hält, in die kognitive und in die unterbewusste. Was im Unterbewusstsein genau passiert, weiß bis heute niemand, aber wir glauben, dass ein Großteil der Markenprägung und der Markenpräferenz über das Unterbewusstsein gesteuert wird.

Die stärksten Marken haben ein Symbol im Logo, dass sich im Vergleich zu einer Wortmarke durch das Bildhafte besonders gut einprägt. Gute Beispiele sind der Apfel bei Apple, der schwarze Kopf bei Schwarzkopf oder die drei Streifen bei Adidas.

Wenn ein Symbol außerordentlich stark mit der Marke verbunden ist, kann man das Wort sogar weglassen und jeder dekodiert die Marke trotzdem sofort. Der Nike »Swoosh« wird auch ohne das Wort Nike sofort als Nike-Branding identifiziert. Wichtig ist aber, dass die Marke im Rahmen der Kommunikation auch ausreichend penetriert wird und zwar besonders auf visuelle Art. Vor allem auch dann, wenn die Markenbekanntheit noch aufgebaut werden muss.

Einer der Autoren hat kürzlich einen interessanten Autowerbespot gesehen, der ihm gut gefallen hat, obwohl er sich 29 Sekunden lang gefragt hat, welche Marke das denn sein könnte. Es war eine amerikanische Marke, die in Deutschland sicherlich noch großes Potenzial beim Aufbau von Markenbekanntheit hat. In diesem Fall hatte man vielleicht eins-zu-eins den amerikanischen Werbespot übernommen und nicht darauf, geachtet, dass es in Deutschland bei der Markenwahrnehmung eine andere Ausgangslage gibt. Hier hätte man gut daran getan, das Logo permanent im Film mitlaufen zu lassen und mindestens drei Sekunden die Marke am Ende des Filmes einzublenden.

Je mehr sich die Marketingmitarbeiter mit der eigenen Kommunikation beschäftigen, desto eher vergessen Sie, der Marke in der Werbung ausreichend Zeit einzuräumen, denn für sie selbst ist das ja kein Thema mehr und man schließt ja gerne von sich auf andere. Wir sind sicher, dass 99 Prozent der Verbraucher nicht darauf warten, am Ende eines Werbefilms nach der Marke zu suchen, und wie oft geht es uns allen ähnlich, dass wir einen Film erinnern, aber nicht mehr wissen, um welche Marke es sich gehandelt hat.

Allein aus diesem Grund empfiehlt es sich, die Werbung vorher auf Impact, Persuasion und Branding zu testen. Sie müssen herausfinden, ob Ihre Marke richtig erinnert wird und ob die Erinnerung nachhaltig ist. Darüber hinaus müssen Sie wissen, ob die Kommunikation zum Kauf führt, zur Imageverbesserung oder zu anderen Dingen, die Sie vielleicht gar nicht im Briefing hatten.

> **!** **Schlussfolgerung 8**
> Testimonial-Werbung mit Prominenten geht meistens schief, aber unter bestimmten Bedingungen kann sie ein Volltreffer sein!

Über kaum ein anderes werbliches Thema wurde wahrscheinlich mehr geschrieben als über den Einsatz von Prominenten für Marken. Auch wir haben mit dem Thema langjährige Erfahrungen und es gibt viele Aspekte, die dazu führen, dass in den meisten Fällen aus unserer Sicht sehr große Erwartungen an eine Werbung mit Prominenten

gestellt werden, die sich im Nachhinein nicht erfüllen. Was sind die hauptsächlichen Motive für den Einsatz von prominenten Testimonials?
- schneller Bekanntheitsaufbau durch hohe Bekanntheit des Testimonials
- Einstellungsveränderungen zur Marke durch Transfer des Testimonial-Images auf das Markenimage
- Lighthouse-Funktion des Testimonials (»Wenn diese Person eine bestimmte Marke kauft, dann wollen und können wir das auch!«)

Das klingt alles logisch und nachvollziehbar. Die Krux ist die Ausführung und das Zusammenwirken von Marke und Testimonial.

Das Zusammenspiel von Marke und Testimonial
Man darf nicht vergessen, dass man in der Kombination mit zwei Marken umgehen muss. Ein prominentes Testimonial ist selbst eine Markenpersönlichkeit und wird von ihrem Management als Marke aufgebaut und mit eigener Zielsetzung geführt. Dazu kommt jetzt eine zweite Marke, nämlich die Herstellermarke, die sich optimal mit der Persönlichkeitsmarke verbinden lassen muss. Das Entscheidende ist, dass am Ende die Marke, die beworben wird, im Vordergrund steht und nicht die Persönlichkeitsmarke.

Eine Studie, die wir zusammen mit Prof. Dr. Völckner und Prof. Dr. Sattler durchgeführt haben, belegt einen sogenannten Vampir-Effekt. Der Vampir-Effekt beschreibt, dass in der Erinnerung der Werbung das Testimonial übrig bleibt, die zu bewerbende Marke jedoch zu wenig. Man hat also Werbung für das Testimonial gemacht und die eigene Marke ist auf der Strecke geblieben. Das passiert besonders oft bei schwachen und unbekannten Marken. Denn hier kämpft Bekannt gegen Unbekannt und wir wissen ja alle: Das Gehirn ist faul und sucht nach Entlastung statt nach Anstrengung.

Der *Vampir-Effekt* beschreibt eine der Hauptfehlerquellen in der Testimonial-Werbung. Es wird Werbung für das Testimonial gemacht und zu wenig für die Marke. Bei unbekannten und schwachen Marken, die mit prominenten Persönlichkeiten arbeiten, muss mit äußerster Disziplin darauf geachtet werden, dass in jedem Werbemittel das Branding, also das Nennen und die Visualisierung der beworbenen Marke besonders stark ist. Dazu gehört auch, dass häufig ausgerechnet für eine schwache, unbekannte Marke ein starkes Testimonial gewählt wird, das darüber hinaus viele andere Werbeverträge hat und ständig für andere Marken in den Medien ist. Das ist extrem problematisch, denn in den Köpfen der Verbraucher ist diese Person wahrscheinlich mit anderen Marken viel enger verknüpft und dies führt zu einer doppelten Problematik: schwache Marke, Gefahr des Vampir-Effekts und Gefahr von anderen Marken, die mit dem Testimonial stärker verknüpft werden.

Ein sehr positives Beispiel ist dagegen die Werbung der Bank ING DiBa mit Dirk Nowitzki.

> **Beispiel: Dirk Nowitzki und die ING DiBa**
>
> In Deutschland ist Dirk Nowitzki eindeutig und fast exklusiv in den Köpfen der Verbraucher mit der ING DiBa verbunden, denn er wirbt in der Wahrnehmung fast ausschließlich für dieses Unternehmen. In allen Werbemitteln wurde von Anfang an darauf geachtet, dass das Branding der ING DiBa nicht untergeht. Die Exklusivität, mit der Nowitzki eingesetzt wird, führt aus unserer Sicht dazu, dass Marke und Testimonial sehr eng aneinandergeknüpft sind. Stellen Sie sich jetzt vor, dass eine andere Marke auf die Idee käme, Dirk Nowitzky als Testimonial einzusetzen. Vielleicht sogar aus der Überlegung heraus, bei einer noch unbekannten Marke den Bekanntheitsgrad zu steigern. In diesem Fall würde man gegen zwei Hürden kämpfen. Werbung für Dirk Nowitzki zu machen und gleichzeitig möglicherweise für die ING DiBa, wenn sich die Werbung nicht ausreichend differenziert.

Um den Vampir-Effekt zu verhindern, empfiehlt es sich manchmal, das Testimonial nicht in seinem originärem Umfeld zu präsentieren, also einen Fußballer nicht beim Fußball. Sonst besteht noch größere Gefahr, dass die beworbene Marke untergeht.

Passen Persönlichkeitsmarke und Herstellermarke zusammen?
Die zweite große Fehlerquelle ist die zu geringe Glaubwürdigkeit des Testimonials in Bezug auf die Marke und das schlechte Zusammenspiel von Persönlichkeitsmarke und Herstellermarke. Hier steht die Passgenauigkeit von Testimonial und Marke auf dem Prüfstand. Nur wenn diese gegeben ist, kann Testimonial-Kommunikation erfolgreich werden.

Warum war Heidi Klum für Drei Wetter Taft, Karl Lagerfeld für Schwarzkopf und Jürgen Klopp für Opel erfolgreich und Bastian Schweinsteiger für Right Guard nicht? Drei Wetter Taft war die erste Werbung in den Achtzigerjahren, die eine Business-Frau auf Geschäftsreise im Lear Jet zeigte. Eigentlich eine Revolution, zumindest im Hinblick auf das gezeigte Frauenbild. Ab 2000 änderte sich das moderne Frauenbild signifikant und wurde facettenreicher. Die knallharte Business-Frau ist kein Vorbild für heutige weibliche Zielgruppen. Die moderne Frau kann zwar eine knallharte Business-Frau sein, sie ist aber zugleich Mutter und sexy Partnerin in einer Person. Schönheit und Intelligenz sind kein Widerspruch mehr.

Taft brauchte offensichtlich ein neues Frauenbild in der Werbung, um mit der Zeit zu gehen, und Heidi Klum verkörperte auf einzigartige Weise Professionalität, Beauty und Sympathie. Passend zur Marke Schwarzkopf und im Gegenspiel zu den berühmten Testimonials von L'Oréal ist Heidi aus unserer Sicht volksnah und »eine von uns«, denn sie kommt aus Bergisch-Gladbach und wurde bei einer Castingshow entdeckt. Jeder weiß, dass sie extrem professionell und diszipliniert in Bezug auf ihre Karriere ist und dabei vierfache Mutter in einer Patchwork-Familie. Irgendwie bleibt sie immer präsent – ob durch »Germany's Next Top Model« oder ihre nächste Ehe mit dem Gitarristen von »Tokio Hotel«.

Die Zielwerte der Marke Taft und die Werte von Heidi Klum haben sich seinerzeit ideal ergänzt und der Einsatz zeigte vielen Jahre sehr gute Effekte. Taft ist inzwischen europäischer Marktführer im Styling-Segment, wie das Unternehmen es in Präsentationen publiziert.

Die große Bekanntheit von Heidi Klum steht auch nicht im Konflikt mit der Bekanntheit von Drei Wetter Taft, denn beides sind extrem bekannte und starke Marken. Die Kunst nach mehreren Jahren besteht nun darin, einen Gewöhnungseffekt der Zielgruppe zu verhindern, die beim Anblick von Heidi und Taft schon abschalten, da sie es zu oft gesehen haben. Hier muss die Werbung immer wieder überraschend gestaltet werden mit neuen kreativen Impulsen, damit der Konsument auch die Produktbotschaft mitbekommt und Kaufimpulse generiert werden. Dabei ist es auch wichtig, dass Produktinnovationen nicht nur zum Taft-Markenimage passen, sondern auch Heidi Klum eine Glaubwürdigkeit für die einzelne Produktlinie aufweist. Sie kann nicht alles bewerben. Sie steht für Power, Energie und Dynamik. Sensitive Produkte passen unserer Meinung nach weder zum Markenkern von Taft noch zum Markenkern von Heidi Klum. Der Image-Transfer von Heidi Klum auf die Marke ist gelungen und die Marke verkörpert ein modernes Frauenbild. Sich so lange an ein Testimonial zu binden, birgt natürlich Gefahren. Denn was immer Negatives mit Heidi Klum passieren könnte, wird auch einen negativen Effekt auf die Marke haben und könnte die Marke nachhaltig schädigen.

Der Einsatz von Karl Lagerfeld für Schwarzkopf war aus unserer Sicht ebenso passgenau und erfolgreich wie der von Heidi Klum. Karl Lagerfeld war mit Sicherheit der bekannteste Modedesigner mit deutscher Herkunft und stand wie kaum ein anderer auch im Ausland für die eher kreative und ungewöhnliche Seite deutscher Kultur. Die Marke Schwarzkopf mit dem schwarzen Kopf als Scherenschnitt-Logo und einer markenübergreifenden reduzierten Schwarz-weiß-Optik steht für außerordentliche Produktqualität im Beauty-Bereich geprägt durch ein innovatives vertrauenswürdiges und sympathisch-nahbares Image. Um Premium-Zielgruppen anzusprechen und der Gesamtmarke eine differenzierende eher »deutsche« Interpretation von Glamour zu geben, wählte man Karl Lagerfeld, denn die Werte von Karl Lagerfeld und Schwarzkopf ergänzten sich ideal und stellten damit eine glaubwürdige Passgenauigkeit dar.

Um diese stärker glamouröse Seite des Schwarzkopf-Markenimages zu stärken, wurde bewusst keine klassische Werbung gewählt, sondern eine Einbindung von Karl Lagerfeld in die Geburtstagsaktion »111 Jahre Schwarzkopf«. Erstmalig hatte Karl Lagerfeld Haar-Beauty fotografiert und diese Bilder wurden anschließend in einem Museum ausgestellt. Erstmalig wurde auch im Rahmen des Eurovision Song Contest ein Schwarzkopf Pop-up-Store in Düsseldorf eröffnet, der von Karl Lagerfeld gestaltet war. Karl Lagerfelds Farbcodes, die er auch bei seinen anderen Aktivitäten gewählt hat, nämlich schwarz-weiß sind auch offensichtlich die übergeordneten Markenfarben von Schwarzkopf. Das Ergebnis war eine extrem hohe PR-Wirkung mit einer ausgeprägten Glaubwürdigkeit für die Marke. Das Image in den Dimensionen Modernität, Innovation und Beauty konnte sich dadurch weiter verbessern.

Opel hat schon immer sehr gerne mit bekannten Testimonials gearbeitet, mal mehr mal weniger erfolgreich. Im Falle von BVB-Fußballtrainer Jürgen Klopp war es bis heute ein durchschlagender Erfolg. Opel hatte wie andere deutsche Autohersteller kein Bekanntheitsproblem. Opel hatte ein Markenimageproblem und brauchte positiven Imagetransfer von extern. Jürgen Klopp funktioniert deshalb so gut, weil er Glaubwürdigkeit für die Marke Opel ausstrahlt und Werte verkörpert, die die Marke Opel selbst gerne wieder ihr Eigen nennen würde. Er ist gleichzeitig leistungsorientiert, emotional und sympathisch. Kein kalter Techniker, sondern ein Trainer mit Leidenschaft und Emotion, der die Menschen berührt. Opel ist ebenfalls keine kalte Technikmarke, sondern eine Marke aus der Mitte der Gesellschaft. Die neuen Modelle zeigen moderne deutsche Ingenieurskunst, die sich jeder leisten kann. Die Marke ist emotional und sympathisch zu positionieren. Wir haben hier also eine ideale *Passgenauigkeit zwischen den Zielwerten der Marke und des Werbeträgers*.

Dabei kann Jürgen Klopp ruhig polarisieren und emotionalisieren, denn auch das hat Opel in der Vergangenheit immer ausgezeichnet. Für die Kunden bedeutet Jürgen Klopp eine ideale Projektionsfläche, denn wenn er Opel fährt und die Marke gut findet, dann kann auch jeder andere wieder Opel fahren, ohne um sein Image zu fürchten. Jürgen Klopp war in diesem Moment der ideale Markenbotschafter. Dabei ist darauf zu achten, dass in der Werbung die Verknüpfung zwischen Marke und Testimonial sich eindeutig und stark darstellt, damit dieser positive Imagetransfer auch nachhaltig gelingt.

Häufig wird versucht, mit Testimonial-Werbung eine Marke zu retten. Wenn gar nichts anderes mehr geht, der Marktanteil im Keller ist oder nie das Erdgeschoss erreicht hat, dann soll der Prominente es retten. Auch als Zeichen gegenüber dem Handel, dass jetzt richtig etwas passiert und die Regallistung erhalten bleibt. Dabei muss man deutlich differenzieren, ob das Problem überhaupt kommunikativer Art ist oder versucht wird, ein konzeptionelles Problem mit Werbung auszubügeln, was meistens schief geht.

So muss man es augenscheinlich auch bei der Herrenkosmetikmarke Right Guard beobachten, an die sich heute in Deutschland womöglich kaum noch jemand erinnert. In Kapitel 3.1 haben wir bereits beschrieben, dass der Launch einer neuen Körperpflegemarke für Herren nur dann erfolgreich sein kann, wenn das Konzept sich gegenüber dem Wettbewerber differenziert und relevant ist.

4.3 Keine Logik zwischen Marke und Marketing-Mix

Schauten wir uns Right Guard im Regal an, dann ließ sich unserer Meinung nach kein ausreichend signifikanter Unterschied zum Wettbewerb feststellen, der eine Einzigartigkeit demonstrieren würde, aufgrund derer die Zielgruppe von ihrer jetzigen Deo- oder Duschpflegemarke zu Right Guard wechseln sollte. Um den Verkauf anzukurbeln, setzt man augenscheinlich auf Testimonial-Werbung mit dem Fußballstar Bastian Schweinsteiger, der in allerlei Werbemedien das Deo anpreist.

Mehrere Probleme verhindern aus unserer Sicht, dass die Konkurrenz sich vor dieser Kampagne fürchten muss.

Right Guard war eine in Deutschland eher junge und unbekannte Marke. Der Aufbau einer Körperpflegemarke in der aktuellen Wettbewerbssituation bedarf enormer Mittel, um überhaupt über die verschiedenen Kanäle hinweg Bekanntheit aufzubauen. Der Hoffnung, dass der Einsatz eines Testimonials dies schneller leistet, steht der Vampir-Effekt gegenüber. Es blieb unserer Meinung nach in der Right-Guard-Werbung eher Bastian Schweinsteiger in der Erinnerung und weniger die neue Marke.

Die Verbraucher kaufen kein Deo, nur weil Bastian Schweinsteiger es bewirbt, sie wollen schon wissen, warum dieses Deo besser sein soll als die Produkte der Konkurrenz und warum sie das Risiko eingehen sollten von Marken wie Nivea oder anderen zu Right Guard zu wechseln. Schaute man sich die Right-Guard-Werbung an, waren wir nicht in der Lage, solche Gründe eindeutig herauszuarbeiten. Die Plakatwerbung zielt darauf ab, dass »richtige Männer« Right Guard verwenden. Ob Männer, die Nivea verwenden, sich wohl als »nicht richtige« Männer fühlen?

Wir kommen zu dem Schluss, dass aufgrund des mangelnden Marken-USP auch ein Bastian Schweinsteiger es schwer haben wird, einen deutlichen Effekt beim Abverkauf durch Fernsehwerbung zu erzielen.

Vielleicht können Preis-Promotions den Absatz im Handel kurzfristig stimulieren, aber der Aufbau einer neuen Marke kann nicht durch Testimonial-Werbung alleine geleistet werden, und ein prominentes Testimonial kann selten die Fehler, die konzeptionell gemacht werden, ausbügeln. So verschwand die Marke auch nach einigen Jahren wieder aus der deutschen Handelslandschaft.

Mismatch zwischen Marke und Testimonial
Ein besonders häufiger Grund für die Erfolglosigkeit von Testimonial-Werbung ist aber der Mismatch zwischen Marke und Testimonial. Jedes prominente Testimonial hat eigene Markenwerte, die sich aus der Positionierung ihrer Persönlichkeit ableiten lassen. Ist die Schnittmenge zwischen diesen Werten und den Werten der beworbenen Marke zu gering, ist die Marke für den Verbraucher nicht mehr glaubwürdig.

Es ist durchaus sinnvoll, dass das Testimonial Werte verkörpert, die die Marke nicht ausreichend hat, die aber fortan dem Markenimage addiert werden oder stärker entwickelt werden sollen. Jedoch hängt die Wirkung der Werbung extrem von der Passgenauigkeit und der Glaubwürdigkeit sowie dem Differenzierungsgrad ab.

Wenn ein Prominenter heute für eine Marke x und morgen für die Konkurrenzmarke y wirbt, kann das nicht gut gehen, auch wenn Monate oder Jahre dazwischen liegen, es sei denn man hat die Werbung gar nicht wahrgenommen. Wenn ein Testimonial heute für Diätprodukte wirbt und morgen für Grillwürstchen wird das ebenfalls wenig zielführend sein.

Es gibt also jede Menge Aspekte zu beachten, damit sich die erhöhten Kosten eines prominenten Testimonials auch rechtfertigen lassen. Wir haben auch in der Praxis häufig erlebt, dass es persönliche Präferenzen für einen Star gibt und die damit verbundenen Gelegenheiten und Annehmlichkeiten zu einem Vertrag geführt haben. Um diesen Effekt auszuschalten, empfiehlt es sich, eine nüchterne Analyse von Marke und Testimonial vorzuschalten, auch mit Hilfestellung der Marktforschung, die sehr schnell herausfinden kann, ob es eine Passgenauigkeit zwischen Marke und Werbeträger gibt und welche Einstellung die Verbraucher generell zum entsprechenden Werbeträger aufweisen.

Ein anderes Themenfeld ist der Einsatz von prominenten Testimonials außerhalb ihres Bekanntheitsfeldes. Dies kommt häufig vor, wenn Stars in einem Land hohe Bekanntheit genießen und in anderen Ländern nicht. Aus unserer Sicht empfiehlt sich ein Einsatz nur, wenn die gleiche Person in anderen Ländern auch als unbekanntes Testimonial funktionieren kann, also zum Beispiel als einfaches Modell. Mehrere unterschiedliche Werbefilme rechnen sich nur, wenn das Umsatzvolumen groß genug ist und die Marke das tragen kann.

Für den Aufbau einer globalen Marke empfiehlt es sich eher, bei einer neutralen Kampagne zu bleiben oder diese unabhängig von einem prominenten Testimonial zu konzipieren, es sei denn, es gelingt, ein global glaubwürdiges und zugkräftiges prominentes Testimonial zu finden, wie zum Beispiel George Clooney in der Nespresso-Werbung.

Kommt die Agentur oder Ihr Team mit der Idee eines prominenten Werbeträgers, lassen Sie Ihre Marketingmitarbeiter, die Marktforschung und die Agentur zunächst ihre Hausaufgaben machen und die kritischen Punkte und Risiken untersuchen. Dabei gibt es immer ein Risiko, dass die Werbefigur durch negative Verhaltensweisen der Marke einen Imageschaden zufügt. In diesem Fall brauchen Sie ein gutes Krisenmanagement, um entsprechend schnell zu reagieren. Dieses Risiko lässt sich bei keinem Testimonial ausschalten, ist aber aus unserer Sicht auch kein Grund, generell keine Werbung mit bekannten Persönlichkeiten zu konzipieren.

In der heutigen Zeit sind viele Gründer und Gründerinnen ihr eigenes Testimonial. Das führt vom Start weg zu hoher Glaubwürdigkeit, unter der Voraussetzung, das das Marken- und Produktkonzept relevant ist und sich differenziert. Eine Gründerin ersetzt kein relevantes Konzept.

Wenn es aber passt, dann hebelt es besonders gut, wie man bei dem schon beschriebenen Beispiel von IT Cosmetics und auch Honest Beauty mit Jessica Alba als Gründerin und Testimonial in der Kommunikation sehen kann. Die Kombination aus Gründerin und Testimonial in der Kommunikation liegt sehr im Trend. Es stellt sich jedoch die Frage, wie nachhaltig der Erfolg ist oder ob sich nach einer gewissen Zeit Ermüdungserscheinungen der Zielgruppe einstellen, die dann zum nächsten Gründerkonzept wandern. Die Lebenszyklen werden immer kürzer und es bedarf immer neuer Ansätze, um eine personifizierte Marke mit Produktideen zu füllen. Denn wenn man das Konzept als Konsument einmal gekauft hat, dann erwartet man besonders in der von Innovationen geprägten Kosmetikindustrie stetig neue einzigartige Impulse. Daran scheitern nicht nur Gründermarken, sondern auch viele Marken, die sich in einem Livestyle- und Fashion-Umfeld bewegen.

> **Schlussfolgerung 9**
> Perfektion im Detail ist gefragt, um starke Markenwelten aufzubauen!

Nicht nur in der Kosmetikindustrie ist Perfektion in der Ausgestaltung der Kommunikation wichtig. Häufig haben wir gehört, dass das »Herumdoktern« an kleineren Details unnötig sei, denn das bekommt der Konsument beim Betrachten des Werbemittels so schnell doch gar nicht mit.

Wir wissen zwar, was ein Konsument in den zwei Sekunden beim Betrachten einer Printanzeige oder eines TV-Spots kognitiv mitbekommt, aber wir wissen noch nicht, was sein Unterbewusstsein registriert und wie sich das in ein Gesamtbild und ein Gesamturteil der Werbung zusammenfügt. Daher ist es aus unserer Sicht unerlässlich, auf die kleinsten Details zu achten, denn die Gestaltung und Ausführung eines Werbemittels ist immens teuer und man hat nur ein sehr kleines Zeitfenster, um beim Kunden einen Eindruck zu hinterlassen. Manche Dinge werden beim Betrachten eines Werbefilms kognitiv nicht wahrgenommen, aber unterbewusst verarbeitet und können auf diese Weise die Präferenzen stärken.

Stellen wir uns einen Werbespot zu einem Produkt vor, das auf die Zielgruppe Kinder und Jugendliche ausgerichtet ist, zum Beispiel einen Pausenriegel. Es werden zwei Werbespots entwickelt. Der eine zeigt die Mutter auf der Terrasse eines schönen Einfamilienhauses und das Kind beim Spielen auf dem Rasen. Die Mutter gibt dem Kind den Pausenriegel und der Sprecher erklärt im Hintergrund die Produkteigenschaften und vorzüge.

Der zweite Film hat exakt die gleiche inhaltliche Abfolge, doch sieht man beim Schwenk mit der Kamera, dass im Hintergrund der Vater das Fahrrad des Kindes repariert. Aus unserer Sicht ist mit großer Wahrscheinlichkeit diese Variante des Films erfolgreicher, obwohl kaum eine Konsumentin der Zielgruppe in einer Befragung den Vater zurückspiegeln wird. Der Vater, der das Fahrrad repariert, bewirkt jedoch bei der Zielgruppe der Mütter höchstwahrscheinlich Emotionen der Geborgenheit und Vertrautheit. Positive Werte, die sich darüber hinaus positiv auf das Produkt übertragen können und damit zu einer positiveren Gesamtwertung führen werden.

Achten Sie darauf, dass die intendierte Markenpositionierung mit allen Sinnen im Detail verarbeitet werden kann und untermauert wird. Dabei spielen Symbole, Farben und Verhaltensweisen eine besondere Rolle im Aufbau von Emotionen auch über das Unterbewusstsein.

> **!** **Schlussfolgerung 10**
> Wenn das Produkt- oder Markenkonzept gut ist, entwickelt auch die Marketingagentur zügig eine gute Werbung.

Briefing der Marketingagentur
Häufig wird über die Agentur geschimpft, dass sie nicht in der Lage sei, eine großartige Kampagne für das Produkt zu entwickeln. Wenn man aber mit neutralem Blick in den Prozess einsteigt, erkennt man zuweilen, dass es am Produkt selbst liegt, das zu wenig für eine neue Kampagne hergibt, oder – noch viel häufiger – das Briefing nicht eindeutig und meistens ohne Fokus ist.

Unserer Erfahrung nach lässt sich ein differenzierendes Produktkonzept oder eine eindeutig positionierte Marke mit ausreichender Relevanz zügig und ohne große Probleme in einer Kommunikationskampagne vermarkten. Wenn Ihre Agentur Runde um Runde dreht, ohne eine kreative Kampagne auf die Beine zu stellen, dann kann dies zwei Ursachen haben: Die Agentur ist nicht geeignet für diese Aufgabe oder das Briefing ist mangelhaft und das Produkt kritisch. In einer solchen Situation ist es hilfreich, sich noch einmal dazu zu zwingen, das Produkt- oder Markenkonzept in einem Satz auszuformulieren, ebenso die Botschaft, die man im Markt penetrieren will. Wenn das schon nicht gelingt, dann müssen Sie zurück auf Start und können froh sein, dass es noch vor der Produktion der teuren Werbemittel passiert ist.

Es muss weiterhin im Briefing klar werden, auf was sich die Kampagne fokussieren soll. Welche Eigenschaften der Marke und des beworbenen Produkts möchten Sie in den Vordergrund stellen, vielleicht auch, um das Image der Marke entsprechend zu verändern? Seien Sie drastisch eindeutig und reduzieren Sie das Briefing an die Agentur auf eine DIN-A4-Seite. Alles andere lenkt sowohl Strategen und Kreative nur ab. Verlassen Sie sich auch nicht darauf, dass die Werbeagentur Ihnen die Strategiearbeit abnehmen kann. Das können nur noch wenige qualifizierte und talentierte Strategen in der heutigen Agenturlandschaft. Freuen Sie sich, wenn Sie einen qualifizierten Sparringspartner in der Agentur haben, aber stellen Sie sich auch darauf ein, dass Sie diesen Job alleine machen müssen und auch sollten.

Wir sind der Meinung, dass eine Agentur als Sparringspartner bei der Markenstrategie fungieren sollte, die Verantwortung und die Führung der Marke liegt jedoch ausschließlich beim Kunden. Was man aber erwarten sollte, ist eine kreative und schlüssige Kampagne auf Basis eines eindeutigen Briefings. Wir halten auch nichts davon, dass Werbeagenturen sich zu Unternehmensberatern entwickeln oder – aus ihrer Sicht – zurückentwickeln. Der USP der Werbeagentur ist die kreative Umsetzung des Briefings in eine effektive Kampagne möglichst über alle Werbeträger hinweg als schlüssiges Konzept. Diesen USP sollten die Agenturen stärken, statt sich auf andere Felder zu kaprizieren. Das wäre nämlich so, als würde eine Marke ihr Kernterritorium verlassen und sich damit nachhaltig verwässern. Zusammenfassend kann man sagen: Wenn die Werbung schlecht wirkt, dann ist der Kunde verantwortlich dafür und nicht die Werbeagentur.

Präsentation der Werbeidee
Wir bekamen einmal eine Agentur-Präsentation zu einer konkreten TV-Werbung. Die Aufarbeitung und Wiederholung des Briefings war ungefähr zehn Seiten lang, die Strategie zwanzig Seiten, die Herleitung noch einmal zehn Seiten und dann nach einer Stunde bekam der Kreativ-Chef endlich die Gelegenheit, das Story Board zu präsentieren. Es war nicht nur die Luft raus, sondern der Kopf überhaupt nicht mehr frei, dieses Board möglichst unbefangen und mit der einfachen Brille des Kunden zu betrachten. Vor lauter Bäumen konnte man den Wald nicht mehr sehen und vor allem nicht mehr beurteilen.

Wir bevorzugen Agentur-Präsentationen zu neuen Werbekampagnen, die direkt mit der Werbeidee starten. Denn wenn man die nicht in 30 Sekunden versteht und nachvollziehen kann, wird auch kein Kunde sie verstehen und schon gar nicht daraufhin das Produkt erwerben. Machen Sie sich frei von den ganzen unnötig langen Präsentationen und verlangen Sie, dass die Dinge kurz und auf den Punkt formuliert werden und die Kampagnenidee im Vordergrund steht. Das mag zwar der Agentur nicht gefallen, denn sie mögen glauben, dass sie dann nicht kompetent und strategisch genug erscheinen, aber es geht um die Inhalte und nicht um die Verpackung.

Wenn es um eine grundsätzliche Markenpositionierung geht, erfordert das natürlich eine intensivere strategische Auseinandersetzung, aber diese Arbeit sollte weit vor der Präsentation der Werbeidee erledigt sein.

> **Schlussfolgerung 11** !
> PR hat eine hohe Glaubwürdigkeit und ist ihr Geld wert!

Zeitschriften und Zeitungen als Meinungsbildner

Die Freundin eines der Autoren bekommt regelmäßig von ihrer Mutter Werbung und Artikel aus der Apotheken-Umschau vorgelegt, der die Mutter absolute Glaubwürdigkeit schenkt. Es ist sozusagen ihr »Gesundheitsgesetz«. Die stärkere redaktionelle Aufbereitung und PR im Vergleich zur klassischen Werbung schafft diese Glaubwürdigkeit. Jetzt mag die Zielgruppe der älteren Dame ein Sonderfall sein und die Jugend sich weniger von Zeitschriften beeinflussen lassen, aber auch in der Zielgruppe der jungen Menschen gibt es Beeinflusser, zum Beispiel Blogger, die über PR-Instrumente von Seiten des Markenartiklers eingesetzt werden können. Aus unserer Sicht kann man redaktionelle Beiträge zum Markenportfolio gar nicht hoch genug bewerten und sollte sich enorm darum bemühen, dass klassische Werbung durch zielgerichtete PR ergänzt und unterstützt wird.

In den meisten Zielgruppen gelten Zeitschriften und Zeitungen immer noch als Meinungsbildner, auch im digitalen Zeitalter – ähnlich wie das Empfehlungsmarketing im Internet. Diese Kräfte sollten Sie gezielt für Ihre Marke nutzen. Wir müssen aber begreifen, dass Journalisten nicht dazu da sind, PR-Artikel für ein Unternehmen zu verfassen, und dies auch nicht dürfen: Ihre Aufgabe ist stattdessen die saubere Recherche. Ohne neutralen Mehrwert für den Leser kann es auch keine gute PR geben.

Nur mit dieser grundsätzlichen Haltung dem Journalismus gegenüber kann eine gute Zusammenarbeit funktionieren. Wir haben es oft erlebt, dass Journalisten gerne gesehen sind, wenn sie über jemanden persönlich oder über eine Marke etwas Positives schreiben, man aber befürchtet, sie könnten etwas Kritisches verfasst haben, und infolgedessen auf Distanz geht. Positive PR für Ihr Unternehmen und für Ihre Marken funktioniert nur dann, wenn Sie Journalisten etwas Interessantes an die Hand geben können, worüber es sich lohnt zu schreiben. Je spektakulärer und begehrter der Input ist, desto einfacher und wahrscheinlicher ist es, eine positive Resonanz für das Unternehmen und Ihre Marke in der Presse zu generieren.

Für die Geburtstagsaktion »111 Jahre Schwarzkopf« wurde ein sehr hochwertiges »Coffee Table«-Buch rund um das Thema Haare kreiert, das unter anderem auch künstlerische Fotostrecken beinhaltete. Für einen besonders exklusiven Auftritt wurde Karl Lagerfeld als Fotograf verpflichtet und es entstanden bemerkenswert eindrucksvolle Fotos, die sogar in einem Museum in Düsseldorf ausgestellt wurden. Zur Geburtstagsgala in diesem Museum wurde auch Karl Lagerfeld eingeladen. Natürlich war die Berichterstattung über den Abend mit einem solchen Stargast sehr umfangreich. Für eine ausgewählte Zahl von deutschen Journalisten konnten an diesem Tag Exklusivinterviews mit Karl Lagerfeld organisiert werden. Es ist für Journalisten schwer, einen solchen Termin mit Karl Lagerfeld zu bekommen, und entsprechend nachgefragt war diese Gelegenheit. Dass die Präsenz der Marke Schwarzkopf in allen Artikeln und Medien gegeben war, versteht sich durch den Anlass von selbst. Wäre die Geburtstagsaktion ohne einen Star der Güteklasse Karl Lagerfelds abgelaufen, der Umfang der

Berichterstattung in der Presse wäre deutlich geringer ausgefallen und die meisten Konsumenten hätten die Marketingaktion wahrscheinlich gar nicht mitbekommen.

Es ist wichtig, ein gutes Verhältnis zur Presse aufzubauen und Gelegenheiten zu schaffen, die eine positive Berichterstattung über Ihre Marke ermöglichen. Dabei können Sie dieses Thema selbst steuern oder eine PR-Agentur zuhilfe nehmen. Beide Wege können zum Erfolg führen. Das Zwischenschalten der Agentur hat den Vorteil, dass diese meistens die Journalisten und Verlagsleiter besser kennen, denn sie haben über Jahre Beziehungen aufgebaut und können sehr gut beurteilen, was für einen Journalisten interessant ist und was eher weniger.

Verhalten bei »Shitstorms«
In Krisensituationen, wie bei einem sogenannten »Shitstorm« im Internet, bei dem in kürzester Zeit negative Berichterstattung in großem Umfang über Ihre Marke verbreitet wird, gilt es, nüchtern zu analysieren, wie man mit der Situation umgeht und wie man sie deeskalieren kann. Gerade bei Social-Media-Plattformen kommt es häufig vor, dass die Fans bei Kritik von anderen Teilnehmern selbst reagieren und Ihre Marke verteidigen. Als die Haarpflegemarke Syoss (»Friseur-Pflegequalität für zu Hause«) in Deutschland eingeführt wurde, haben Friseure dies als Bedrohung ihres eigenen Geschäfts empfunden und teilweise massiv in Internetforen und auf der Facebook-Seite von Schwarzkopf ihrem Ärger Luft gemacht. Es dauerte nicht lange und die Syoss-Fan-Gemeinde reagierte, sprach sich gegen die Kritik aus und verteidigte ihre Marke. Diese *Verteidigung der eigenen Markenfans* ist besser und wirkungsvoller als jede Verteidigungsstrategie von Seiten des Unternehmens. Wenn jedoch die Kommentare unfair werden und die Spielregeln der guten Sitten verletzt werden, sollte man als Hersteller eingreifen und in der Regel wird dieser Eingriff auch von den Beteiligten akzeptiert. Als Hersteller im Internet zu sprechen, bedeutet, sich auch Kritik und Angriffen zu stellen, der Umkehrschluss gilt aber nicht: Nicht zu sprechen verhindert Kritik nicht. Deshalb sollte man eine ganz klare Kommunikationsstrategie für soziale Medien haben, die festlegt, wer mit wem wann spricht.

Wie Sie Ihre Internetseite an den Kundenbedürfnissen ausrichten
Die meisten Markenartikler glauben, dass mit einer Internetseite und einer Facebook-Seite der Job der digitalen Präsenz getan ist und die Seiten nur häufig genug frequentiert werden müssten. Dem ist jedoch in den meisten Fällen überhaupt nicht so. Denn Verbraucher suchen im Internet nicht nach Werbung, sondern nach Informationen und nach Mehrwert oder Unterhaltung und Abwechslung, sonst lohnt es sich nicht, Zeit auf einer Markenseite zu verbringen. Dies ist eine fundamentale Erkenntnis und man hat das Gefühl, dass noch nicht alle Markenartikler dieses Prinzip verinnerlicht haben.

Bietet Ihre Marke von sich aus schon High-Interest-Potenzial, können Sie sich perfekt an den Inhalten ausrichten. Hat der Konsument eher Interesse an einer Produktkategorie und will dann erst etwas über die verschiedenen Marken erfahren, müssen Sie ihn anders abholen.

Die Internetseite von Schwarzkopf hatte bis vor wenigen Jahren kaum Interessenten und wurde eher selten angesehen und wenn, dann war die Verweildauer gering. Spricht man mit der Zielgruppe, sucht diese vor allem nach Lösungen für ihre Haarprobleme oder nach Informationen zur Frisurengestaltung. Das Produkt oder die Marke ist zunächst zweitrangig Deswegen hatten allgemeine, nicht von Herstellern getriebene Haar-Internetseiten wie zum Beispiel Hairweb.de den viel größeren Zuspruch. Denn man versprach sich hier ausreichend Information rund um das Thema Haar und eine Haar-Beratung. Eine große Haar-Community gibt es auch auf Seiten zum Thema Kochen, denn hier trafen sich vor allem Frauen, die sich gleichzeitig über ein ebenso dringliches Thema wie Kochen und Essen, nämlich über das Thema Haare unterhielten. Es wurde also weniger Schwarzkopf als Marke bei Google eingegeben, um etwas über das Thema Haar zu finden, stattdessen wurde zum Beispiel nach den Stichworten: »kaputte Haare« oder »kein Haarvolumen« gesucht.

Hier lief also die Kommunikation an den Herstellern nahezu komplett vorbei. Einige Hersteller haben das damit kompensiert, dass sie auf Google die Konsumenten mit Werbung angesprochen haben, was zwar dazu führte, dass diese auf die Markenseite gelangten, aber sie auch schnell wieder verließen.

Die Chance für eine Haarkosmetikmarke wie Schwarzkopf liegt darin, im Netz als kompetenter Berater für alle Haarthemen aufzutreten und die eigentlichen Produkte hintanzustellen, um sich erst einmal mit den aus Konsumentensicht relevanten Themen zu beschäftigen. Jedoch liegt es nicht in der Kernkompetenz eines klassischen Marketingteams, sich journalistisch zu betätigen und die Themen so aufzuarbeiten, dass sie wie in einer Frauenzeitschrift locker, leicht und doch informativ rüberkommen.

Die Internetseite von Schwarzkopf wird daher journalistisch gestaltet – nach exaktem Themenbriefing der Markenverantwortlichen. Aber auch das allein reicht nicht aus. Denn um gefunden zu werden und bei Google inhaltlich auf die erste Seite zu kommen, bedarf es einer genauen Keyword-Analyse und einer speziellen Aufarbeitung der Texte hinsichtlich dieser Zielsetzung.

Für eine erfolgreiche Marken-Internetseite brauchen Sie also einen Fachmann oder eine Fachfrau, die eine exakte Bedürfnisanalyse erstellt, um herauszufinden, was in Ihrem Branchen- und Markenfeld interessiert und aktiv gesucht wird und wo auch die Verweildauer ausreichend ist. Über diesen Hebel muss eine Content-Seite für eine Marke aufgebaut werden, also nicht über die Marke selbst, sondern *über den relevanten Inhalt*, der im zweiten Schritt zu Ihrer Marke führt, aber eben erst im zweiten Schritt.

Sie brauchen ein Team, das die geforderten und vom Verbraucher gewünschten Inhalte redaktionell aufbereitet, sodass sie eben genau nicht nach Produktwerbung aussehen, sondern inhaltlich hochwertigen Content bieten, der zum langen Verweilen auf der Seite führt. Dann brauchen Sie einen *Search-Engine-Experten*, der die Texte so prüft und korrigiert, dass Ihre Seite einfach und direkt bei Google gefunden wird und möglichst häufig mit anderen Links verknüpft wird, damit ausreichend viele Wege auf Ihre Seite führen. Am Ende brauchen Sie noch einen guten Techniker, der dafür sorgt, dass Ihre Seite auch schnell und einwandfrei funktioniert.

Natürlich werden beim Content-Marketing auch die Marke und die jeweiligen Produkte integriert. Nach den inhaltlichen Abschnitten führt die Internetseite den Besucher auf Ihre Marke, die eine Lösung passgenau zu dem Thema anbietet, das vorher ausgeführt wurde. Das hat den Vorteil, dass das Markenangebot einer logischen Argumentation folgt, die es dem Konsumenten leichter macht, sich auf die Marke einzulassen. Der weitere große Vorteil besteht darin, dass Sie eine nachhaltige Beziehung zwischen dem Konsumenten und Ihrer Marke aufbauen. Sie entwickeln auf diese Weise Schritt für Schritt ein »Advocacy System« mit echten Marken-Advokaten, die ihre Bemühungen zu schätzen wissen und andere Konsumenten wiederum positiv beeinflussen. Das Gleiche gilt übrigens für die Kommunikation auf Facebook und Instagram. Bei den meisten Markenseiten hat man das Gefühl, es handelt sich um eine verlängerte Promotion-Seite, auf der ständig irgendwelche Werbe- und Preisaktionen angepriesen werden.

Versuchen Sie darüber hinaus, Inhalte oder Unterhaltung zu bieten, also echten Mehrwert, und seien Sie authentisch. Man merkt es häufig, wenn eine Seite von einem externen Team betreut wird. Viel authentischer ist die Pflege der Facebook- oder Instagram-Seite von der eigenen Mannschaft, die übrigens jede Menge durch die Kundenkontakte lernen kann und Consumer Insights generiert, die wiederum in die Produkt- und Service-Entwicklung einfließen können.

Je mehr Erfahrungen wir mit der digitalen Ausprägung des Marketings gesammelt haben, desto eher glauben wir, dass klassische Bannerwerbung als störend empfunden wird und die Gestaltung eine hohe Sensibilität erfordert. Gut aufbereite Inhalte, die dem Konsumenten echten Mehrwert bieten, gute Unterhaltung und vor allem Bewegtbild-Information, die einfache Emotionen transportieren kann, sind die Zukunft des digitalen Marketings. Der technische Aspekt des »Big Data« kann dabei unterstützend wirken, ersetzt jedoch die inhaltliche Aussage in keiner Weise. Es kommt darauf an, die Erlebniswelt der Marke ins Internet zu verlängern und möglichst konsistent diesen Kanal für die Markenbindung zu nutzen.

Die aktuelle Diskussion über die Renaissance des klassischen Brand Buildings in Abgrenzung zur Performance-Marketing-Fixierung ist aus unserer Sicht nötig. Unternehmen wie Adidas reflektieren, dass sie zu viel in digitale Werbung investiert haben, und setzten stattdessen wieder stärker auf Brand Marketing um die Online-Verkäufe zu steigern.

Man muss sich immer vor Augen führen, dass Brand-Marketing die Marken-»Herdplatte« erwärmt und in anderen Gehirnregionen wirkt als kurzfristige Abverkaufs-Stimulation.

Dies zeigt auch eine kürzlich veröffentlichte Umfrage des britischen World Advertising Research Centers unter fast 800 Marketern weltweit. Dabei gaben 70 Prozent der Befragten an, dass Werbungtreibende zuletzt zu stark in Performance und zu wenig in Brand Building investiert hätten.

Beobachten Sie einfach selbst Ihr digitales Verhalten, auch wenn Sie nicht zu den »Digital Natives« gehören. Die Alterspyramide spricht für Sie und auch wenn die Generation 40 plus immer digitaler wird, geht sie trotzdem anders mit dem Internet um als die heute 15-Jährigen. In einem Interview mit Sebastian Vettel haben wir gelesen, dass er den ganzen Hype um das Internet nicht nachvollziehen kann und sich an Diskussionen auf Facebook und Twitter nicht beteiligt. Vielleicht gibt es ja zum aktuellen Mitteilungsbedürfnis auf den sozialen Medien bald einen Gegentrend, der wieder zu mehr Stille führt. Vielleicht kommt nach Facebook & Co. der Gegentrend und man spricht wieder stärker persönlich mit seinen Freunden.

> **Schlussfolgerung 12**
> Sex sells!

Kann es sein, dass eine Frau – also der weibliche Teil des Autorenteams – vehement diese These vertritt? Vielleicht sollte hier der Psychologe des Autorenduos zu diesem biologischen Faktum Stellung nehmen und dazu, wie man es der heutigen Zeit entsprechend einsetzt.

Wie der Psychologe des Autorenteams bestätigen wird, beruht ein großer Teil unserer emotionalen Verdrahtung auf der Tatsache, dass wir uns biologisch reproduzieren. Und deshalb bleiben sexuelle Reize nach wie vor unabdingbar im Repertoire dessen, was wir Schlüsselreize nennen. Und daher werden sie auch nach wie vor gerne eingesetzt, wenn es darum geht, spontane Aufmerksamkeit mehr oder minder unspezifisch zu generieren. Dies gilt in der entsprechenden Ausformung für beide Geschlechter.

Zweifellos bestehen aber auch grundlegende Unterschiede zwischen den Geschlechtern, was die bereits erwähnte Verdrahtung angeht. Und hier sehen wir noch sehr große Möglichkeiten, was das Thema »Gender Marketing« angeht, also das explizite Eingehen in den Marketingprogrammen auf die geschlechtsspezifischen Gegebenheiten von Männern und Frauen. Wir werden in wenigen Abschnitten noch einmal darauf eingehen.

> **Schlussfolgerung 13**
> Der Umgang mit Schönheit und Ästhetik.

Wollen wir in der Werbung träumen und Überhöhung sehen oder wollen wir die Realität erleben? Um es direkt vorweg zu sagen: beides funktioniert. Diese Fragestellung lässt sich im Beauty-Bereich zum Beispiel an der Kommunikation von L'Oréal und

Schwarzkopf gegenüber der Marke Dove darstellen. Werbung, die nach Auffassung der Autoren mit überhöhter, nahezu perfekter Schönheit agiert, steht Werbung gegenüber, die an der Realität orientiert ist.

Generell glauben wir, dass Werbung vor allem mit bewegten Bildern Aspiration ausstrahlen muss, um Emotionen zu kreieren, die wiederum dafür sorgen, dass die Kommunikation nachhaltig im Gedächtnis bleibt und sich Präferenzen bilden. Dabei sind verschiedene Formen der Überhöhung möglich. Der Mensch möchte träumen und sich von seinen Wunschvorstellungen inspirieren lassen. Dabei ist er sich der Überhöhung kognitiv durchaus bewusst.

So funktioniert der Maximal-Ansatz
Wenn in einem Werbespot für ein Haarshampoo so glänzende und voluminöse Haare gezeigt werden, die eine normale Frau nicht hat und auch nie haben wird, fragt man sich, warum das Produkt trotzdem aufgrund der Werbung von der Konsumentin probiert wird? Hier kommen zwei psychologische Wirkprinzipien ins Spiel: die Hoffnung, die die Erfahrung übersteigt, und der »Maximal-Ansatz«. Getrieben von dem Wunsch nach Schönheit und Attraktivität hoffen die meisten Konsumentinnen, dass jedes neue Schönheitsprodukt sie ihrem Ziel näher bringt, auch wenn sie bisher die Erfahrung gemacht haben, dass sie die glänzenden Haare aus der Werbung nicht ein-zu-eins erhalten. Man gibt die Hoffnung trotzdem nicht auf, dass man mit der nächsten Innovation seinen Wunschhaaren zumindest etwas näher kommt.

Der Maximal-Ansatz beschreibt die Denkweise von Konsumenten, nach der es schon als Erfolg bewertet wird, wenn sich auch nur ein Teil der gezeigten Ergebnisse für einen selbst realisieren lässt. Der Rest passiert unserer Meinung nach im Unterbewusstsein, das Wünsche und Sehnsüchte steuert und enormen Einfluss auf die Kaufentscheidung hat.

Die Kampagne »Real Beauty« von Dove
Die Dove-Körperpflege-Kampagne »Real Beauty« funktioniert dagegen als psychologische Entlastung. Frauen spüren eine Erleichterung, endlich in der Werbung keine Testimonials mehr zu sehen, deren Äußeres für sie unerreichbar scheint, sondern Frauen wie du und ich mit kleinen Schönheitsfehlern, Frauen also, mit denen man sich gut identifizieren kann. Dabei hat Dove den Vorteil gehabt, sich damit nicht nur im Markt von allen anderen differenzieren zu können, sondern auch einen Consumer Insight identifiziert zu haben, der hoch relevant ist. Interessant ist, dass die Kampagne »Real Beauty« nicht in allen Kategorien gleich gut funktioniert. So hat sie die Kommunikation von Körperpflegeprodukten revolutioniert, in der Kategorie Haare jedoch aus unserer Sicht nur mäßigen Erfolg erzielt.

Das hat sicher etwas damit zu tun, dass Anzahl und Struktur der Haare genetisch vorgeben sind. Sie sind weniger stark beeinflussbar, als es etwa bei Körperformen der Fall ist. Am Ende sind Haare aus dem Kopf wachsendes, totes Material, das man pflegen und reparieren kann so gut es geht. Mit purer Kosmetik kann man eben nicht dafür sorgen, dass doppelt so viele Haare entstehen oder aus Locken für immer glattes Haar wird.

> **Beispiel: Von der Dunkelziffer Haare färbender Männer**
>
> Der Mensch strebt nach Ästhetik, auch wenn er nicht immer bereit ist, dies zuzugeben. Wenn Sie eine Fokusgruppe mit Männern zum Thema »graue Haare« durchführen, werden Sie viele Argumente hören, warum graue Haare als schön empfunden werden und auf keinen Fall als Alterszeichen und zurückgehender (sexueller) Attraktivität. Manche argumentieren auch damit, dass George Clooney, das Leitbild des Durchschnittsmannes, graue Haare hat. Wenn das die wirkliche Ansicht der Männer wäre, dürfte die Dunkelziffer der Haare färbenden Männer nicht so groß sein, denn bisweilen werden bis zu 40 Prozent einer klassischen Damencoloration von Männern verwendet – aber nicht von ihnen gekauft, denn dabei könnten sie ja im Drogeriemarkt gesehen werden. Kognitiv und durch den sozialen Druck der Gruppe bedingt entsteht eine Diskrepanz zwischen den Aussagen der Männer und deren tatsächlichem Kaufverhalten. Denn es ist wahrscheinlich jedem Mann bewusst, der nicht das Aussehen von George Clooney hat, dass graue Haare oder Haarverlust ihn älter aussehen lassen können.

In den USA wurden Personalchefs, die für die Einstellung von Bewerbern verantwortlich sind, die gleichen Bewerbungen von Männern vorgelegt: einmal mit Bildern, auf denen die Herren noch volles, dichtes Haar hatten, und einmal mit Bildern, die den Mann mit bereits signifikantem Haarverlust zeigten. Was glauben Sie, wer im Durchschnitt mehr Einladungen zum Gespräch bekam? Es waren ganz klar die Männer mit vollem Haar. Und keinem der Personalverantwortlichen war diese Selektion bewusst, noch wäre dies ein Kriterium gewesen, das sie kognitiv angelegt hätten.

Es zeigt aber, dass wir uns von den Merkmalen der Schönheit und Attraktivität bei unseren Entscheidungen nicht frei machen können, denn sie wirken im Unterbewusstsein. Kennt man diese Mechanismen, kann man jedoch stärker darauf achten, dass sie unsere Entscheidungen nicht zu sehr beeinflussen. So wurden früher bei der Bewerbung eines Violinisten oder auch anderer Musiker für ein Orchester selten Frauen ausgewählt. Als man begann, das Vorspielen hinter einem Vorhang zu organisieren, der den Kandidaten verdeckte, änderte sich das Ergebnis schlagartig und plötzlich qualifizierten sich Frauen mindestens ebenso häufig für den Eintritt ins Orchester.

Heute wissen wir sehr gut, was Menschen verschiedener Weltregionen und Kulturen als schön einstufen. Symmetrische Gesichtszüge zum Beispiel gehören zu den zentralen Schönheitsfaktoren. Sowohl Männer als auch Frauen streben nach Schönheit und Ästhetik, um ihre eigene Attraktivität zu erhöhen. Ein gigantischer Markt für die Kosmetikindustrie. Und wenn Sie Frauen oder Männer in der Marktforschung fragen, warum sie all diese Anstrengungen unternehmen, nur um gut auszusehen, dann werden Ihnen die meisten sagen, dass sie es für sich selbst tun. Das ist absolut richtig, aber sie tun es vor allem auch, um ihre Chancen auf dem Heiratsmarkt zu erhöhen und für das andere Geschlecht attraktiv zu sein. Dies alles, weil die Biologie hier ein großes Wort mitzusprechen hat, denn die sexuell Attraktivsten bekommen auch die besten und potentesten Partner für die erfolgreiche Nachwuchsplanung. Also nutzen wir das Streben nach Schönheit und den Wunsch nach Ästhetik, um Marken und Produkte erfolgreich zu positionieren. Verstecken wir uns also nicht hinter der intellektuellen Argumentation, dass dies nicht mehr zeitgemäß oder sozial unerwünscht sei.

Das Prinzip, Schönheit zu verkaufen, gilt nicht nur für die Schönheitsindustrie, sondern für alle anderen Industrien auch. Warum ist der Fiat 500 das von Frauen am meisten gemochte Auto? Es liegt an seinem Design, das Frauen als schön und »knuddelig« dekodieren, denn es hat viele weibliche Rundungen und ein freundliches Gesicht. Hier wirkt augenscheinlich das »Kindchen-Schema«. Es wirkt aber eben hauptsächlich bei Frauen, Männer bevorzugen andere Autoformen und Attribute (vgl. Häusel, 2007). Nutzen Sie die Erkenntnisse der Geschlechterpräferenzen für die Vermarktung ihrer Produkte!

Einer von uns beschäftigt sich seit geraumer Zeit mit den kulinarischen Präferenzen bei Männern und Frauen. Jeder, der einmal beobachtet hat, mit welchem Tellerinhalt Männer bzw. Frauen im Hotel vom Frühstücksbuffet zurückkommen, wird zwangsläufig den Eindruck gewinnen, dass die Geschmäcker wohl verschieden sind. Forschungen zum Thema der »kulinarischen Codes« zeigen eindeutige Geschlechterunterschiede auf. Tatsächlich lassen sich mit einer speziellen Methodik gastronomische Angebote »am psychologischen Reißbrett« konstruieren, die ganz gezielt auf den Geschmack des männlichen bzw. weiblichen Gastes abzielen.

Betrachten wir die folgenden kulinarischen Angebote, die von einem der Autoren (der selbst eigentlich nur Butterbrote und Spiegeleier kann) nach dieser Methode konzipiert wurden:
- Menu A: Arrangement von Jungpute und gedämpftem Lachs in Limetten-/Chai-Tee-Sud auf Spargel-Ruccola-Beet (optional begleitet von einem gratinierten Kartoffel-Carpaccio)
- Menu B: »American Bullrider«-Steak, direkt aus der Hüfte geschnitten, auf offenem Holzkohlenfeuer gegrillt, mit kernigem Maiskolben und riesigen Präriekartoffel-Wedges, mit ultrascharfer mexikanischer »tongue twister«-Salsa

Wir wissen nicht, welches dieser Angebote Ihnen (als Mann oder als Frau) verlockender erscheint. Tatsache ist, dass sich in einem Marktforschungstest 88 Prozent der Frauen für Menü A (Pute/Lachs) entschieden haben und 71 Prozent der Männer für Menü B (Steak).

Alle verstehen das Ergebnis und halten es für »logisch« – vielleicht denkt auch die Gastronomie einmal drüber nach. Wir würden uns zusammen mit den vielen weiblichen und männlichen Gästen freuen, wenn man auch in diesem Geschäft ein wenig konsumentenzentrierter würde.

> **!** **Schlussfolgerung 14**
> Setzen Sie Babys, Hunde und Katzen erfolgreich in der Werbung ein!

Ist Ihnen schon einmal aufgefallen, warum in so vielen Werbefilmen Babys, Hunde, aber auch Katzen vorkommen, die nicht direkt mit dem Produkt zu tun haben? Wie oben schon beschrieben, lösen diese Figuren in den meisten Fällen positive Gefühle aus, die auf die Marke transformiert werden können oder die zumindest positiv abstrahlen.

Eine Werbung für eine Hautcreme, die besonders hautfreundlich positioniert ist, zeigt ein Baby auf dem Arm der Mutter. Sofort assoziiert unser Gehirn, dass diese Hautcreme besonders zart und sensitiv sein muss, denn diese Gedanken verbinden sich mit dem Anblick des Babys. Der Charakter eines Tieres kann ebenfalls auf die Marke übertragen werden. Beispiele wie der »Tiger im Tank« einer Mineralölgesellschaft, der Kraft ausstrahlt, oder der Jaguar der Automarke Jaguar, der ebenfalls als Symbol für Kraft und Eleganz steht.

Ist die Passgenauigkeit jedoch nicht gegeben, wird sich kein signifikanter Effekt einstellen.

> **!** **Schlussfolgerung 15**
> Behandeln und bauen Sie eine Marke wie eine Persönlichkeit!

Behandeln Sie eine Marke wie eine menschliche Persönlichkeit und verleihen Sie ihr im Marketing-Mix und in der Kommunikation Charakter und eindeutige Codes, die sich in die Erinnerung der Zielgruppe brennen. Dabei gibt es einen Erfolgsfaktor, der heute zuweilen unterschätzt wird: die Kontinuität.

Dass Nivea blau ist, das weiß heute jeder, aber stellen Sie sich vor, es gäbe eine neue Hautpflegemarke, die zum Beispiel die Farbe gelb besetzen will. Es würde Jahre dauern, bis diese Kodierung aufgebaut ist, was bei der heutigen zersplitterten Medienlandschaft ein extrem teures Unterfangen darstellen würde. Um so wichtiger ist es, dass Sie bestehende Markencodes nicht einfach über Bord werfen und im Falle des Aufbaus einer neuen Marke starke Codes entwickeln, die sich schnell erinnern lassen und relevant für die Kategorie und Ihre Marke sind.

Eine Person mit eindeutigen Charaktereigenschaften, die auch durchaus polarisieren kann, erinnert man stärker und baut ihr gegenüber auch eine stärkere emotionale

Bindung auf. Je schärfer das Markenprofil ist, desto stärker grenzt es sich vom Wettbewerb ab und desto eher hat es eine Chance, sich am Markt zu etablieren oder sich erfolgreich weiterzuentwickeln.

Schwierigkeiten mit zu starken Markencodes
Man kann lange diskutieren, ob starke Markencodes irgendwann verhindern, dass die Marke sich weiterentwickelt und Neuigkeiten überhaupt noch wahrgenommen werden oder dass das Markenbild dem heutigen Selbstverständnis der Gesellschaft nicht mehr entspricht. Aus unserer Sicht war zum Beispiel das Verlassen des »Cowboys« als Werbefigur für Marlboro ein Fehler. Kann sich noch jemand an die aktuelle Kampagne erinnern und bekommt jemand diese kognitiv und emotional mit der alten zusammen? Wir nicht. Garantiert hatten Markenstudien gezeigt, dass die Marlboro-Werbewelt veraltet sei und vom Konsumenten keine Neuigkeit mehr wahrgenommen wurde. Statt jedoch die gesamten Codes der Werbewelt über Bord zu werfen, hätte man eine Kampagne finden müssen, die Altes weiterentwickelt und Neues dazu addiert.

Welche Elemente einer Markenwelt erneuert werden sollten und welche erhaltenswert sind, ist die Gretchenfrage in der Markenpolitik. Wenn Traditionsmarken über eine längere Zeit keine ausreichende Rekrutierungsfunktion gegenüber jüngeren Zielgruppen aufweisen und die Marketing-Mix-Elemente zusehends tradieren, dann kann aus Sicht der Autoren eine radikalere Veränderung notwendig sein. So geschehen in den letzten zwei Jahren beim europäischen Marktführer im Beauty-Handel, bei der über 200 Jahre alten Marke DOUGLAS. Hier wurde von einer der Autoren ein radikaler Prozess der Erneuerung eingeleitet unter der Flagge der »#Forward Beauty Strategie«, der alle Aspekte der Marke umfasst.

Eine der Säulen der transformationalen Strategie bezog sich auf die Modernisierung und Premiumisierung der Unternehmens- und Multichannel-Handelsmarke DOUGLAS.

Als sichtbarstes Zeichen der Erneuerung wurde das aus Sicht der jungen Konsumenten antiquierte Logo überarbeitet und dem digitalen Zeitalter angepasst.

Abb. 29 und 30: Entwicklung eines neuen Douglas-Logos (oben das alte, unten das neue Logo)

Quantitative Marktforschung hat gezeigt, dass das neue Logo eine deutliche Verjüngung ausstrahlt, kompetent und als hochwertig empfunden wird, was besonders im Markt der Luxus- und Selektiv-Kosmetik wichtig ist. Eine neue visuelle Markensprache wurde zusammen mit dem Fotografen Peter Lindbergh kreiert und über alle Consumer Touchpoints eingeführt.

Abb. 31 bis 34: Entwicklung einer neuen visuellen Markensprache für Douglas (alle vier Fotografien von Peter Lindbergh)

Die visuelle Interpretation der Marke unterstützt den Anspruch an das Marken-Upgrade und fügt sich harmonisch zum neuen Logo.

Ebenfalls wurde ein neues Store-Design für die circa 2.400 Filialen des Unternehmens entwickelt, dass sich von einer reinen Abverkaufsstätte verabschiedet und ein neue Art des Beauty-Erlebnis-Shoppings bietet.

4.3 Keine Logik zwischen Marke und Marketing-Mix

Abb. 35 bis 38: Neue Store-Designs für Douglas-Filialen

Alle digitalen Kanäle wurden optimiert und folgen dem neuen Markencode. Digitale Erlebnistools, wie der Beauty Mirror, mithilfe dessen man virtuell vor dem Kauf beurteilen kann, wie man mit einem neue Make-up oder Lippenstift aussieht, unterstützen den Erneuerungsprozess.

Die umfassende Transformation der Marke hat in sehr kurzer Zeit dazu geführt, dass das Markenimage sich in den Kerndimensionen signifikant verbessert hat.

DOUGLAS OUTPERFORMS ACROSS KEY PURCHASE CRITERIA
(DOUGLAS GERMANY; IN %)

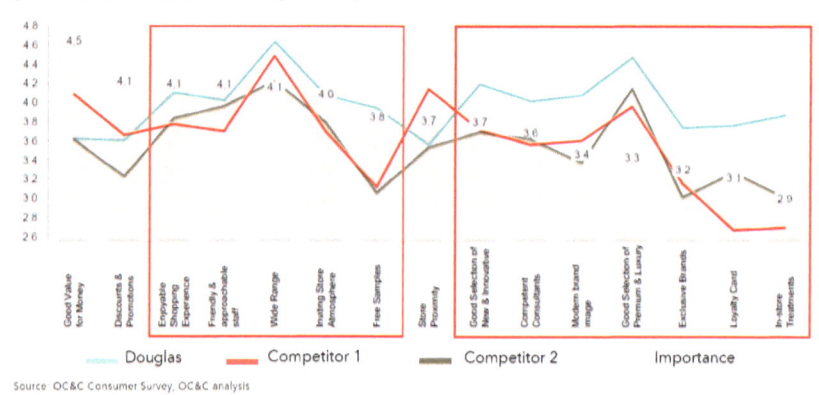

Source: OC&C Consumer Survey, OC&C analysis

Abb. 39: Imagekurve der Marke Douglas im Vergleich zu ihren Wettbewerbern

Der NET PROMOTER SCORE, sicher die härteste Währung im Marketing, denn sie misst die Bereitschaft der Käufer, die Marke weiterzuempfehlen, ist in nur einem Jahr im Bereich Ecom von 47 auf 82 (+ 34,5 %) gestiegen und stationär von 70 auf 79 (+9 %).

Rückblickend braucht es sehr viel Mut, eine derartige Traditionsmarke so radikal und trotzdem markenkerngerecht zu transformieren, und jede Menge Erfahrung. Das Jobhopping und die Halbwertzeit der meisten CMOs und auch CEOs stehen dem häufig entgegen. Das Motto »Neue Besen kehren gut« darf bei einer Marke nicht zu häufig angewendet werden. Denn nach einer radikaleren Transformation ist vor allem Konsistenz und Liniehalten gefragt.

Strategische Preisgestaltung
Der Preis wird nicht durch die Struktur und die Situation des Marktes bestimmt, sondern durch die Einstellung und Erwartung des Konsumenten, wenn er das Angebot beurteilt. Der Preis wird aber auch durch die strategische Positionierung bestimmt, denn ein hoher Preis kann auch zu einem erhöhten Wertigkeitsempfinden beim Verbraucher führen. Frei nach dem Motto: Wer viel fordert, bekommt auch viel. Der Preis ist sicher eines der schwierigsten Marketing-Mix-Elemente und muss sehr eng auf das Produktkonzept abgestimmt sein, denn ein Konzept kann relevant und differenzierend sein und am Ende zum Flop werden, weil es die falsche preisliche Ausgestaltung hatte. Fragen Sie einmal Ihre Bekannten, was ein Shampoo kostet oder der Schokoriegel Ihrer Lieblingsmarke. Sie werden staunen, wie wenige den genauen Preis ihrer häufig benutzten Marken kennen, und genau das erlebt man auch in Marktforschungstests zum Thema Preisgestaltung.

4.3 Keine Logik zwischen Marke und Marketing-Mix

Wie entscheidend der Preis sein kann, erlebte man in den vergangenen Jahren an der schon beschriebenen neuen Kategorie von professionellen Haarkosmetikprodukten, die zu einem Preis eingeführt wurden, den sich jeder leisten konnte. Glauben Sie, dass das Konzept den gleichen Erfolg gehabt hätte, wäre der Preis statt 3,99 Euro vielleicht 6,99 Euro gewesen? Ist nicht gar der Preis das hauptsächliche Differenzierungsmerkmal dieses Profi-Haarkosmetiksegments? Aus unserer Sicht ist diese Frage mit einem klaren Ja zu beantworten. Haarkosmetik in Profiqualität zu einem Premiumpreis gab es bereits im Drogeriemarkt, ein Segment ohne Marktanteil. Wenn man die Marke Pro Care (siehe Kapitel 3.1) mit einem Preis von 6,99 Euro einführt, würde sie sich zu wenig vom Wettbewerb differenzieren und hätte nur eine sehr geringe Chance auf Erfolg. Die Einzigartigkeit des ersten Profi-Shampoos für zu Hause war der erschwingliche Preis von 3,99 Euro, den sich jeder leisten konnte. Endlich war es möglich, sein Haar mit Friseur-Qualität zu pflegen, ohne den Friseurpreis dafür zu zahlen. Daraus resultiert die ungebrochene Attraktivität dieses Angebots.

Der richtige strategische Preis war hier neben der Gestaltung des Marketing-Mix der wesentliche Erfolgshebel. Der Preis von 3,99 Euro hat das Belohnungszentrum im Gehirn aktiviert, denn man hatte das Gefühl, ein hochwertiges Produkt zum Schnäppchenpreis zu bekommen.

Bei dieser strategischen Preispositionierung gibt es aber auch ein großes Risiko. Da der Verbraucher mit dem Preis auch direkt Qualität assoziiert und Friseurqualität als höherwertig gegenüber normalen Massenmarkt-Shampoos einschätzt, darf der Preis auch bei Promotion-Aktionen nicht unter eine imaginäre Schwelle sinken. In dem Moment, wo eine solches Produktkonzept von 3,99 auf 1,99 Euro reduziert oder gar noch im Doppelpack angeboten wird, stellen sich aus unserer Sicht enorme Glaubwürdigkeitsdefizite ein und plötzlich könnte die Salonqualität infrage gestellt werden. In diese Falle läuft man sehr schnell, wenn man nicht strategisch von der Marke her denkt, sondern vom Umsatz getrieben ist.

Wir beobachten in den letzten Jahren immer aggressivere Preisreduktionen beim deutschen Marktführer in diesem Segment. Und wenn man mit Verbrauchern spricht, zeigt sich zumeist genau diese kognitive Dissonanz zwischen Friseurqualität und Preis. Ein solches Phänomen kann die Marke nachhaltig schädigen. Hier wäre der CMO gefragt, um diesen Prozess zu stoppen, auch wenn das gegenüber dem Vertrieb keine einfache Aufgabe darstellt.

5 Erfolgskontrolle – Von der Produkteinführung zum profitablen Wachstum

5.1 Keine realistische (Finanz-)Planung

»Heute back' ich, morgen brau' ich – übermorgen hol' ich der Königin ihr Kind«, so hatte sich Rumpelstilzchen das vorgestellt. Eine im Gedankenexperiment säuberlich sequenzierte Abfolge von aufeinander aufbauenden Einzeltätigkeiten, die in der konsequenten Abarbeitung dann zeitgerecht zu dem erwünschten Enderfolg führen. Leider führte es bei dem kleinwüchsigen Gesellen mit dem großen Hut nicht zu dem gewünschten Erfolg, wie wir alle seit unserer frühen Kindheit wissen. Rumpelstilzchen scheiterte aufgrund von Vorgängen, die er in sein Realitätsmodell nicht eingepreist hatte, und verstieg sich dann auch noch bei der Ursachenerklärung ins Mystische (»Das hat dir der Teufel gesagt«). Und dann schied er irgendwie aus dem Leben.

Aber – Rumpelstilzchen lebt. In den »Tagesthemen« vom 23. April 2013 wartete die Moderatorin Carmen Miosga mit zwei interessanten Informationen auf. Zunächst war da der 4:0-Heimsieg von Bayern München über den FC Barcelona im Halbfinale der Champions-League. Aber dann informierte sie über die tatsächlichen Baukosten der Elbphilharmonie – die waren von ursprünglich 70 Millionen Euro nun tatsächlich auf geschätzte 789 Millionen gewachsen: ein sattes Plus von 1.100 Prozent im Vergleich zur Ursprungssumme. Gegen diese Ungeheuerlichkeit konnte der sensationelle Bayern-Sieg nur verblassen.

Planen als geistiges Probehandeln
Nein, wir sprechen jetzt nicht über den Flughafen Berlin, den Bahnhof in Stuttgart und vielen weitere Projekte und was die am Ende – entgegen der initialen Budgetierung – so kosten werden. Und wir sprechen auch nicht über die gigantischen Unternehmenspleiten, die Tausende von Arbeitnehmern ihren Job kosten, weil gutbezahlte Leute anscheinend nicht in der Lage sind, ein Minimalmaß an geistigem Probehandeln zu vollziehen. Auch was sich Volkswagen bei seinem Massenbetrug mit den manipulierten Abgaswerten gedacht hat, wird man wohl nie in seiner Gänze erfahren.

Aber diese Vorgänge sind der Grund, warum man sich immer häufiger die Frage stellt, ob »Planen als geistiges Probehandeln« tatsächlich in den Unternehmen bzw. Volkswirtschaften noch stattfindet oder ob diese Tätigkeit bereits Kostensenkungsmaßnahmen zum Opfer gefallen ist.

In diesem Kapitel geht es um die Fähigkeit, etwas zu planen. Planen in dem Sinne, dass ein intendiertes Ereignis auch tatsächlich so inszeniert wird, dass es tatsächlich eintrifft. Da werden dann erwartete Ereignisströme aufgezeigt, Handlungsannahmen getroffen, Effektgrößen abgeschätzt und Erträge gemutmaßt. Trotz häufiger Beteuerungen, dass es sich hier nur um eine Planung handelt (und nicht um zukünftige Realität), steht am Ende der Überlegungen eine der Zukunft aufgezwungene Erwartung an die Realität, die dann auch bitteschön genauso einzutreten hat. Die Prognose wird mit der zukünftigen Realität gleichgestellt. »Der Plan ist der Plan« … und der hat Realität zu werden.

Das konnte keiner ahnen
Einer der Autoren verfolgt seit ewigen Zeiten mit wachsender Faszination das Gruselkabinett der Finanz- und Wirtschaftsprognosen. So wie man ein seltenes Insekt im Zoo betrachtet – mit einer Mischung aus Interesse und Abscheu. Da wird tatsächlich fortlaufend der Eindruck erweckt, als gäbe es zuverlässige Methoden und Werkzeuge, mit denen man mit begrenztem Risiko die wirtschaftliche Entwicklung voraussagen kann.

»Das konnte niemand ahnen«, titelte die Welt am Sonntag am 23. Dezember 2012. Gegenstand dieses Bekenntnisses war die Analysten-Performance für die Börsenrallye 2012. Da wurde das kollektive Unvermögen, die Börsenentwicklung vorherzusagen, sowohl in einer Grafik als auch im Text dem Leser dramatisch vorgeführt: Leistungsfähigere Computer, die zunehmend mehr Daten verarbeiten können, neue wissenschaftliche Erkenntnisse und das Meer an Indikatoren führen offenbar nicht dazu, dass die Prognosen akkurater werden. Man muss sich einmal vorstellen, dass laut Welt am Sonntag seit 1996 »die Experten mit ihren DAX-Vorhersagen lediglich viermal ins Schwarze getroffen haben«.

In der Tat ist die Fähigkeit, an der Börse irgendetwas zu prognostizieren, in den vergangenen Jahren weiter deutlich zurückgegangen. Seit 2012 haben wir nun eine ganze Reihe weiterer Ereignisse in der Weltgeschichte gesehen, die *ungeplant* die Entwicklung an den Finanzmärkten deutlich beeinflusst haben – Ölkrise und Ölpreisverfall in 2014, Euro-Rettung und Strafzinsen in 2014, Ukraine-Konflikt in 2014, China-Crash, Volkswagen Abgas-Skandal und die Griechenland-Krise 2015. Der geldpolitische Paradigmenwechsel mit Minuszinsen für Bankeinlagen ist nach unserem Ermessen seinerzeit in keiner Prognose auch nur annähernd zu finden.

Man spricht bereits von einer gigantischen »Kompetenz-Illusion«, wenn man überhaupt über Prognosen spricht. Was die Börse natürlich von der Wettervorhersage unterscheidet, ist die Tatsache, dass an der Börse jede Menge Emotionalität und Subjektivität in die Urteile einfließen und daher eher nicht vor einem rational gesteuerten System gesprochen werden kann. Das weiß mittlerweile so ziemlich jeder und dennoch wird dem offensichtlichen und fortgesetzten Fehlurteil in der Presse und den Fernsehanstalten immer noch breiter Raum gegeben.

Kleinert & Schroiff (2017) haben einmal Revue passieren lassen, was die Wirtschaft hier von der Wettervorhersage lernen kann (oder auch nicht). Wenn man sich einmal vor Augen führt, dass die Wetterkundler trotz aller Daten, Strukturmodelle etc. auf valide Prognosehorizonte von sechs bis sieben Tagen gehen, dann erscheinen (Experten-) Aussagen wie »Der Wechsel von Obama zu Trump ist ein großes Risiko für die Börse« wie eine Anmaßung.

Die »Welt am Sonntag« rettet sich in die bereits zitierte Schwarmintelligenz – man ruft die Leser auf, mit der »Intelligenz der vielen […] am Ende richtig klug zu werden« (a. a. O., S. 41) und bittet die Leser um ihre Prognose. Das konnte nun wirklich keiner ahnen.

Die Logik des Misslingens
Wie ist es aber nun um die Fähigkeit zur Planung generell bestellt? Sind wir dazu als Entscheider gut ausgestattet oder hapert es mit unserer Einschätzung von möglichen Zukünften? Dietrich Dörner, ein Bamberger Psychologie-Professor, hat sich diesem Thema erfahrungswissenschaftlich verschrieben und seit vielen Jahren immer wieder Untersuchungen mit dem Ziel durchgeführt, menschliche Planungs- und Entscheidungsprozesse besser zu verstehen. Einige seiner Erkenntnisse hat er populärwissenschaftlich aufbereitet und als Buch mit dem Titel »Die Logik des Misslingens« (1989) veröffentlicht. Das Werk ist mittlerweile in der 11. Auflage erschienen und gehört (gelesen) ins Bücherregal jedes Managers.

Dörner konfrontierte seine Versuchspersonen mit Planungs- und Steuerungsaufgaben für eine im Rechner simulierte Hemdenfabrik oder ließ sie Entwicklungshelfer spielen. Generell kann man nicht umhin, nach der Lektüre des Buches zu konstatieren, dass menschliche Entscheider mit komplexen, intransparenten, dynamischen und vernetzten Situationen (wie sie auch die Einführung eines neuen Produkts darstellen) eigentlich nicht umgehen können. Dörners Beschreibung des Verhaltens einzelner Testpersonen erinnert fatal an ähnliche Situationen in Unternehmen – zum Beispiel wie ein Mangel an Strukturwissen durch eine stramme Behauptung vom Konferenztisch gewischt wird oder dass die offensichtliche Falschheit einer einmal getroffenen Annahme nur schwer wieder revidiert werden kann.

Ganz entscheidend für Dörner ist, dass man über das reine Sammeln von Informationen hinausgeht und versucht, diese Informationen zu einem Realitätsmodell zusammenzufügen, auf dem dann Handlungsentscheidungen basieren. Auf diesen Umstand haben wir bereits mehrfach hingewiesen.

Ein weiteres Thema ist und bleibt auch die generelle *Unklarheit von Zielen*, die teilweise in ihrer mangelnden Präzision nicht zu überbieten sind (z. B. »Marktführerschaft erringen, Wettbewerb schlagen, Preiserhöhung durchsetzen, interne Kommunikation stärken« etc.). Wir gehen gleich im nächsten Absatz darauf ein. Ohne im Weiteren auf die einzelnen Befunde von Dörner eingehen zu können, müssen wir summarisch konstatieren, dass unsere generellen Planungsfähigkeiten vielleicht eingeschränkter sind, als wir bereit sind zuzugeben. Und so kommt es eben sehr häufig zur »Logik des Misslingens«, was nichts anderes bedeutet, als dass unsere planerischen Fähigkeiten nicht ausreichen, um die geforderte 1:1-Relation zwischen Planung und Realität zu realisieren.

Was bedeutet das nun für die Planung von Neueinführungen? Hier geht es uns vor allem um zwei Themen: das »deterministische Planungsdiktat« und die »Risiko-Ignoranz«.

Das deterministische Planungsdiktat
Unternehmen und ihre Kultur werden heute sehr weitgehend von dem bestimmt, was externe Personen darüber denken (könnten). Eine wichtige Gruppe von »Denkern« ist die sogenannte Financial Community – also im weitesten Sinne all jene, die ein Urteil über das Unternehmen abgeben könnten, das finanzpolitisch relevant werden könnte, also zum Beispiel Einfluss hätte auf den Aktienkurs des Unternehmens.

Der Aktienkurs ist nicht die Reflexion der aktuellen Unternehmensleistung, sondern eine intellektuell gestauchte Vermutung über die zukünftige Ertragsfähigkeit des Unternehmens. Die kann natürlich noch nicht auf Fakten basieren, denn die gibt es noch nicht, sondern sie speist sich aus der subjektiven Einschätzung einer Anzahl von Personen, die wie Dominosteine meistens auch eine größere Kette von anderen gleichlautenden Meinungen in Bewegung setzen. Und so entsteht aufgrund der fortwährenden Meinungs-Blaupausen etwas, das sich als begründetes kollektives Urteil tarnt.

Genau das ist der Grund, warum wir schon seit längerer Zeit vorgeschlagen haben, die Bewertung eines Unternehmens hinsichtlich seiner zukünftigen Ertragsfähigkeit nicht an dem zu bemessen, was es in der Vergangenheit an Ergebnissen erwirtschaftet hat, sondern was es für die Zukunft an Chancenpotenzialen im Köcher hat (Schlüter & Schroiff, 2017; Schneider, 2019). Wie Schlüter & Schroiff (2017) gezeigt haben, reicht schon eine kleinere Inventur einiger Kennzahlen zur Innovations-Performance, um eine Prognose zu leisten.

Die »Rumpelstilzchen-Planung« passt nun wunderbar zur »Meinungs-Blaupause«. Beide werden getragen von einem kollektiven Nichtwissen, das aber als Pseudogewissheit über zukünftige Ereignisse quasi mental eingeschweißt wird. Die »Meinungs-Blaupause« gibt gewissermaßen vor, was man innerhalb und außerhalb des Unternehmens von diesem (finanziell) erwartet. Die Erwartung wird von einer Reihe von Einflussgrößen gespeist, aber letztendlich ist und bleibt es ein Zielwert, der festgelegt wird. Und daran schließt sich dann eine Art Rückwärtsplanung an, die davon ausgeht, dass man diesen Zielwert erreicht (vgl. Dörner, 2011). Das ist an sich nichts Ungewöhnliches, Rückwärtsplanungen sind in der Problemlöseforschung eine von mehreren Möglichkeiten.

Und so kommt es häufig zu dem, was wir als *Planungsdiktat* bezeichnen. Kollektive Erwartungen führen zu Zielvorstellungen, die das Unternehmen bzw. die einzelne Marke möglicherweise gar nicht erfüllen kann. Wohlgemerkt, wir wenden uns nicht gegen Zielvorstellungen – ganz im Gegenteil. Aber wir befürworten realistische Ziele, die wir mit Anstrengung und Professionalität erfüllen können – und keine Planungen, die sich allein aus der Meinungsblaupause heraus verdichten.

Und so kann es geschehen, dass ein Unternehmen bzw. eine Marke gemessen an seinen Möglichkeiten tatsächlich Bemerkenswertes leistet. Ein neues Produkt z.B. erreicht einen respektablen Umsatz von 300 Mio. Euro im ersten Jahr. Aus einem unrealistischen Planungsdiktat heraus wurde aber ein Umsatz von 500 Mio. gefordert. Gemessen an den (unrealistischen) Zielen des Planungsdiktates bekommt das Produkt mit 300 Mio. Euro Umsatz nun das Etikett »Flop« umgehängt, weil es 200 Mio. »unter Plan« liegt. Planungsdiktate haben leider die unangenehme Eigenschaft, unter hohen Einsatzkosten manchmal erfüllt zu werden. Fast immer auf Kosten der Substanz, wie der Preisverfall in manchen Märkten zeigt – fortwährende Promotions führen zu einer neuen niedrigeren Preisreferenz, die dann wieder durch noch mehr Promotions kompensiert werden muss, um die Volumenziele zu erreichen.

Das Planungsdiktat alleine stellt bereits ein Problem dar, hinzu kommt nun die Risiko-Ignoranz.

Die Risiko-Ignoranz
Die meisten Menschen sind eher risikoscheu. Das steigert sich anscheinend exponentiell mit der Größe des Unternehmens. Das *Phänomen der Verantwortungsdiffusion* wächst mit der Größe der Organisation: Jede(r) möchte für den Erfolg verantwortlich sein, aber niemand für den Misserfolg. So kommt es eben dazu, dass der größte Motivator in großen Unternehmen eben die Furcht vor Misserfolg ist – und nicht die Hoffnung auf Erfolg. Furcht vor Misserfolg geht einher mit einem mehr oder weniger ausgeprägten Risikovermeidungsverhalten und der Neigung, nur über Erfolge und nicht über Fehler zu berichten.

Gigerenzer (2013) hat entscheidend dazu beigetragen, den Umgang mit Risiko – vor allem in der Planung – besser theoretisch einordnen zu können. Auch wir vertreten die Meinung, dass die Bereitschaft, Risiken einzugehen, bei »Innovationen« untrennbar dazugehört: Wer keine Risiken eingeht, sich nicht in mehr oder weniger unbekanntes Terrain vorwagt, der wird auch nicht innovativ sein können.

Risikokompetente Personen (vgl. Gigerenzer, 2013) zeichnen sich nicht dadurch aus, dass sie ungebremst auf alles losrennen, was wie eine Chance aussehen könnte. Sie sind in erster Linie dadurch gekennzeichnet, dass sie sich der bekannten Risiken vergewissern und sie in ihre Entscheidung einpreisen. Auf der anderen Seite erkennen sie aber auch einen bestimmten Grad an Ungewissheit an, der mit den meisten Entscheidungen ebenso untrennbar verbunden ist. Gigerenzer (2013) trifft in diesem Zusammenhang die bedeutsame Unterscheidung zwischen *Risiko* und *Ungewissheit*, die auch wir zur Grundlage unseres Denkens über Planungen machen (a. a. O., S. 37 ff.).

Unter *Risiko* verstehen wir danach die Menge an kalkulatorisch bekannten Facetten der Chancen in der Zukunft. Wenn ich einen nicht gezinkten Würfel werfe, dann würfele ich mit einer Wahrscheinlichkeit von 1/6 eine Sechs. Das bedeutet nicht, dass ich bei sechs Würfen automatisch eine Sechs würfele, aber diese Wahrscheinlichkeiten lassen sich empirisch bestimmen und sie ergeben sich auf lange Sicht gesehen nach unendlich vielen Würfen. Das ist die Welt des kalkulatorischen Risikos und sie wird mittlerweile auf ganz viele Ereignisse angewendet. So erscheinen bei Fußballspielen immer häufiger die prozentualen Verteilungen des Ballbesitzes in einer Fußleiste auf dem Bildschirm und wir fragen uns schon, wozu das gut sein soll. Retrospektiv ist es ziemlich uninteressant, weil man das Spiel ja schon gesehen hat, und prospektiv ist es faktisch ohne Bedeutung.

Umgang mit kalkulatorischen Risiken
Wir sind deutlich mehr bestürzt über den Umgang mit kalkulatorischen Risiken. In Unternehmen ist es hin und wieder üblich, vor einer Einführung eine sogenannte *Testmarkt-Simulation* durchzuführen. Dabei wird der fertige Marketing-Mix einer Bewertung durch eine Konsumentenstichprobe unterzogen. Das Marktforschungsinstitut berechnet dann verschiedene Kennwerte, die aber letztendlich zu einer Erfolgsprognose führen (Tonnage, Marktanteil etc.), die meistens in einer Eintrittswahrscheinlichkeit ausgedrückt wird. Die Prognose durch das Institut erfolgt auf der Basis einer historischen Datenbank und natürlich unter einer (völlig unrealistischen) »ceteris paribus«-Bedingung – kein Markt dieser Welt wird im wirklichen Leben für zwölf Monate in einen Dornröschenschlaf versinken, um die Validität der Prognose zu sichern. Selbst wenn wir zum Beispiel eine »Erfolgswahrscheinlichkeit von 80 Prozent« ein Jahr lang fettgedruckt ans Werkstor hängen, wird es jemanden geben, der Anklage erhebt, warum sein Produkt nicht den prognostizierten Erfolg aufweist. Selbst wenn man es dann schafft, den Verteilungscharakter zu erklären, wird unter Umständen die Frage aufkommen, warum der Absatz dann nicht zumindest bei 80 Prozent des prognostizierten Volumens liegt.

Umgang mit Ungewissheit

Unter *Ungewissheit* verstehen wir die Konsequenzen einer fundamentalen Eigenschaft unserer Welt – nämlich der, dass sie sich nicht ultimativ ausrechnen lässt. Was auch immer an Berechnungen und Prognosen angestellt wird, es gibt immer noch das »unbekannte Unbekannte« (Gigerenzer, a. a. O., S. 37), das uns nicht erlaubt, den Ausgang eines Szenarios über unsere Zukunft final und sicher vorherzusagen. Das Leben beinhaltet zu viele unbekannte, nicht kontrollierbare Ereignisse, dass es gar nicht möglich ist, sie alle antizipatorisch zu erfassen, zu skalieren und sie in ihren individuellen Auswirkungen und Interaktionen zu berechnen. Der 11. September, die Katastrophe von Fukushima, die Flut in Sachsen und Bayern im Juni 2013, die Wahl von Donald Trump, der Brexit – dies alles sind Ereignisse, auf die wir antizipatorisch nicht eingestellt sind und die daher in jede Form von »kalkulatorischem« Risiko nicht einbezogen werden (siehe oben: »Das konnte keiner ahnen«). Hier verhält es sich wie die (falsche) Erwartung beim Würfeln, wonach statistisch gesehen nicht eine zweite Sechs gleich nach der ersten kommen darf.

2009 gab es z. B. noch kein Tablet, keine AfD, keine gleichgeschlechtliche Ehe und der Begriff des Influencers war auch noch nicht erfunden. Die Grünen standen im Vergleich zu heute bei 10 Prozent und die SPD glaubte damals, dass ein Ergebnis bei einer Bundestagswahl von 23 Prozent ein historisch schlechtes sei.

Die »Truthahn-Illusion« !

Der junge Truthahn bekommt jeden Tag Besuch vom Bauern, der ihn liebevoll und ausreichend füttert. Von Tag zu Tag steigt die Gewissheit des Vogels, dass ihm der Mensch nur Gutes tun will. Die Steigerung seiner Gewissheit kann man mithilfe einer Formel (der Laplace-Regel) sogar berechnen. Nach 100 Tagen ist diese Wahrscheinlichkeit fast gleich 1. Und dann ist Thanksgiving Day und der Truthahn kommt unters Messer und landet ganz oder in Teilen auf dem Teller. Der kleine Truthahn kannte das Thanksgiving-Risiko nicht und wog sich in falscher Gewissheit (Taleb, 2004).

Warum ignorieren wir die Ungewissheit?

Das ist aber das Kernproblem aller Planungen. Es hat wieder einmal mit dem Bauplan von uns Menschen zu tun und das wir alle gerne der Gewissheitsillusion unterliegen. Menschen mögen Gewissheit über ihre Zukunft, das ist ein fest eingebranntes Basismotiv in unserer Architektur der Wünsche. So vertraut man eben gerne der Kursvorhersage eines Aktienmarkts, obwohl sich diese Art von »Prognosen« eigentlich immer als nicht zutreffend erweist. Mehrdeutigkeit wird als irritierend empfunden und man begibt sich im Extremfall in die Hände einer Wahrsagerin, eines Bankberaters oder eines Sektenführers. Alle unterscheiden sich nur durch ihre Vorbildung und vielleicht dadurch, dass zumindest der gute Bankberater einen Teil der Risiken einschätzen kann, aber nicht die Ungewissheit. Absolute Gewissheit ist ein Zustand, der jeden Zweifel ausschließt, und diesen Zustand wird man bei komplexen Problemen nie erreichen.

Und deshalb glauben wir, dass wir bei aller Begeisterung für Planung, für zukünftige Sicherheiten, für Verlässlichkeit, für Prognosetreue eines nicht außer Acht lassen dürfen: unsere Abhängigkeit von der »Ungewissheit« – und die ist etwas völlig anderes als das kalkulatorische Risiko im oben aufgeführten Sinne. Das ist der Grund, warum wir für eine Planungsphilosophie plädieren, die sich an realistischen, empirisch fundierten Planungszielen orientiert und nicht dem Planungsdiktat unterliegt. Wir glauben zudem, dass »Ungewissheit« auch durch die überzeugendste Planungsunterlage nicht aus der Welt zu schaffen ist. Das ist der Grund, warum wir Ungewissheit akzeptieren müssen. Was wir nicht tun sollten, ist, auf das Eintreten der Prognosen des Planungsdiktats zu warten. Dann ist es meistens zu spät.

Quantitative Absatzplanung in Theorie und Praxis
Wie sieht es aber mit der quantitativen Absatzplanung in der Praxis aus? Wir fürchten, nicht sonderlich gut. Einer der Autoren hat über viele Jahre seines Berufslebens so eine Art Erfahrungstagebuch geführt, was die Korrespondenz zwischen Planzahlen bei Neueinführungen und dem Ist-Absatz nach Einführung angeht. Natürlich erhebt er nicht den Anspruch, dass es sich hier um wissenschaftlich nachprüfbare Erkenntnisse handelt, aber auf jeden Fall ist die Aussage gerechtfertigt, dass die allermeisten Pläne total überoptimistisch sind. Man sollte es natürlich im Leben nie an Optimismus mangeln lassen, aber in diesen Fällen führt eine überoptimistische Planung zu massiven Schäden für das Unternehmen.

Überschätzung der eigenen Fähigkeiten
Was sind die Gründe für diese chronische Überschätzung der eigenen Fähigkeiten? Was veranlasst Unternehmen dazu, beständig auf zu großem Fuß zu planen und sich dann mit kleinen Schritten auf den Rückzug zu begeben? Wir möchten im Folgenden einige Erklärungen für dieses Phänomen anbieten.

Ein erster Grund für diese chronische Selbstüberschätzung liegt sicherlich darin, dass man eigentlich keine Ahnung von dem hat, was man plant. Damit meinen wir nichts anders als eine Unkenntnis bezüglich der Attraktivität des Produkts bei Erstkäufern und eine weitere Unkenntnis bezüglich der Attraktivität des Produkts im Hinblick auf ihren Wiederkauf (nach dem persönlichen Produkterleben). Einer der Autoren hat in zahlreichen Executive-Seminaren über Einführungsentscheidungen gesprochen und staunt nach wie vor, mit welchem Ausmaß an Über-Konfidenz Einführungsentscheidungen ohne belastbaren faktischen Hintergrund beschlossen (und damit auch finanziert) werden.

Ein anderer Grund liegt im Wettbewerb um Unternehmensressourcen. Solange ein begrenztes Budget zur Unterstützung von Innovationen zur Verfügung steht, so lange wird es diesen Wettbewerb geben, den nur derjenige für sich entscheidet, der in der Planung den höheren Umsatz, das größere Wachstum, die höhere Profitabilität etc. verspricht. Wie leicht geschieht es da, dass man sich (manchmal auch aus subjektiver Überzeugung bezüglich des eigenen Produkts) größere Chancen ausgerechnet hat, die aber am Ende nicht realisierbar sind. Leider funktionieren Innovation Pipelines auch in großen Unternehmen immer noch nach dem Prinzip, nach dem kleine Jungs Fußballspielen: Alle rennen hinter dem Ball her.

Risikovermeidung und Fehlertoleranz – Defensives Entscheiden

> **Wichtig**
> Fehler sind für den Fortschritt unabdingbar. Liest man die Biografien einiger großer Erfinder, so stellt man unmittelbar fest, dass für sie das Prinzip von Versuch und Irrtum eine ganz wichtige Orientierung ihres Handelns darstellt. Sich offen zu Fehlern zu bekennen und gezielt aus ihnen zu lernen, ist eher ein Zeichen von schöpferischer Größe als von intellektueller Armut.

Fehler können in Abhängigkeit von ihren Konsequenzen »guter« und »schlechter« Natur sein. Die Reise von Kolumbus war beides: Den Seeweg nach Indien hat er nicht gefunden (schlechter Fehler), aber dafür Amerika (wieder-)entdeckt (guter Fehler). Eine miserable Produktqualität ist für den Hersteller ein schlechter Fehler, für die Konkurrenten ein guter. Aber im Grunde genommen ist es auch für den Hersteller ein »guter« Fehler – aber nur, falls er ihn erkennt, daraus lernt und diesen Fehler nicht ein zweites Mal macht.

Wenn man sich allerdings nicht öffentlich zu seinen Fehlern bekennt und auch nichts daraus gelernt wird, dann bleiben es »schlechte Fehler«. In praktisch jedem Geschäftsbericht kommen überhaupt keine Fehler vor – alle Unternehmen sind perfekt und haben sich nur hin und wieder »temporär in einem schwierigen Marktumfeld« zu behaupten. So erscheint es am Ende nicht verwunderlich, dass wirklich bahnbrechende Neuerungen gar nicht mehr aus den großen Unternehmens-Dickschiffen kommen, sondern eher aus dem (risikofreudigeren) Mittelstand. »Viele dieser Firmen«, schreibt Hermann Simon in seinem Buch »Hidden Champions«, »haben Weltmarktanteile von über 50 Prozent, manchmal sogar 70 oder 90 Prozent, und sind mehr als doppelt so groß wie ihre stärksten Konkurrenten.« Was Simon dabei besonders beeindruckt, ist »die Nachhaltigkeit, mit der sich diese mittleren und kleineren Firmen weltweit in ihren Märkten behaupten«. Der Zeithorizont erfolgreicher Firmen ist dabei ein langfristiger. Das Management folgt einer klaren, langfristig angelegten Strategie. Im Mittelpunkt der Unternehmens- und Produktentwicklung steht der Kunde und der Nutzen des (häufig nur einen) Produkts, das man ihm bietet.

Empfehlungen für den Umgang mit Risiko

Wie geht man nun mit all dem um? Aus der Diskussion um das Thema »Planung« möchten wir eine Konsequenz ziehen: Wir empfehlen die Abkehr von einer »top-down« gesteuerten ballistischen Planung. Die ist vor dem Hintergrund aller wissenschaftlicher Erkenntnisse in keiner Weise mehr zeitgemäß, sondern die Steinzeit der Unternehmensführung. Was das im Einzelnen für Ihre Planung bedeutet, haben wir hier aufgelistet:

- saubere Recherche der Marktchancen
- geleitete Kreativität
- Konzepte, Konzepte, Konzepte
- fortwährende Optimierung des Angebotes mit Konsumenten
- klare Abwägung des Risikos und Einpreisung eines Ungewissheitsanteils
- konsequentes Monitoring der Entwicklung nach dem Launch und »learn as you go« (totale Abkehr von der Ballistik)
- fortwährende Information über die Fortführung einer Innovation (»weeding out«)
- permanenter Druck auf die Innovation Pipeline und Bereitstellung einer großen Chancenbreite als Ersatz für Ansätze, die nicht funktionieren

5.2 Fehlende Einführungskontrolle und falsche Korrekturmaßnahmen

Die CSU und die Zahlen

Einer der Autoren wird morgens immer mit der »Neuss-Grevenbroicher-Zeitung« (NGZ) zwangsbeglückt, das ist die linksrheinische Variante der »Rheinischen Post«. Die überfliegt er normalerweise im Stehen bis zum Lokalteil und braucht dafür selten mehr als zwei Minuten. Am 9. Januar 2013 war aber alles anders, denn da brannte sich ihm die folgende Titelzeile in die Netzhaut: »41 Prozent-Umfrage schockiert die CSU.« Was war passiert? Frau Professor Dr. Renate Köcher, Institutschefin des Instituts für Demoskopie Allensbach und langjährige CSU-Beraterin, hatte in Wildbad Kreuth der CSU-Führung die aktuelle Stimmungslage der Bevölkerung für die Bundestagswahlen präsentiert. Und sie wagte es tatsächlich, für die CSU 41 Prozent vorherzusagen – immerhin 7 bis 8 Punkte unter den letzten Umfragewerten anderer Institute (NGZ, 9.1.2013, S. A4). Und als sei es damit noch nicht genug – sie bescheinigte auch den anwesenden Christsozialen, dass »SPD und Grüne ihr Potenzial in Bayern derzeit noch nicht ausgeschöpft hätten« (a. a. O.). Die CSU war tief geschockt. Der Zeitungsartikel berichtet, dass der CSU-Generalsekretär Alexander Dobrindt so dreingeschaut habe, als habe er »im Tagungsraum 6 in Wildbad Kreuth den Leibhaftigen persönlich gesehen«. Und Ex-Finanzminister Theo Waigel »stellt als erster die Erkenntnisse des Instituts vom Bodensee in Frage. Immer sei es so gewesen, dass die CSU-Zahlen sieben, acht, ja, mitunter sogar 12 Prozent über denen der Union im Bundesschnitt gelegen hätten. Dann wird es richtig haarig in Kreuth, die Fragerei geht los und da bricht Renate Köcher ein: Sie kann eine Frage von Parteichef Seehofer nicht beantworten und dann stimmt angeblich auch bei einer Addition von Prozentwerten etwas nicht (was sich aber im Nachhinein als gegenstandslos herausstellt). Fazit ist auf jeden Fall, dass die CSU zunächst einmal die Welt zurechtrückt, indem Seehofer im Presseinterview den Wert von 41 Prozent als »nicht repräsentativ« bezeichnet und die Zahlen als unrealistisch abhakt. Die Referentin sei halt »ins Schwimmen« geraten.

Eine bessere Illustration der Realität hätten wir uns für das folgende Kapitel nicht wünschen können. Wir danken explizit allen Beteiligten – gäbe es das Beispiel nicht, wir müssten es erfinden. Deterministische Planungsmentalität lässt bestimmte Ausprägungen eines Indikators mental nicht zu und provoziert eine Immunreaktion der CSU-Fraktion, die die intellektuelle Auseinandersetzung mit der Realität blockiert. Und wenn dann auch noch Prozentfehler im Spiel sind, wird die Abkehr von der Wirklichkeit noch leichter gemacht und die Umfrage als »nicht repräsentativ« und damit im Endeffekt für komplett ungültig erklärt.

Wir wollen uns im Folgenden ansehen, wie man Neueinführungen im Markt beobachtet und was man tun kann, um sich solche Situationen wie in Wildbad Kreuth zu ersparen. Eigentlich ist es ja ganz einfach. Wenn man etwas erhebt, dann muss man es ernst nehmen, akzeptieren und danach handeln. Sonst sollte man sich das Geld sparen. Wahrnehmungsabwehr à la CSU geht gar nicht und die Diskreditierung eines seriösen Forschungsinstituts auch nicht.

»Vertrauen ist gut, Kontrolle ist besser«
Dieses Zitat wird Lenin zugeschrieben. Hätte er es nicht schon gesagt, dann würden wir das auch für dieses Kapitel erfinden. Wir wollen eine Reihe von Vorgängen Revue passieren lassen, bei denen es darum geht, zunächst etwas kontrollierend zu beobachten und dann aber auch korrigierend einzugreifen, falls die Entwicklung erwartungskonträr verlaufen sollte.

Wir gehen in unserer Prozesskette zu diesem Zeitpunkt davon aus, dass es eine interne Übereinkunft über die operativen Ziele gibt, und zwar hinsichtlich der betriebswirtschaftlichen Kennzahlen bei der quantitativen Zielerreichung (also z. B. hinsichtlich Umsatz, Tonnage, Marktanteil), aber auch einen kompletten *Marketingplan*, der die zu den jeweiligen Zeitpunkten auszuführenden Maßnahmen zur Erreichung dieser Kennzahlen exakt spezifiziert (also z. B. Werbemittel und Streuplan, Promotion-Maßnahmen, Distributionsaufbau). Idealerweise ist dieser Marketingplan bereits ein Kontingenzplan – d.h. wir haben uns mit den möglichen Reaktionen des Marktes bereits *ex ante* in verschiedenen Gedankenexperimenten vertraut gemacht und für die diversen »Fälle der Fälle« entsprechende Reaktionskataloge in der Schublade.

Komplette Marketingpläne kommen übrigens leider eher selten vor, was uns immer wieder erstaunt, da ja eine realistische Prognose des Markterfolgs nur erfolgen kann, wenn man sich über Strategie und Taktik des Mitteleinsatzes dezidiert im Klaren ist – und das geht eben nur über und mit einem kompletten Marketingplan bzw. Kontingenzplan. In vielen Unternehmen erfolgt die Entscheidung über einen Launch per Akklamation auf der Basis unzureichender Information und lässig formulierten Handlungsstrategien. Da sollte man nicht überrascht sein, wenn hinterher dieser löchrige Plan zu Löchern im erwarteten Umsatz führt.

Theoretisch wäre damit alles klar und abgesegnet: Wir haben die Ziele spezifiziert und ebenfalls die Mittel, um diese Ziele zu erreichen. Das wurde intern (und extern) kommuniziert – damit ist der Ball im Feld und das Produkt wird eingeführt und im Markt beobachtet.

Wie man in Frankreich Geld verbrennt
Schauen wir uns zunächst das nachstehende Beispiel (siehe Abb. 40) an, das auf der Einführung eines Reinigerprodukts in Frankreich basiert. Wir betrachten hier eine Zeitreihe von drei Variablen über eine Anzahl von 18 monatlichen Erhebungsperioden:

Variable 1: Die absoluten Werbeausgaben (Spendings) in Euro (reale Werte gelöscht)

Variable 2: Die ungestützte Werbebekanntheit für TV-Kommunikation (TV-Ad Awareness) in Prozent

Variable 3: Der wertmäßige Marktanteil in Prozent

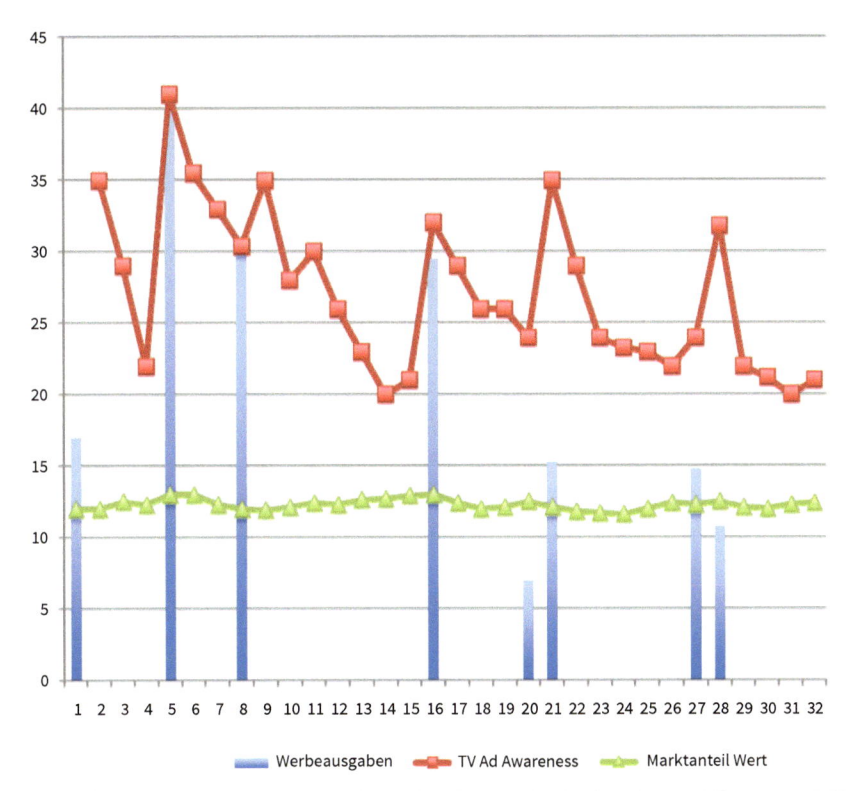

5.2 Fehlende Einführungskontrolle und falsche Korrekturmaßnahmen

Abb. 40: Einführungsmonitoring eines Reinigerprodukts in Frankreich (Quelle: Schroiff, in Vorbereitung)

Aus den Verläufen der Datenreihen lassen sich bereits »fitted by eye« (also ohne aufwendige Statistik) die wesentlichen Schlussfolgerungen ziehen. Die hohen Werbeaufwendungen führen in der Tat zu einem (leicht versetzten) Anstieg der Bekanntheit. Dieser Effekt ist nicht von Dauer und verpufft rasch wieder – das Produkt verankert sich nicht nachhaltig in den Köpfen der Verbraucher. Die Auswirkungen der Kampagne auf den Absatz sind praktisch zu vernachlässigen; es gibt keine »Übersetzung« von Wissen in Wollen. Das Produkt bleibt wie Blei im Regal stehen.

Dass keine Übersetzung von Wissen in Wollen stattfindet, kann trotz intensiver Vorbereitung und Planung passieren und ist kein Grund zur Panik. Was aber auf keinen Fall passieren sollte, ist, dass das Unternehmen über einen Zeitraum von 18 Monaten Millionen an Werbung verbrennt. Dies ist die eigentliche Katastrophe, die man hätte vermeiden können. Hier kann es keinen Blindflug gegeben haben – das Unternehmen zählt weltweit zu den größten seiner Branche und muss unserer Einschätzung nach über die (oben angegebenen) Daten verfügt haben. Aber Sehen ist nicht Einsehen und Einsehen ist nicht Handeln. Und irgendwann hat dann Gott sei Dank doch jemand den Stecker gezogen und diese gigantische Wertevernichtung beendet. Man muss davon ausgehen, dass hier jede Menge Geld verbrannt worden ist, nachdem auch bei dem dritten Werbe-Boost immer noch nicht darauf reagiert wurde, dass die Werbekampagne nicht elastisch ist. Es ist aber anscheinend nicht so, dass man nach diesem Fehler zwar um viel Geld ärmer, aber an Verstand reicher geworden wäre – nach kurzer Zeit fanden wir beim gleichen Unternehmen wieder ähnliche Verläufe.

Launch-Monitoring und Stop-Go-Entscheidungen
Damit sind wir beim zentralen Thema dieses Kapitels, nämlich der unabdingbaren Notwendigkeit, ein konsequentes und entscheidungsorientiertes Launch-Monitoring zu betreiben. Konsequent insofern, als es gilt, eine Reihe von Kernparametern eines Markterfolgs tatsächlich kontinuierlich zu erheben und zu bewerten. Entscheidungsorientiert insofern, als das Tracking-Ergebnis zu einer Entscheidung führen muss, die jeweilige Aktivität im Markt zu belassen, gezielt zu modifizieren oder aber unmittelbar zu beenden. Diese Entscheidungen sind faktenbasiert zu treffen – anhand von Datenbanken, in denen Erfahrungswerte kumuliert sind, unter welcher Konstellation von Parameter-Kennwerten sich Erfolgswahrscheinlichkeiten manifestieren und wann nicht (Clancy & Krieg, 2007).

Wir wollen im Folgenden die einzelnen Schritte eines Prozesses durchspielen, den wir als »Smart Watering« bezeichnen (vgl. Schroiff, in Vorbereitung).

Geplanter Entwicklungsverlauf
Wir beginnen mit dem, was wir zum Beispiel für die ersten zwölf Monate nach dem Launch erwarten und was in die Kurzfristplanung für das entsprechende fiskalische Jahr eingegangen ist. Diese Zielvorstellung kann als Tonnage, als Marktanteil, als Umsatz oder was auch immer formuliert sein – entscheidend ist, dass sie als realistische Verpflichtung auf das zu erreichende Kriterium abgegeben wurde.

Mit dem Kriteriumswert ist konzeptionell immer eine Planungstrajektorie verbunden – also eine Verteilung, wie zum Beispiel die Tonnage über die Zeit hinweg verteilt erreicht wird, denn es werden ja nicht alle Umsätze in einem einzigen Monat getätigt. Auch der Marketingplan ist entsprechend eingestellt, dass er konsequent auf die Realisierung dieser Trajektorie abzielt und kumulativ zu dem antizipierten Jahresergebnis führt (siehe Abb. 41).

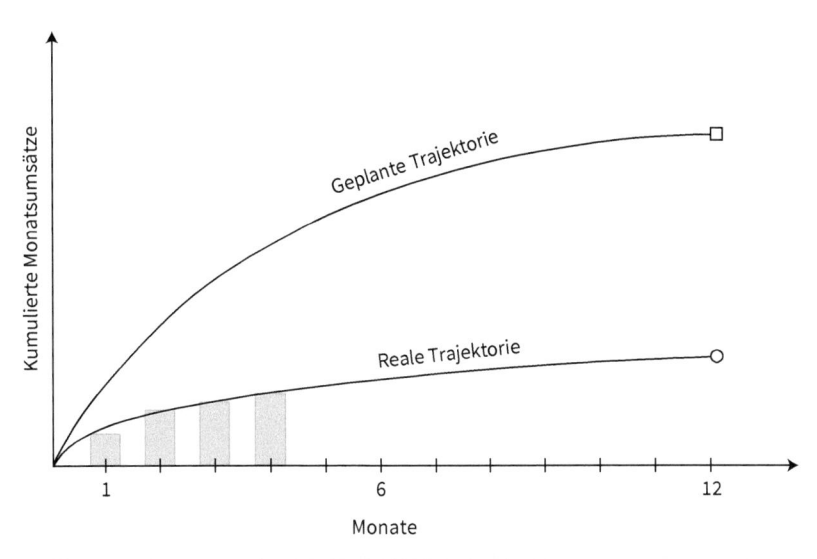

5.2 Fehlende Einführungskontrolle und falsche Korrekturmaßnahmen

Abb. 41: Geplante und reale Trajektorie (Quelle: Eigene Darstellung)

Hier ist für die Absatzplanung eines Neuprodukts eine degressive Entwicklung der Abverkäufe angenommen worden. Am Ende des Jahres ist auf jeden Fall der Wert von etwa x verkauften Einheiten pro Monat erreicht, kumuliert erzielen wir ein Jahresergebnis von ca. y Einheiten. Andere Verläufe von Absatzplanungen sind natürlich denkbar, aber faktenbasiert zu begründen. Hier bieten sich als Grundlage für Planungen u. a. auch die Ergebnisse von Testmarkt-Simulationen bzw. Markttests an (Schroiff, 2001).

Monitoring der realen Entwicklung
Im Launch Control Monitoring wird nun zunächst ganz trivial festgestellt, wie sich die aktuellen Monatswerte des Kriteriums (sei es Umsatz, Marktanteil oder Tonnage etc.) darstellen. In unserem fiktiven Beispiel liegen die ersten vier realen Monatswerte konstant unter den zu erreichenden Planwerten. Extrapoliert man die bisherigen vier Monatswerte als »best guess« auf den Jahresendwert und schreibt die Zeitreihe mathematisch fort, so kommt man zu dem Schluss, dass das erwartete Jahresergebnis mit einer sehr hohen Wahrscheinlichkeit nicht erreicht wird.

Natürlich erheben sich zu diesem Zeitpunkt Stimmen, die den üblichen Katalog an Gründen dafür anführen, warum das Ergebnis (noch) nicht erreicht ist und warum sich die Wende bereits innerhalb der nächsten beiden Perioden einstellen werde. Da ist die Gegenfrage indiziert, warum man denn eine begründete Planung abgegeben hat, deren Maßnahmen von einer Realisierung der Monatsziele ausgeht.

Wir empfehlen, sich bei der Bewertung von Chancen stets *datenbasiert* zu entscheiden. Das ist in den meisten Fällen einfacher als man glaubt – vorausgesetzt, im Unternehmen gibt es eine rudimentäre Benchmarking-Kultur. Historische Erfahrungswerte können bei der Beurteilung eines Verlaufs sehr hilfreich sein. Betrachten wir dazu eine einem realen Fall nachempfundene Tabelle aus fiktiven Werten:

	Performer	Monate nach Launch				
		2	3	4	5	6
Umsätze pro Variante	Top	114	185	206	217	207
	Good	53	72	88	95	93
Gewichtete Distribution	Top	60	69	73	75	76
	Good	43	54	62	67	65
Abverkaufe pro Variante pro Prozentpunkt gewichteter Distribution	Top	1,9	2,6	2,8	2,9	2,7
	Good	1,1	1,2	1,4	1,4	1,4
Prozentualer Anteil der Abverkäufe unter Promotion-Bedingungen	Top	29,5	33,9	32,4	29,8	25,2
	Good	29,9	29,5	24,5	25,7	17,4

Abb. 42: Launch-Benchmarking (Quelle: Eigene Darstellung)

Hier beziehen wir uns auf eine Datenbasis, in denen alle stattgefundenen Launches einer bestimmten Kategorie eines bestimmten Vermarktungsraums repräsentiert sind (zum Beispiel Knabbergebäck in Deutschland). Zunächst werden alle diejenigen Einführungen herausgefiltert, die in dieser Verteilung den oberen 20 Prozent entsprechen, was ihre Abverkäufe in den ersten zwölf Monaten nach Markteintritt angeht. Ob man diese Teilmenge breiter oder enger macht und zum Beispiel auf die Top-10 Prozent reduziert, ist für die Darstellung des Prinzips unerheblich. Wollte man diesem oberen Quintil der Verteilung ein Etikett zuweisen, so könnte man zum Beispiel von den »Top-Performern« sprechen. Entsprechend kann man weitere Quintile bilden, so etwa die folgenden 20 Prozent. Denen kann man dann zum Beispiel das Etikett »Good Performer« zuweisen.

Nun ist es vergleichsweise einfach, sich für jede Monatsperiode nach Einführung (1-12) für diese Teilmenge der »Top Performer« bzw. »Good Performer« das Verlaufsprofil für eine Anzahl von KPIs darstellen zu lassen. In der Tabelle haben wir das pro Variante (SKU) für die folgenden Kennwerte gemacht:
- Umsätze pro Variante
- gewichtete Distribution
- Abverkäufe pro Variante pro Prozentpunkt gewichteter Distribution
- prozentualer Anteil der Abverkäufe (Wert) unter Promotion-Bedingungen

Unschwer ist anhand der Tabellenwerte erkennbar, was bereits die »Top-Performer« von den »Good-Performern« trennt. Es wird einfach mehr umgesetzt, der Distributionsaufbau ist deutlich schneller und der Promotion-Anteil erweist sich auch als deutlich höher. Das ist zu erwarten. Viel entscheidender ist aber die Information, dass man sich hier im Rahmen der Werte der »Top-Performer« (evtl. noch der »Good-Performer«) bewegen muss, um mit einer größeren Sicherheit auch nach Ende der ersten zwölf Monate noch unter den Marktteilnehmern zu sein. Landet man in dieser hypothetischen Kategorie der Knabbergebäcke in der Periode 4 bei einem Distributionswert von unter 40 Prozent, so ist diese Wahrscheinlichkeit als nicht besonders hoch zu erachten. Wir wollen diese Art von Benchmarking nicht über alles stellen, aber die Orientierung an den Vermarktungsgegebenheiten der Kategorie ist für uns eine wichtige Bezugsgröße bereits in der Planung, aber vor allem in der frühen erfolgsorientierten Bewertung von Launches. Alle anderen Meinungen über das, was gut oder schlecht ist, sind ohnehin höchst subjektiv.

Die Erkenntnisse aus diesem nach unserer Meinung ziemlich trivialen Benchmarking sind meistens absolut eindeutig und nachvollziehbar. Sie sollten nach Meinung der Autoren, die sich jahrelang mit solchen Kriterien und den damit verbundenen Erfolgswahrscheinlichkeiten auseinandergesetzt haben, dazu führen, dass für etwa die Hälfte der neu eingeführten SKUs die Produktion nach maximal vier Monaten ohne weiteres wieder eingestellt werden kann, weil sie am Ende einfach das sind, was man als »margin dilutive« bezeichnet – sie bringen das Geld nicht ein, das sie kosten. Und zwar nicht nur in der beobachteten Launch-Phase. Denn erwiesenermaßen kommen diese Produkte mit großer Wahrscheinlichkeit nie (!) in eine Gewinnzone. Besser wird es erst, wenn diese Produkte stillschweigend aus den Regalen verschwinden – zunehmend durch den Handel, der solche Massen an »Pennern« aus den Regalen kickt.

Deshalb empfehlen wir jedem Unternehmen eine faktenbasierte Entscheidungsgrundlage bei der Bewertung von Neueinführungen, die subjektive Plausibilitätsüberlegungen oder Gefühlswelten ignoriert.

Wie es aussehen könnte – Das »Oriental Bazaar«-Shampoo
Das nachstehende Beispiel ist unvollständig und illustriert lediglich das Prinzip. Hier geht es um ein fiktives Shampoo mit der Variantenbezeichnung »Oriental Bazaar«. Untersucht werden die Ist-Verkäufe von **Kriteriumsvariablen** wie zum Beispiel Umsatz oder Marktanteil und **Prädiktorvariablen** wie Distribution, GRPs, Promotion-Ausgaben (vgl. Abb. 43). Diese Variablen werden in Relation zu den in der Planung festgelegten Soll-Verläufen dargestellt. Die Auswahl der Variablen ist nicht festgeschrieben, sondern von Unternehmen zu Unternehmen unterschiedlich darstellbar.

Launch Control „Oriental Bazaar" 400 ml

Kriteriumsvariablen (pro Periode)
- abverkaufte Einheiten
- Marktanteil Wert
- Marktanteil Menge
- etc.

Prädiktorenvariablen (pro Periode)
- gewichtete Distribution
- Marktanteil pro Prozentpunkt gewichteter Distribution
- Mengen-/Wertanteile unter Promotionbedingungen
- Preis (Durchschnitt/Regal/Promo)
- Werbeausgaben
- Share of Mind
- etc.

Diagnose

Empfehlung

Abb. 43: Launch Control Summary – Oriental Bazaar

! Wichtig

In diesem fiktiven Beispiel werden die geplanten Umsätze und auch der erhoffte Marktanteil nicht erreicht. Die Verläufe der aufgeführten Prädiktoren legen einen Interpretationspfad nahe, der in eine Handlungsempfehlung aufgelöst werden kann. Gegebenenfalls sind von dem Analysten noch weitere faktische Hintergründe hinzuzuziehen. Am Ende steht auf jeden Fall eine klare Handlungsempfehlung, die auch weitere Aufklärungsarbeit bedeuten kann wie in diesem Fall.

Berücksichtigen Sie nur solche Variablen, die man als Unternehmen selbst beeinflussen kann. Eine Flutkatastrophe im Süden der Republik und die damit verbundenen Logistikprobleme, allgemeine Konsumangst bei Dosenobst nach dem Bekanntwerden eines Lebensmittelskandals sind Einflussfaktoren, die außerhalb des Einflussradius eines einzelnen Unternehmens liegen und können daher weder aktiv angegangen werden noch passiv als Entschuldigung für den Misserfolg herangezogen werden.

Wie auch immer die entsprechende Empfehlung aussieht, es wird am Ende des Tages eine Entscheidung zu fällen sein, die sich logischerweise auf die folgenden drei Handlungspfade reduziert:

Handlungspfad 1: Weitermachen
Diese Entscheidung wird man fällen, wenn sich das Projekt in den Kriteriumsvariablen auf oder über Plan bewegt. Es gibt keinen Grund, etwas zu ändern oder das Projekt zu stoppen. Umso besser, wenn zudem auch die Prädiktorvariablen den antizipierten Eintrag zur Gesamtleistung liefern und sich das geistige Probehandeln der Planung auch in der Marktrealität als zutreffend erweist.

Handlungspfad 2: Modifizieren
Etwas ändern wird man, wenn sich das Projekt unterhalb der Plan-Trajektorie befindet. Was geändert wird, ergibt sich als konsequente Handlungshierarchie aus der Analyse der Prädiktorvariablen in ihrer Abweichung zu den Planvorgaben und den Wirtschaftlichkeitseinschätzungen der mit den Änderungen verbundenen Kosten. Die Analyse gibt in der Regel eine klare Abfolge der Korrekturmaßnahmen vor. Das kann man sicher noch individuell ergänzen, aber die wesentlichen Handlungsschritte sind vorgezeichnet. Die Konsequenzen der Veränderungsmaßnahmen sind dann gezielter Gegenstand der Analyse in den folgenden Erhebungsperioden.

Handlungspfad 3: Stoppen
Beenden wird man das Projekt, sobald aus den Analysen erkennbar wird, dass wirtschaftlich vertretbare Änderungsaktivitäten nicht den in einem vorgegebenen Zeitraum erwarteten Effekt aufweisen bzw. klar wird, dass die Planvorgaben für das Gesamtjahr deutlich unterschritten werden und nicht in die Nähe des geplanten Umsatzes und Ertrags kommen.

So ist es zumindest in der Theorie. In der Praxis möchten wir aber dennoch nicht zu stark davon abweichen wollen, denn selbst ein geringes Ausmaß an datenbasierter Entscheidungshygiene ist allemal besser als ein hohes Ausmaß an persönlichem Bauchgefühl. Das kriegt man nicht völlig raus, wie wir wissen, aber wir möchten es mit Rücksicht auf das Geld der Aktionäre auf ein Minimum reduzieren. Eins wollen wir aber auch nicht verschweigen: Nur der kann es sich leisten, einfach mal so eine Reihe an Projekten wenige Monate nach der Einführung wieder sterben zu lassen, der auch über Alternativen verfügt.

Sortimentsbereinigung als periodischer Rettungsanker
Aber einen beliebten Rettungsanker haben auch die Unternehmen im Repertoire. In regelmäßigen Abständen durchkämmen sie selbst ihre Portfolios und exerzieren das, was weitläufig als »SKU reduction« oder »Sortimentsbereinigung« bekannt ist. Und so kann man der ganzen Misere auch noch etwas Positives abgewinnen, indem man das Controlling damit beauftragt, die »Penner« mathematisch exakt zu nominieren. Diese fliegen dann raus und der Jung-Controller wird befördert. Damit sind am Ende alle zufrieden, denn man hat ja den Ertrag deutlich gesteigert. Und das ganze Spiel kann jetzt wieder von vorne losgehen. Besser wäre es allerdings, es nie soweit kommen zu lassen, denn das würde die Aktionäre weit mehr freuen. Aber die wissen das alles gar nicht und freuen sich immer wieder im Geschäftsbericht über die hohe »Innovationsquote« (als Ursache der kollektiven Wertevernichtung).

Aber zurück zu konstruktiveren Dingen. Klare und neutrale Analysestrategien sollten nun zunächst darüber aufklären, wodurch die Abweichungen von der Planung verursacht sind,
1. ob die Abweichung durch das Unternehmen selbst korrigierbar ist und
2. die Korrektur der Abweichung sich rechnet.

So kann man eine Reihe von Dingen relativ rasch feststellen, zum Beispiel ob es in der Produktion irgendwelche Engpässe gegeben hat, ob als sicher geltende Listungen bei Handelspartnern nicht erreicht wurden und dergleichen. Dazu bedient man sich festgeschriebener Analysepfade, um möglichst keinen der kritischen Bedingungsfaktoren in der Status- und Verlaufsdiagnostik außer Acht zu lassen. Zunächst fokussiert man in einer Abweichungsanalyse auf diejenigen Prädiktoren, die man selbst beeinflussen kann. In jeder einzelnen Abweichungsanalyse kann man ein entsprechendes Urteil fällen, ob denn die Abweichung zu egalisieren ist (ja/nein), und wenn ja, unter Einsatz welcher Mittel. Ist der Mitteleinsatz im Rahmen der gesamten Ertragsplanung im ersten Launch-Jahr vertretbar. Dann addiert man die entsprechenden Maßnahmen zum Handlungskatalog hinzu. Dies geschieht für alle Bedingungsfaktoren in der Analyse.

Stellt sich zum Beispiel heraus, dass eine Listung bei einem Handelspartner wegen der Höhe der geforderten Listungsgebühren noch nicht realisiert ist und erscheint eine weitere Investition in die Aufstockung der Listungsgebühren finanziell vertretbar, dann werden weitere Listungsgespräche zum Handlungsgegenstand, der sich aus der Analyse ergibt. Erweist sich auf der anderen Seite die gestützte Bekanntheit trotz erfolgter Media-Investitionen als unterdimensioniert bei der Erzielung der notwendigen Erstkäufer-Penetration, so ist eine Schätzung erforderlich, welche Media-Investitionen getätigt werden müssen, um das Kriterium »Erstkäufer-Penetration« auf den in der Planung angenommenen Sollwert zu bringen. Übersteigen die »Reparaturkosten« bei den Media-Investitionen allerdings den »Wagenwert« des ersten Jahres, so sind erste Gespräche indiziert, ob denn die Reparatur überhaupt erfolgen sollte. Diese Entscheidungen sind durch weitere Informationen zu unterfüttern – etwa die, ob in der Zwischenzeit weitere Wettbewerber mit vergleichbaren Produkten in den Markt eingetreten sind (auch ein weiterer Grund für die nicht zufriedenstellende Erstkäuferpenetration) und ob sich deshalb trotz unerwartet steigender Investitionen ein weiterer Verbleib des Produkts im Markt überhaupt mittelfristig lohnt.

Es erscheint uns immer noch ein wenig trivial, dass wir hier solche Sequenzen diskutieren und eigentlich über Selbstverständlichkeiten in der Markenführung reden. Unser Eindruck von der Realität ist aber leider etwas anders und wir sehen hier ein großes Verbesserungspotenzial. Dazu gehören aus unserer Sicht mindestens zwei Dinge.

Zunächst einmal gilt auch hier die Regel, dass nie der Gefoulte selbst den Elfmeter schießen sollte – damit meinen wir, das solche Analysen von neutralen und kompetenten

Dritten gefahren werden sollten, um jede Art von Urteilsverzerrung zu minimieren. Professionelle und unabhängige Analysten aus der Marktforschung sind hier die Alternative der Wahl, wenn sie denn die organisatorische Unabhängigkeit von den operativen Einheiten im Marketing attestiert bekommen und diese neutrale Meinung auch wertgeschätzt wird.

Der zweite Punkt hat etwas mit einer methodischen Ausbildung in empirischen Wissenschaften zu tun. Wie einer der Autoren in seinen Executive Classes mit Managern immer wieder feststellt, fehlt es hier bereits in der universitären Ausbildung der Wirtschaftswissenschaften an der notwendigen Breite und Tiefe. Ein einfacher Test zu Beginn der Kurswoche enthüllt, dass zum Beispiel die Daseinsberechtigung eines wichtigen Leistungsindikators im Launch-Monitoring – wie der »Marktanteil pro Prozentpunkt gewichteter Distribution« – nicht spontan erklärt werden kann. Auch insgesamt fällt die Bilanz des Kenntnisstandes bei eher grundlegenden Metriken nicht zufriedenstellend aus – zum Beispiel bei den einfachen Kennwerten aus Farris et al. (2006).

Wir wissen aber auch, dass an einer Reihe von Hochschulen enorme Anstrengungen unternommen werden, Spezialgebiete von Ordinarien wie zum Beispiel Conjoint Measurement oder kausalanalytische Methoden zu vermitteln. Diese Zugänge sind sicherlich für die Grundlagenforschung ungeheuer bedeutsam, kommen aber in der Tagesarbeit eines Marketeers nur bei speziellen Ad-hoc-Fragestellungen zum Einsatz.

Eher indiziert wäre unserer Meinung nach eine Vertiefung der Inhalte auf allen Hierarchiestufen des Unternehmens in Managementseminaren. Entsprechende Literatur ist sicherlich vorhanden (Farris et al., 2006; Lehmann, D.R. & Reibstein, 2006; Davis, J., 2007; Schlüter & Schroiff, 2018). Das erscheint uns sinnvoller, als etwa Junior-Produktmanagern zu vermitteln, wie man ein Unternehmen kauft. Das macht man eher selten – selbst auf Vorstandsebene kommt das nicht jedes Jahr vor. Marketing aber ist immer.

»Smart Watering« – Wie Wasser in der Oase
Unsere grundlegenden konzeptionellen Überlegungen im Umgang mit dem Thema »Launch Control« fassen wir unter dem Stichwort »Smart Watering« zusammen. Wie in Schroiff (in Vorbereitung) ausführlicher dargestellt wird, ist das Managen eines Marketing-Etats zum Beispiel für eine Produktgruppe vergleichbar mit dem Managen des Wasserhaushalts in einer Oase. In beiden Fällen greift eben nur ein intelligenter Umgang mit knappen Ressourcen. Hier sind diese Prinzipien übertragen auf das Managen des Marketing-Etats einer Produktgruppe.
- In einem Unternehmen ist Geld ein knappes Gut. Man sollte es nur einsetzen, wenn es definitiv nicht verschwendet wird.
- In einem Unternehmen kann man nicht endlos Produkte einführen. Man kann nur so viele einführen, wie man auch hinterher im Markt entsprechend unterstützen kann.

- In einem Unternehmen muss man die eingeführten Produkte sorgfältig beobachten. Es gilt festzustellen, mit welcher Elastizität die eingesetzten Finanzmittel ihre intendierte Wirkung zeigen. Hier gilt es einzugreifen, falls man über- oder untersteuert.
- In einem Unternehmen kann man es sich nicht leisten, nicht-erfolgreiche Einführungen endlos weiter zu unterstützen. Man muss sich von ihnen trennen.
- In einem Unternehmen bleibt eine nicht-erfolgreiche Einführung nicht-erfolgreich – auch dann, wenn man sie selbst eingeführt hat.

Jeder einzelne dieser Punkte würde sicherlich rasch abgenickt. Dennoch ist es immer wieder erstaunlich, wie viele Punkte dieses basal anmutenden Regelwerks permanent missachtet werden. Das stellt einer der Autoren immer wieder in seinen »Executive Classes« an führenden Business Schools fest.

Was sind die häufigsten Gründe, die zu Misserfolgen beitragen?

Zu große Anzahl an eingeführten Produkten
Hier wird häufig nach der Vorstellung verfahren, dass eine große Anzahl an Neueinführungen besser ist als eine geringere Anzahl. Hohe Innovationsquoten machen sich immer gut. Da mag sicher ein falsch verstandener Effizienzgedanke Pate stehen, interner Wettbewerb oder Eindruck schinden beim Handel mit einer gigantischen Innovation Pipeline oder was auch immer. Wie wir weiter unten noch diskutieren werden, sind Produkteinführungen ja auch Vehikel fürs interne Weiterkommen und werden entsprechend instrumentalisiert. Da darf man sich nicht wundern, wenn Konsumenten das möglicherweise anders sehen und dem Angebot die kalte Schulter zeigen.

Zu geringe Marketing-Unterstützung
Sicher ist, dass extensive Launch-Programme wohl kaum für alle Neueinführungen die Unterstützung bereitstellen können, die ein Launch allein in Richtung Kommunikationsintensität erfordert. Hier sehen wir häufig eine Unverhältnismäßigkeit der Mittel. Niemand wird diskutieren wollen, dass man für die sechste Duftvariante eines Weichspülers auf ein geringer dimensioniertes Werbebudget setzen kann als bei einem nationalen Launch einer neuen Marke. Aber häufig sind eben Botschaften eines neuen Produkts nur unzureichend penetriert. Wenn es zudem so neu ist, dass großer Erklärungsbedarf hinzukommt, dann läuft man rasch in das Problem des »underwatering«: Das neue Produkt wird schon zu Beginn unzureichend und nicht nachhaltig genug in den Köpfen der Konsumenten verankert, die Kommunikationsbudgets sind unterdimensioniert, die Promotion-Aktivitäten zu karg bemessen, damit das neue Produkt Wurzeln schlagen und sich in seinem Markt festsetzen kann.

Nicht loslassen können
Zuwenig ist nicht gut, zuviel aber auch nicht. Das zeigt sich immer wieder, wenn Projekte auf Teufel komm raus durchgeboxt werden sollen, zum Beispiel weil es sich um »persönliche« Ideen handelt oder ein Projekt, von dem sich das Unternehmen aus Prestigegründen nicht verabschieden möchte. Dann werden Riesenbeträge für Kommunikation ausgegeben, die sich schlichtweg als nicht elastisch erweist. Unser Beispiel aus dem französischen Reinigermarkt weiter oben hat es erschreckend gezeigt. Es zeigt sich immer wieder, dass Awareness (Aufmerksamkeit) bis zu einem gewissen Grade käuflich ist und auch sensibel auf Media-Investitionen reagiert. Was fehlt, ist die »Übersetzung« von Aufmerksamkeit in Erstkäufe, von Wissen in Wollen, und die erreicht man eben nur dann, wenn man über ein neues und relevantes Konzept verfügt und dieses Konzept entsprechend inszeniert wurde. Wenn dann bei Entscheidern persönliche Eitelkeit im Spiel ist und man gerne diese Einführung als Erfolg in seinen Obelisken meißeln möchte, obwohl jegliche Evidenz komplett dagegen spricht, dann muss man die Reißleine ziehen.

Wie wir in den beiden letzten Kapiteln gezeigt haben, sind realistische Planung und strikte Kontrolle bei der Einführung weitere Grundvoraussetzungen für den Erfolg eines neuen Produkts. Vielversprechende Konzepte werden *ex ante* »tot geplant« oder aber *ex post* »tot geritten«. Wir glauben, dass beides weitestgehend vermeidbar ist und wir dadurch unsere Erfolgschancen deutlich steigern können. Wir haben eine Reihe von Vorschlägen gemacht, wie das funktionieren kann.

Nun elaborieren wir das Ganze noch ein wenig und wenden uns einer Reihe von weiteren Faktoren zu, die die Geschicke von neuen Produkten wesentlich bestimmen.

5.3 Keine Organisationshygiene und politisches Powerplay

Organisationsstruktur
Interne Politik und politisches Powerplay haben einen enormen Einfluss auf die Markenführung und die Innovationspolitik, aber ebenso eingefahrene Strukturen auf der Vertriebsseite und der fehlende Mut, diese zu durchbrechen. In welcher optimalen organisatorischen Struktur können die größten Fehler im Marketing verhindert werden und welches sind die internen politischen Faktoren, die häufig einen Marken- oder Produkterfolg im Wege stehen?

Ein Marketingmanager wird im strategischen Marketing danach beurteilt, wie viele gute konzeptionelle Ideen er für zukünftige Innovationen hat. Gerade in den ersten Berufsjahren, aber auch später ist er daran interessiert, möglichst schnell seine

Konzepte im Entscheidungsprozess durchzubekommen – vor allem, um die vorgegebenen Timings zu halten und die Projekte fest zu verankern, an denen er die nächsten Monate bis zu ihrer Einführung arbeiten kann. Dabei ist den meisten Marketingmitarbeitern gar nicht bewusst, dass in dieser konzeptionellen Phase der Grundstein für einen Erfolg, aber eben auch der Grundstein für einen möglichen Flop liegt. Hier zählt nicht Quantität, sondern Qualität. Und dabei geht es vor allem darum, herauszufinden, ob die Idee neu und relevant ist. Dazu wiederum gilt es, den Konsumenten für eine erste Überprüfung ins Boot zu holen.

Hygiene im Entscheidungsprozess
Wir haben es immer wieder erlebt, dass gerade in dieser Phase Marktforschungsergebnisse zuweilen schön-interpretiert werden, also schöner als sie eigentlich sind. Da wird mit allerlei dubiosen Benchmarks oder nachträglichen Split-Gruppenauswertungen gearbeitet, damit die Weiterverfolgung des Konzepts entschieden wird. Denn sonst müsste man ja wieder bei Null anfangen und das Timing für Projekt (und Karriere) wäre in Gefahr. Gerade in dieser Phase ist es die Aufgabe des CMO, darauf zu achten, dass Hygiene im Entscheidungsprozess existiert und jede Idee auf Herz und Nieren geprüft wird, bevor sie weiterverfolgt wird. Neben Informationen aus der Marktforschung kommt es hier zusätzlich auf unternehmerische Intuition und Erfahrung an.

Es gibt Unternehmen, die zum Beispiel die Marktforschung im Bereich Finanzen/Controlling ansiedeln, um so eine Kontrollfunktion hinsichtlich der Testergebnisse aus der Marktforschung zu installieren. Dies ist unserer Ansicht nach strukturell falsch und reflektiert ein Misstrauen gegenüber dem CMO oder dem Marktforschungschef. Eine Organisation, die auf Misstrauen und Kontrolle aufgebaut ist, wird nur dazu führen, dass mittelfristig die Top-Marketingmitarbeiter sich andere Betätigungsfelder suchen werden.

> **! Unsere Empfehlung**
> Die Kontrolle der Marktforschungsergebnisse im Innovationsprozess sollte immer in der gemeinsamen Verantwortung des CMO und des Marktforschungsleiters liegen.

Gegenüber der Geschäftsleitung, die auf eine hohe Innovationsquote aus ist, macht es sowieso keinen Sinn, mittelmäßige Konzepte weiterzuverfolgen, denn am Ende wird jeder Marketingmitarbeiter für den Erfolg am Markt bewertet und dann holen ihn oder sie die Fehler des Anfangs wieder ein.

Ein Argument, das immer wieder als Killerargument gegen reflektiertes Vorgehen fungiert, ist das »Pipeline-Filling« gegenüber dem Handel. Das ist der Einmal-Umsatz beim Reinverkauf von neuen Produkten in die Regale des Handels. Vor allem bei Neulistungen und Listungsausweitungen läuft man im Folgejahr gegen diesen Einmal-Effekt an, der aus Vertriebssicht kompensiert werden muss.

Die Beurteilung von Ideen ist kein (pseudo-)demokratischer Prozess

Einen ganz dramatischen Effekt auf die Qualität der Entscheidung hat die Art und Weise, wie Entscheidungen zustande kommen, nämlich in welchen Gremien und durch welche Anzahl von Mitentscheidern. Häufig gibt es fest installierte Konferenzen, an denen eine große Anzahl von Teilnehmern aus dem Marketing, aus den Länderorganisationen und aus dem Vertrieb beteiligt sind. Hier werden die einzelnen Projekte präsentiert und von allen kommentiert und es liegt in der Natur der Sache, dass jeder eine differenzierte Meinung hat und einen anderen Korrekturwunsch. Was am Ende übrig bleibt, ist, um es ganz schwarz-weiß darzustellen, eine weichgespülte Idee und nur der größte gemeinsame Nenner.

Unsere Empfehlung !

Die Beurteilung von Ideen und deren Ausgestaltung als Marketing-Mix darf aus unserer Sicht kein demokratischer Prozess sein, denn damit bekommen Sie zwar den größten gemeinsamen Nenner, der aber jegliches Profil vermissen lassen wird.

Der Top-Entscheider, der sich auf den gemeinsamen Nenner des Kreises zurückzieht und sich daran orientiert, wird nur vermeintlich erfolgreich sein. Es ist gut, ausreichend viele Stimmen zu den potenziellen Innovationen einzuholen, um sich ein balanciertes Bild zu machen. Jedoch ist es danach von elementarer Wichtigkeit, die Synthese zu ziehen und zu entscheiden, welche Aspekte Relevanz besitzen und am Ende das Gesamthafte verbessern und welche – nach unserer Erfahrung leider 90 Prozent – man einfach liegenlassen sollte. Jeder Teilnehmer eines solchen Marketingkomitees hat eine eigene Agenda und verfolgt die Ziele seines Geschäfts, was man ihm oder ihr auch nicht übel nehmen kann. In einem internationalen Set-up muss sich aber die Idee durchsetzen, die nicht nur in einem Land passt, sondern die möglichst international und global erfolgreich sein kann. Aus unserer Erfahrung ist dieses Phänomen absolut branchenübergreifend.

Pan-europäische Markenführung

Entgegen der Meinung eines englischen Geschäftsführers aus der Automobilbranche, der einem der Autoren klarmachen wollte, dass auf jeden Fall der englische Markt mit nichts zu vergleichen sei und dieser einen eigenen Marketing-Mix bräuchte, ebenso müsse Deutschland und dann der Rest der europäischen Märkte ein drittes Cluster bilden, ist Folgendes zu beachten. Kein Markenartikler kann es sich heute leisten, auf eine pan-europäische Markenführung zu verzichten. Dies ist eine typische Situation des politischen Powerplays, die ein CMO einzuschätzen wissen sollte und mit der er oder sie im Sinne einer einheitlichen Markenführung umgehen muss, ohne die Gesprächspartner vor den Kopf zu stoßen.

Produkteinführung unter Zeitdruck

Bleiben wir noch einen Moment beim Innovationsprozess. Nach Auswahl des Innovationskonzepts erfolgt die Entwicklung des Marketing-Mix, der wiederum verschiedenen Marktforschungstests standhalten muss. Häufig passiert es in dieser Phase, dass bei der Ausgestaltung des Marketing-Mix klar wird, dass es hakt und holpert. Jetzt ist es aber schon relativ spät im Prozess und der Einführungstermin sitzt im Nacken und es gibt zuweilen keine Akzeptanz des Top-Managements für Probleme in dieser Phase. Druck wird ausgeübt, einen Weg zu finden, den Einführungstermin zu halten, verbunden mit der klaren Aufforderung, am Marketing-Mix zu schrauben. Die Entscheidung, ein Projekt, bei dem es hakt, nicht auf »Reset« und »zurück auf Los« zu stellen, ist eine der bedeutendsten Ursachen für einen späteren Flop am Markt.

Manchmal wird erst bei der Entwicklung der Kommunikation deutlich, dass man sich bisher etwas vorgemacht hat und das vermeintliche Pfund in der Hand zu schmelzen droht. Die Agentur dreht Runde um Runde und findet einfach keinen guten Kommunikationsansatz und bei näherem Hinsehen liegt es gar nicht an der Kreation, sondern an der unzureichenden Innovation, die sich einfach nicht in der Kommunikation verkaufen lassen will, denn sie ist weder neu noch relevant. Kaum einer hat jetzt noch den Mut, den Prozess zu stoppen, obwohl die richtig großen Summen erst bei den nachfolgenden Media Spendings ausgegeben werden. Bis zu diesem Zeitpunkt kann man sich den teuren Flop noch sparen und sich seiner Konsequenzen entziehen, aber wie stehen der Produktmanager, der Marketing Direktor, der CMO und die Geschäftsleitung da, die alle die Innovation intern und im Handel schon verkauft haben?

Und doch sollten Sie sich nicht hinreißen lassen, weiterzumachen, denn ein Flop im Markt hinterlässt Spuren im Handel im Sinne von abnehmendem Vertrauen gegenüber der Innovationspolitik des Herstellers, und er kann diejenige Marke nachhaltig beschädigen, unter welcher die Innovation eingeführt wurde. Bei einem großen Multi-Marken-Unternehmen, das jedes Jahr bis zu 50 Neuprodukte in den Markt einführt, fallen natürlich ein paar Flops intern nicht auf, aber das kann nicht das Argument sein, das Geld der Aktionäre zu vernichten.

Auswahl des passenden Markendachs

Eine der wichtigsten Entscheidungen für ein Neuprodukt ist die Auswahl des Markendachs als psychologisches Trägersystem. Aufgrund der immensen Kosten bevorzugt man eine Einführung unter einer bestehenden Marke, um den Markenwert optimal für die Innovation zu kapitalisieren. Es kann aber vorkommen und dies in vielen Fällen, dass die Innovation an sich neu und relevant ist, man aber nicht den richtigen Markenträger im Portfolio hat. Hier werden häufig Marken vergewaltigt, als Dach zu dienen, und der Flop ist nahezu vorprogrammiert, denn die Marke hat vielleicht nicht die Glaubwürdigkeit oder das passende Image.

Viele Verantwortliche nehmen darauf keine Rücksicht, sondern verlangen von der Organisation das Einpassen der Neuprodukte in ein bestehendes Markenportfolio. In einem solchen Fall, wenn die Einführung einer neuen Marke zu teuer ist, was meistens nachvollziehbar ist, sollte man sich trotzdem nicht hinreißen lassen, bei zu geringer Passgenauigkeit das neue Produkt einzuführen. Aber auch hier bedarf es eines starken Selbstbewusstseins, um den Prozess anzuhalten.

Diese Frage der Passgenauigkeit ist insbesondere im Hinblick auf die Globalität der Märkte schwierig. Es gibt Regionen dieser Erde, die je nach Branche komplett anders funktionieren, und die Angebote müssen darauf angepasst werden. »One size fits all« ist bisweilen keine gute Strategie. Besser ist es, auf die Märkte zu verzichten, in denen es sich schon vor der Einführung herauskristallisiert, dass keine Passgenauigkeit existiert.

Akquisition von traditionellen Marken
Das Thema Akquisitionen ist ein eigenes Buch Wert, denn hier kommen Marken in das Portfolio, die vielleicht keine Existenzberechtigung haben, außer den Einfluss des jeweiligen Top-Managers zu vergrößern. Die Marketingorganisation hat dann das Problem auf dem Tisch und muss versuchen, die Entscheidung der Geschäftsleitung zu rechtfertigen meistens mit erfolglosem Relaunch um Relaunch. Gerne werden alte abgewirtschaftete Marken erworben in der Hoffnung, dass man sie wieder flott bekommt.

> **Wichtig**
> Optimismus und Selbstüberschätzung sind die größten Fallen beim Kauf traditioneller Marken, die über Jahrzehnte gemolken wurden.

Erinnern Sie sich an die Herdplatte. Wenn sie erst einmal abgekühlt ist, dann dauert es sehr lange, bis sie wieder heiß wird, und diese Zeit wird in fast keiner Akquisitionsrechnung einkalkuliert. In vielen Fällen ist die Positionierung der Marke auch nicht mehr wettbewerbsfähig und sie überlebt mehr schlecht als recht aufgrund ihrer noch großen Bekanntheit. Nur wenn es gelingt, eine *neue und relevante Wiederbelebung* zu initiieren, macht es überhaupt Sinn, über einen Kauf nachzudenken. Als CMO sollten Sie bei einer Due Diligence wachsam und realistisch sein und Ihre Vorgesetzten vor signifikanten nachhaltigen Fehlern bewahren.

An all diesen Beispielen sieht man, dass das Anforderungsprofil an einen CMO extrem komplex ist, wenn nicht das Komplexeste in der gesamten Unternehmenswelt. Vor allem in Zeiten, in denen der Return on Marketing Investment den vorherrschende Key Performance Indicator darstellt. Komplexität zu managen ist eine besondere Herausforderung und es bedarf eines ganzen Bündels an Fähigkeiten, denn wer nur einen Hammer hat, für den sieht alles aus wie ein Nagel.

5 Erfolgskontrolle – Von der Produkteinführung zum profitablen Wachstum

> **Welche Fähigkeiten sollte ein CMO mitbringen?**
>
> Eine hervorragende Beschreibung für ein CMO-Profil gibt Jonathan Moore von Sarah Lee: »I think it takes a combination of an inquisitive mind and an ambition to want to achieve something. Coupled with the willingness to explore, embrace and champion different ways to get there. You have to love working with all types of people and be especially fascinated to understand your consumers.«

Nähe zum Konsumenten

Die Basis-Anforderung an einen CMO ist die Nähe zum Konsumenten. Das heißt nicht, dass sie oder er ständigen Konsumentenkontakt pflegen muss, um den Markt richtig einzuschätzen. Es kann auch eine unternehmerische Intuition sein, Talent oder genetische Anlage, Innovationskonzepte zu entwickeln, die auf relevanten Konsumenten-Insights basieren. Kein Konsument ist im Übrigen in der Lage, die Innovation Pipeline der Zukunft zu gestalten. Erfolgreiches konsumentenzentriertes Marketing ist die Kombination aus Konsumentenwissen und unternehmerischer Vision sowie der Kreation.

Analytischer Intellekt

Analytischer Intellekt ist in der Komplexität des heutigen Marketings unerlässlich. Es gibt nicht den einen Weg nach Rom, sondern auf den vielfältigen digitalen und nicht-digitalen Datenautobahnen gibt es inzwischen tausend Wege nach Rom und keiner weiß genau, welcher der erfolgversprechendste ist. Es geht hier nicht um den IQ, es geht darum, aus der Fülle der Informationen, die tagtäglich auf eine Marketingorganisation einprasseln, diejenigen herauszufiltern, die relevant sind und für die Markenführung und Innovationspolitik weiterführend sind. Dabei ist die Filterfunktion die entscheidende intellektuelle Fähigkeit. Aus der Synthese der relevanten Informationen gepaart mit unternehmerischer Intuition entwickelt ein Top-CMO konkrete Handlungsanweisungen, die zukunftsweisend für die Marke sind.

Analytischer Intellekt alleine reicht bei weitem nicht. Es kommt darüber hinaus auf die Fähigkeit an, aus den relevanten Insights und aus all dem, was die Marketingorganisation präsentiert, die Dinge zu selektieren, die eine Chance auf Erfolg haben. Warum der eine CMO hier besonders erfolgreich ist und dem anderen CMO der Sprung von der Analyse der Daten zur optimalen unternehmerischen Entscheidung nicht gelingt, ist schwer zu beurteilen, denn wir befinden uns hier im Bereich der sogenannten »Soft Skills«. Ist es die Intuition? Ist es die jahrelange Erfahrung in einer Branche? Oder ist es Talent? Auf jeden Fall fällt hier die Entscheidung über Mittelmaß oder Genie.

Guided Creativity

Der CMO, dem es gelingt, die Vorschläge seines Team so zu verbessern und ihnen den Feinschliff zu geben, dass sie sich zum Blockbuster am Markt entwickeln, hat noch eine andere Fähigkeit. Die Fähigkeit der *guided creativity*. Kreativ sein kann jeder. Jedes Brainstorming wird eine Fülle von Ideen liefern. Aber 99 Prozent sind meistens am Thema vorbei. Die hohe Kunst des Marketings ist es, zielgerichtet zu kreieren, also genau das, was der Markt und vor allem die Marke braucht. Etwas, das neu und anders ist, und zwar hinsichtlich aller möglichen Aspekte des Marketing-Mix.

Bis jetzt hat unser Idealkandidat also die Fähigkeiten der Analyse, des konzeptionellen Denkens, der Kreativität und zusätzlich noch der Empathie gegenüber Kunden und Konsumenten. Wie viele Leute kennen Sie, die all diese Fähigkeiten auf sich vereinen? Und hier hört es noch nicht auf.

Persönlichkeitsmerkmale eines CMO
Zu den *persönlichen Eigenschaften eines CMO* gehört Mut, wie oben an einigen Beispielen beschrieben, und eine Sensibilität und Kommunikationsfähigkeit, die Organisation hinter seine Pläne zu bekommen. Dies ist besonders anspruchsvoll in einer internationalen Organisationsstruktur. Denn am Ende gibt es eine praktische Regel: Wenn man als CMO den Geschäftsführer eines Landes nicht hinter seine Idee und Pläne bekommt, dann wird er sie nicht mit ganzer Leidenschaft und Power in seinem Markt umsetzen, sondern zuweilen darauf warten, dass die Innovation floppt. Das gilt natürlich nicht allein für den CMO, sondern strenggenommen für alle Marketingmitarbeiter.

Diversity in der Marketingabteilung
Hier möchten wir noch einen Punkt erwähnen, der uns sehr am Herzen liegt. Großkonzerne neigen dazu, kulturell selbstähnlich extern zu rekrutieren. Diversity im Team wird nur begrenzt umgesetzt und mit »Exoten« kann man sich schon gar nicht anfreunden. HR-Abteilungen haben üblicherweise eine Checkliste mit Anforderungen, die der Kandidat erfüllen muss, um in die nächste Gesprächsrunde zu kommen.

Für eine Marketingabteilung wäre Diversity aus unserer Sicht aber ein Erfolgshebel und »Exoten« sollten in keiner Abteilung in größerer Zahl existieren als in der Marketingabteilung. Denn Vielfalt erzeugt mehr Kreativität, Ideen und Visionen. Als CMO sollten Sie sich immer wieder »Out of the box«-Kandidaten ansehen und diese in der HR-Abteilung einfordern.

Selbstüberschätzung des CMOs
Vielen CMOs, die auf der Erfolgsspur sind, steht ab einem gewissen Zeitpunkt die Eitelkeit im Wege – das gilt übrigens nicht nur für CMOs, sondern für alle Top-Manager. Das Ego wächst proportional zum Erfolg und manchmal auch überproportional und dort, wo vorher noch Offenheit und Empathie gegenüber Kritik und neuen Ideen war, ist heute das Sichtfeld stark verengt. Das kann mehrere Ausprägungen haben: Die erste ist, dass man so stark von seinem Erfolg überzeugt ist, dass man für die Zukunft alles exakt genauso machen möchte wie bisher. Das ist tödlich, denn es findet keine Weiterentwicklung mehr statt. Die Märkte ändern sich, Konsumenten ändern sich und der Wettbewerb bewegt sich. Die Erfolgsrezepte von heute sind nicht die Erfolgsrezepte

von morgen. Die zweite Ausprägung ist die Haltung, dass man sowieso alles besser weiß und überhaupt nicht mehr offen ist für Impulse aus der Marketingorganisation, aus der Marktforschung oder aus dem Markt.

Die Autoren erleben zuweilen, dass ein bislang erfolgreicher Top-Manager auch die Marktforschung generell infrage zu stellen beginnt und für sich beansprucht, es besser zu wissen. Das kann gut gehen, aber es wird nicht lange gut gehen, denn ohne das Ohr am Kunden oder Konsumenten rudert man häufig in die falsche Richtung. Auch dafür gibt es prominente Beispiele. Eine Marketingorganisation unter einer solchen Führung wird zunehmend frustrierter, denn jedes Argument auch aus Sicht der Zielgruppe unterliegt nicht mehr den Fakten, sondern der alleinigen Gunst des Entscheiders. Die Eitelkeit der Manager gehört zu den wichtigsten Ursachen, warum Produkte floppen und keine Käufer finden.

Notwendigkeit eines Marketingexperten in der Geschäftsleitung
Zum Schluss ist es dienlich, dass jeder CMO im Verlauf seiner Karriere eine operative Erfahrung macht, um ein kompetenter Gesprächspartner für alle Arten von operativen Managern zu sein. Denn häufig heißt es: Wenn man als Marketing-Fachfrau oder -Fachmann selbst keine operative Erfahrung hat und nur im strategischen Marketing gearbeitet hat, kann man die Dinge nicht beurteilen. Ob dies so ist, hängt in keiner Weise von einer langen operativen oder gar vertrieblichen Erfahrung ab, aber es gehört zum politischen Powerplay und den Gepflogenheiten. Liegt darin auch der eigentliche Grund, warum die meisten CMOs es nicht auf den CEO-Posten schaffen? Und wie kann es eigentlich bei einem Markenartikler sein, dass der CMO nicht in der Geschäftsleitung verankert ist?

Es gibt erfolgreiche Markenartikler, vor allem amerikanische, die ihr Executive Board weitestgehend aus Marketeers rekrutieren. Dahinter verbirgt sich die Geisteshaltung, dass der Erfolg des Unternehmens aus profitablem Markenwachstum resultiert und die größte Expertise dafür in der Marketingfunktion zu finden ist.

Deutschland hat hier eine andere Tradition. Die Kernindustrie Deutschlands ist traditionell die Investitionsgüterindustrie und weniger die Markenartikelindustrie. Hierzu gehören große deutsche Konzerne wie Siemens, Thyssen Krupp, Linde, BASF etc. Es gibt wenige deutsche Weltmarken, die aus Deutschland heraus zentral geführt werden. Meistens sind die vorherrschenden Marken Ableger ausländischer globaler Marken wie Coca-Cola, Google, Apple oder Nike, bei denen das strategische Marketing in der Zentrale stattfindet, die logischerweise nicht in Deutschland ist.

Glücklicherweise gibt es aber auch sehr erfolgreiche deutsche Marken, die erkannt haben, wie wichtig die Marke für den Unternehmenserfolg ist und wie wichtig die Funktion des CMOs ist. Beiersdorf hat einen Markenvorstand, so auch die komplette deutsche Autoindustrie – letztere häufig jedoch in Kombination mit der Vertriebsverantwortung. Geht man einmal die Liste der Unternehmensinsolvenzen im Markenartikelbereich oder im Handelsmarkenbereich der letzten Jahr durch, so lässt sich beobachten, dass es in vielen Fällen keinen CEO gab, der ein ausgewiesener Marketingexperte war, oder es gab keinen starken Markenvorstand.

Aus unserer Sicht ist es für einen Markenartikler in der heutigen komplexen Welt unerlässlich, einen Marketingexperten in der Geschäftsleitung zu installieren. Denn wer sonst sollte darauf achten, dass profitables Wachstum auch für die Zukunft gesichert ist, die Marke nicht an den Kunden vorbeigeführt wird und der entscheidende Faktor der Innovationspolitik auf hohem Niveau sichergestellt wird.

Leider sorgt die von uns beschriebene hohe Flop-Quote und der mangelnde Return on Marketing Investments im Moment dafür, dass sich wenige CMOs für die Geschäftsleitungsebene qualifizieren. Es geht also darum, die Flop-Quote zu senken und zu beweisen, wie man mit Ideenreichtum, Mut und Durchsetzungskraft als CMO der Motor des Unternehmenswachstums sein kann und für Wertewachstum statt Wertevernichtung sorgt. Der Grundstein und die Quelle für profitables Wachstum liegt in der erfolgreichen und nachhaltigen Markenführung. Oder wie Peter Drucker schon sagte: »All that matters in business is branding and innovation, the rest is costs.«

6 Zusammenfassung und Ausblick

Das war es, was wir zum Thema »Warum Start-ups und Produkte floppen« zu sagen haben. Natürlich hätten wir auch in der 2. Auflage noch viel mehr schreiben können, aber unsere zentralen Punkte sind gemacht und wir wollen sie hier noch einmal kurz zusammenfassen.

Bedeutung des Marketingkonzepts
Ganz oben auf unserer Liste steht die Bedeutung des Marketingkonzepts. Wir möchten noch einmal deutlich machen, dass das Konzept für uns der Dreh- und Angelpunkt des Erfolgsgeschehens ist. Die beiden Grundfragen, die wir in diesem Buch intensiv behandelt haben, lauten:
- Wie kommt man systematisch und kontinuierlich an konsumentenzentrierte Konzepte für Neuprodukte oder Start-ups?
- Wie kann man diese Konzepte systematisch und konsequent so inszenieren, dass Konsumenten/Nutzer diese bereits implizit verstehen (und dazu keine seitenlange Erklärungen brauchen)?

Dieses Thema ist für uns beide so leibnah, dass wir es beide zu unserem Beruf – um nicht zu sagen, zu unserer Mission – gemacht haben, dafür einzutreten: die eine für eine einzige Firma, der andere für viele Firmen und Universitäten. Aber es ist und bleibt unser monothematischer Leitstrahl, über den sich unserer Meinung nach Erfolg im Marketing primär gestaltet, und wir möchten auch auf den letzten Seiten dieses Buches noch einmal die Trommel für diese große Chance schlagen.

Die Chance für erfolgreiches Marketing muss aber beständig und professionell erarbeitet werden. Wir haben beschrieben, wie das aus unserer Sicht aussehen kann. Man muss sich informieren, man muss sich beraten, man wird zweifeln, man wird sich vielleicht nochmals informieren – aber irgendwann wird einem kein Konsument die Entscheidung abnehmen. Für Hasenfüßige ist kein Platz im erfolgreichen Marketing, das Risiko wird nicht verschwinden und der Misserfolg lässt sich auf Dauer nicht an Serviceeinheiten oder externe Partner abschieben. Und dieses Risiko steigt ziemlich deutlich, wenn man Neues wagt. »Neues« ist aber fast synonym mit Innovation, daher wird ein gewisses Maß an Unwägbarkeit ein wesentlicher Bestandteil einer erfolgreichen Neuproduktentwicklung bleiben. Und deshalb ist im Marketing wenig Platz für Fliegenbeinzähler und Risikoscheue. Wer von Quartal zu Quartal minimale Zuwächse anstrebt, sollte unseres Ermessens nicht CEO eines Unternehmens werden.

Orientierung am Kunden
Wir sind immer dankbar für jeden spontanen Geistesblitz, aber Marketing bedeutet letztendlich die totale Orientierung am Kunden. Daher steht und fällt die Qualität des

Konzepts weitgehend mit der *Konsumentenorientierung*. Diese Voraussetzung steht für uns nicht zur Diskussion. Wer den Verbraucher nur in der abstrakten Repräsentation eines Excelsheets, als seelenloses Zahlenaggregat begreifen möchte oder kann, der wird mit keinem von uns beiden als Tischnachbarn einen schönen Abend verbringen. Und mit beiden schon gar nicht, das ist sicher. Wer keine Menschen mag und nicht bereit ist, sich empathisch in Freud und Leid seiner Zielgruppe hineinzuversetzen, der sollte lieber nicht ins Marketing gehen.

Von Empathie für die Zielgruppe zur geleiteten Kreativität
Gute Marketingmanager leiden mit ihren Kunden. Nur so entwickelt sich die Voraussetzung für Empathie, die wiederum entscheidend ist für *geleitete Kreativität*, wie wir sie beschrieben haben. Den Kunden verstehen, sich in ihn hineindenken, mit ihm fühlen, sich beständig und systematisch Gedanken darüber machen, was ihn bewegen, was ihn interessieren könnte. Es gibt viele Möglichkeiten, über Erlebnisse an Kunden anzudocken. Wir haben darüber gesprochen – aber entscheidend ist es am Ende, die partikularistischen Eindrücke zu einer Gesamtrepräsentation zu verdichten. Das kann eben nicht jeder und es wird auch an den Universitäten eigentlich niemand darauf vorbereitet. Geschieht dies aber nicht, so werden Entscheider quasi »rindenblind« für das emotional geprägte Gesamtbild, das dem Konsumenten zu eigen ist. Es wird zwar ein fragmentarisches Bewusstsein für die Einzelinformation generiert, aber eine bewusste Verarbeitung im Sinne von Integration und Implikation findet nicht statt. So geschieht es häufig, dass man nahezu sklavisch an einem Einzelbefund hängt und versucht, das komplette Innere eines Hauses anhand eines Blicks durch den Briefkastenschlitz zu beschreiben. Daher sollte nur der im Marketing neue Produkte verantworten, der selbstständig auf der Erkenntnisleiter ein paar Stufen nach oben klettern kann und sich die Dinge einmal aus der geistigen Vogelperspektive ansieht. Für Leute, die nur in der zehnten Nachkommastelle denken können, ist Marketing nicht das Richtige.

Breites Konsumentenwissen
Breites Konsumentenwissen ist eine unabdingbare Voraussetzung für das, was wir als *geleitete Kreativität* (guided creativity) beschrieben haben. Nur wer umfassend in *aktuellen* Bedürfnisstrukturen denkt und fühlt, kann sich in zukünftige Thematiken überhaupt näherungsweise hineinversetzen. Das ist im Übrigen ein kontinuierlicher Prozess, den das gesamte Unternehmen betrifft. Die Hilflosigkeit zeigt sich dann, wenn einzelne Unternehmensteile aus dem Dunkel der Unwissenheit heraus zum Beispiel eine Reihe von Szenario-Workshops als eine Art »strategischen Notverband« anlegen und fest glauben, dass sie damit alles unternommen haben, um ihre konzeptionelle Zukunft zu sichern. Wir haben beschrieben, wie es immer besser funktionieren könnte. Nicht immer, aber immer öfter.

Inszenierung der Marke

Die Inszenierung der Marke war unser nächstes zentrales Anliegen. »Produkte sind nichts, Marke ist alles« – eine radikale Feststellung von einem der Autoren, die ihm je nach Zuhörerschaft Beifall oder Kritik einbringt. Niemand zweifelt natürlich daran, dass das Produkt eins-zu-eins für sein reklamiertes funktionales Leistungsspektrum einstehen muss, aber die Kraft einer Marke geht doch weit darüber hinaus und aktiviert emotionale und selbst-expressive Projektionen, die für Kunden große Bedeutung besitzen und die Bestandteil der Transaktion zwischen Käufer und Verkäufer sind.

Die Konzeption, Gestaltung und Formung dieses psychologischen Überbaus ist eine ebenso große unternehmerische Leistung wie die Formulierung einer neuen Kombination waschaktiver Substanzen oder ein Anti-Blockier-System. Auch hier haben wir beschrieben warum, wieso, weshalb – und was man tun könnte, um die unglaublichen Chancen zu ergreifen, die die Positionierung und Inszenierung einer Marke bieten. Nicht auf der Basis von spinnerten Theorien sogenannter Management-Gurus, sondern basierend auf dem breiten Erfahrungswissen verhaltenswissenschaftlicher Disziplinen über menschliches Fühlen und Handeln. Wer das Thema »Marke« nicht verstehen kann, den attestieren wir beide keine Zukunft im Marketing und keinen Erfolg mit Innovationen.

Planung und Entscheidungshygiene im Einführungsprozess

Kommen wir schließlich zur Bedeutung von Planung und Entscheidungshygiene im gesamten Einführungsprozess. Da glauben wir beide auch weiterhin unumstößlich an den Wert von Ehrlichkeit und Realitätsbewusstsein. Es muss in einem Unternehmen einfach durchgängig möglich sein, *ex ante* die wirklichen Chancen einer Neueinführung neutral zu bewerten. Jenseits aller Unternehmenspolitik, jenseits aller Rücksichtnahme auf die Financial Community, jenseits aller internen Rangeleien und Grabenkämpfe. Fortwährendes »schön reden« führt nur zum »schlecht machen« – niemand läuft die 100 Meter in 10,0 Sekunden, bloß weil ihm das sein Chef als »stretched goal« vorgegeben hat. Aber wenn es dann in allen Gazetten steht, dass er (realistischerweise) 20 Sekunden gebraucht hat, dann wird diese Zeit zum Super-GAU hochstilisiert. So ist es aber nicht – in Wirklichkeit hat der Arme innerhalb seiner Möglichkeiten alles gegeben und es ist nur wieder jemand der »Pippi Langstrumpf«-Planung erlegen (Zur Erinnerung: »Wir machen uns die Welt so, wie sie uns gefällt«).

Ein Eindampfen des ständigen Jahrmarkts der Eitelkeiten in den Unternehmen, der Verzicht auf die üblichen Olympiaden im Schattenboxen auf Jahrestreffen bzw. Bilanzpressekonferenzen und eine dadurch bedingte Planungsseriosität würde unserer Meinung nach die (Innovations-)Performance deutlich steigern. Niemand kann schneller laufen, als er kann. Jetzt nicht und in Zukunft auch nicht. Und wenn er schneller läuft, als er eigentlich kann, dann stimmt was nicht. Die zahlreichen Dopingskandale in den unterschiedlichen Sportarten führen zu einer flächendeckenden Interessensabkehr. Denn niemand möchte gern ganz offensichtlich betrogen werden.

Realitätsbewusstsein fordern wir auch dann, wenn das Produkt im Markt ist. Es fehlt nun wirklich nicht an Möglichkeiten, ein umfassendes und neutrales Launch-Monitoring zu betreiben, aber es fehlt an Mut und Entschlusskraft, sich der Realität zu stellen und sich früh(er) und bewusst(er) von Dingen zu trennen, die sich mit großer Wahrscheinlichkeit nicht als wirtschaftlichen Erfolg herausstellen werden. Wir haben unterschiedlichste Gründe dafür beschrieben, warum das im Markt nicht funktioniert und was man möglicherweise dagegen tun kann. Zuwarten und sich in der Vogel-Strauß-Politik zu üben, hat noch niemandem genutzt.

Aber, aber – hören wir immer wieder in simplen Kasuistiken – es gibt aber doch Produkte, die sich erst später als Erfolg herausgestellt haben. Unsere Gesprächspartner meinen hier den Fehler zweiter Art, bei dem man eine Nutzpflanze als Unkraut klassifiziert und ausreißt. Ja, das kann tatsächlich hin und wieder geschehen. Aber was zählt, ist doch eigentlich der sogenannte »track record« – also die langfristige Innovationsperformance über einen längeren Zeitraum. Auch darüber haben wir uns ausgelassen. Immer wieder gern genommene Kennwerte wie »Prozent des Umsatzes mit Neuprodukten« oder »Anzahl Patente« als Grundlage für Incentivierungsmaßnahmen zu nehmen, ist aus keinem Grund zu empfehlen (vgl. Schlüter & Schroiff, 2017). Damit fördert man nur genau das, was wir hier in diesem Buch anprangern: das kurzfristig am Abverkauf orientierte Pipeline-Filling und nicht den langfristigen, wertschöpfenden Markenaufbau. Das sollte auch die Financial Community wissen, denn dann braucht sie in den Bilanzpressekonferenzen nicht mehr danach zu fragen (Schlüter & Schroiff, 2017).

Wir glauben immer noch an bessere Zeiten und dass man dazu beitragen kann durch:
- Konsumentenorientierung statt »Make and Sell«
- ein auf allen Ebenen des Unternehmens ausgeprägtes Markenbewusstsein statt »Managing by Numbers«
- die Übernahme von persönlicher Verantwortung für das eigene Handeln statt Delegation
- bewusste Risikobereitschaft ohne Hazardspiele
- gelebte Meinungspluralität statt Zwangskonformismus

All das sind gute Voraussetzungen, damit wir alle, nicht nur die politische Führung, wieder besser schlafen können.

Wir beide machen jetzt Schluss – zumindest mit *diesem* Buch. Und wenn es bei Ihnen schlaflose Nächte gibt, wie vielleicht seinerzeit bei Heinrich Heine, wenn er an Deutschland dachte, dann denken Sie vielleicht an das, was wir Ihnen empfohlen haben, und möglicherweise entschließen Sie sich ja, danach zu handeln.

Es würde uns freuen.

Literaturverzeichnis

Aaker, D. (2011): Brand Relevance – Making Competitors Irrelevant. San Francisco: Jossey-Bass.

Aaker, D. (1996): Building Strong Brands. New York: Free Press.

Barabba, V.P. & Zaltman, G. (1991): Hearing the Voice of the Market. Boston: Harvard Business School Press.

Barwise, P. & Meehan, S. (2004): Simply Better: Winning and Keeping Customers by Delivering What Matters Most. Boston: Harvard Business School Press.

Bischof, N. (1989): Das Rätsel Ödipus (5. Auflage). München: Piper.

Bland, D.J. & Osterwalder, A. (2020): Testing Business Ideas. New Jersey: Wiley.

Bode, J. (2018): Innovator's Smile – Eine Roadmap für innovatives Denken und Handeln. München: Haufe.

CB Insights (2019): https://www.cbinsights.com/research/startup-failure-reasons-top/

Clancy, K. & Krieg, P. (2007): Your Gut is Still Not Smarter Than Your Head – How Disciplined, Fact-Based Marketing Can Drive Extraordinary Growth and Profits. New York: Wiley.

Davis, J. (2007): Measuring Marketing: 103 Key Metcs Every Marketer Needs. Singapore: Wiley.

Day, G. & Schoemaker, P.J. (2006): Peripheral Vision – detecting the Weak Signals That Will Make or Break Your Company. Boston: Harvard Business School Press.

Deutscher Startup-Monitor 2018: https://deutscherstartupmonitor.de/fileadmin/dsm/dsm-18/files/Deutscher%20Startup%20Monitor%202018.pdf

de Swaan Arons, M. & van den Driest, F. (2010): The Global Brand CEO – Building the Ultimate Marketing Machine. New York: Airstream International.

Dörner, D. (2011): Die Logik des Misslingens (10. Auflage). Hamburg: Rowohlt.

Fader, P. (2011): Customer Centricity. Philadelphia: Wharton Digital Press.

Farris, P.W, Bendle, N.T., Pfeifer, P.E., & Reibstein, D.J. (2006): Marketing Metrics: 50+ Metrics Every Executive Should Master. Philadelphia: Wharton School Publishing.

Flatten, T., Greve, G., & Brettel, M. (2011): Absorptive Capacity and Firm Performance in SMEs: The Mediating Influence of Strategic Alliances, in European Management Review, 8(3), S. 137-152.

Frank, C.J. & Magnone, P. (2011): Drinking From the Firehose. Making Smarter Decisions Without drowning in Information. London: Penguin.

Gigerenzer, G. (2007): Gut Feelings. New York: Viking.

Gigerenzer, G. (2013): Risk Savvy – How to Make Good Decisions. New York: Penguin.

Govindarajan, V. & Trimble, Ch. (2013): How Stella Saved The Farm. London: MacMillan.

Govindarajan, V. & Trimble, Ch. (2012): Reverse Innovation. Boston: Harvard Business School Press.

Häusel, H.-G. (2007): Neuromarketing: Erkenntnisse der Hirnforschung für Markenführung, Werbung und Verkauf. München: Planegg.

Haller, P. & Twardawa, W. (2008): Building Best Brands – Die Keydriver der Champions. München: Serviceplan Agenturgruppe. Im Internet unter: http://www.harvardbusinessmanager.de/heft/artikel/marketing-die-kundenwuensche-beruecksichtigen-a-900964.html

Isaacson, W. (2011): Steve Jobs. London: Little, Brown.

Joachimsthaler, E. (2007): Hidden in Plain Sight – How to Find Your Company's Next Big Growth Strategy. Harvard: Harvard Business School Press.

Kaczinski, A. et al. (2019). When You Give Everyone a Voice And Give People Power, The System Usually Ends Up In a Good Place. Social Media & Society Report 2019. DFG_Forschergruppe 1452.

Kahneman, D. (2011): Thinking: Fast and Slow. New York: MacMillan.

Kleinert, C. & Schroiff, H.-W. (2017): Was die Wirtschaft vom Wetter lernen kann. Absatzwirtschaft 5/2017, S. 92-95.

Kumar. V. (2013): 1 01 Design Methods. A Structures Approach for Driving Innovation in Your Organization. New Jersey: Wiley.

Marketing Science Institute (2018): »Research Priorities 2018-2020« Cambridge, Mass.: Marketing Science Institute.

Morbach, J. (2019): Natürlichkeit wirksam verpacken. Masterarbeit am Lehrstuhl für Marketing, RWTH Aachen.

Pöhler, St. (2019): Enhancing Corporate Innovation, technology, and Business performance Through Start-up Acquisitions: Successful Post-Acquisition Integration Strategies. Dissertation am Lehrstuhl für Innovation und Entrepreneurship. RWTH Aachen

Scheier, Ch. & Held, D. (2007): Was Marken erfolgreich macht. Freiburg: Haufe Verlag.

Scheier, Ch. & Held, D. (2006): Wie Werbung wirkt. Freiburg: Haufe Verlag.

Scheier, Ch., Bayas-Linke, D. & Schneider, J. (2010): Codes. Die geheime Sprache der Produkte. Freiburg: Haufe Verlag.

Schlüter, A. & Schroiff, H.-W. (2018): Kennzahlen zur Innovations-Performance: Ein marketing-orientiertes und kundenzentriertes Framework. In: Gleich, R.& Munck, J.-C. (Hrsg.): Kennzahlen optimal nutzen. München: Haufe

Schmidt, V. (2020): Organizational Development towards a Climate of Innovation: Exploring The Role Of a Dedicated Management Unit. Dissertation am Lehrstuhl für Marketing. RWTH Aachen.

Schneider, M. (2019): Predicting Corporate Innovation Capability: Proactive process KPIs Instead of Retrospective Business Analysis. Masterarbeit am Lehrstuhl für Marketing. RWTH Aachen.

Schroiff, H.-W. (in Vorbereitung). Spearheading Innovation.

Schroiff, H.-W. (2016): Mehr Markenmacht. Planung & Analyse 5/2016.

Schroiff, H.-W. (2015): »Speerspitzen-Innovation« – ein Denkmodell für erfolgreiche konsumentenzentrierte Neuprodukte. In: Büchler, J.-P. & Faix, A (Hrsg.): Innovationserfolg – Management und Ressourcen systematisch gestalten. Frankfurt: Peter Lang.

Schroiff, H.-W. (2013a): Das Interessante vom Beifang trennen. New Business, 13, 16-17.

Schroiff, H.-W. (2013b): Wie man Marken heute positioniert und inszeniert. Vortrag auf dem Marketing-Forum der Hannover Messe am 09.04.2013. Im Internet unter: http://www.youtube.com/watch?v=KVbTaaKDiog

Schroiff, H.-W. (2012): Alle Innovation entsteht durch Dialog. Im Internet unter: http://www.haufe.de/marketing-vertrieb/dialogmarketing/marktforschung-alle-innovation-entsteht-durch-dialog_126_129306.html

Schroiff, H.-W. (2011): Marktforschung. In: Amelang, W. & Hornke, L.F. (Hrsg.), Enzyklopädie der Psychologischen Diagnostik. Göttingen: Hogrefe.

Schroiff, H.-W. (2010): Markendifferenzierung in der Konzeptphase – eine Handlungsempfehlung aus der Praxis. In: U. Görg (Hrsg.). Erfolgreiche Markendifferenzierung – Strategie und Praxis professioneller Markenprofilierung. Wiesbaden: Gabler.

Schroiff, H.-W. (2009): Wir wollen schneller, höher, weiter. Interview mit Hans-Willi Schroiff in: Werben & Verkaufen, 50/2009.

Schroiff, H.-W. (2007a): The Market Research Process. In: van Hamersfeld, M., de Bont, C. (eds.), Market Research Handbook (5th ed.). Chicester: Wiley.

Schroiff, H.-W. (2007b): Creating Competitive Intellectual Capital. In: Mouncey, P. & Wimmer, F., (eds.), Market Research Best Practice: 30 Visions for the Future. Chicester: Wiley.

Schroiff, H.-W. (2006): Marketing-Controlling durch Marktforschung. (Marketing controlling via Business Intelligence). In: Reinecke, S. & Tomczak, T. (eds.), Handbuch Marketingcontrolling (2nd ed.). St. Gallen: Thexis.

Schroiff, H.-W. & Arnold, D. (2004): Strategies for Managing Brand and Product in International Markets. In: Quelch, J. & Deshpande, R. (eds.), The Global Market – Developing a Strategy to Manage Across Borders. San Francisco: Jossey-Bass.

Sievert, St. et al. (2017). Europas demographische Zukunft. Berlin Institut für Bevölkerung und Entwicklung.

Simon, H. (2009): Hidden Champions of the 21st Century: Success Strategies of Unknown World Market Leaders. London: Springer.

Slupina, M. et al. (2019): Die demografische Lage der Nation – Wie zukunftsfähig Deutschlands Regionen sind. Berlin Institut für Bevölkerung und Entwicklung.

Sütterlin, S. (2017): Hohes Alter, aber nicht für alle. Berlin Institut für Bevölkerung und Entwicklung.

Taleb, N.N. (2004): Fooled by randomness: The hidden role of chance in life and in the markets. London: Thomson.

Tellis, G.J. (2013): Unrelenting Innovation. How to Build a Culture for Market Dominance. San Francisco: Jossey-Bass.

Terwiesch, Ch. & Ulrich, K.T. (2009): Innovation Tournaments – Creating and Selecting Exceptional Opportunities. Boston: Harvard Business Press.

Abbildungsverzeichnis

Abb. 1:	Reduzierte Füllmenge – nicht sichtbar für den Konsumenten	23
Abb. 2:	Die drei Wertschöpfungsketten des Marketings (Quelle: Schroiff, in Vorbereitung)	26
Abb. 3:	Studie zur Klassifikation von Neuprodukten (Quelle: Ernst & Young und Nielsen 1999)	32
Abb. 4:	Kylie Jenner (links) und ihre Beauty-Marke KYLIESKIN...............	42
Abb. 5:	Schritte der Konzeptkreation (Trichtermodell) (Quelle: Eigene Darstellung)	48
Abb. 6:	Pro Care – Visualisierung des Produkts (Quelle: Eigene Darstellung, Design: Scholz & Friends)	50
Abb. 7:	Die Marke Right Guard und ihre Wettbewerber	57
Abb. 8 und 9:	Die Marke IT Cosmetics	59
Abb. 10:	Erfolgskriterien für Konzepte (Quelle: Eigene Darstellung)	61
Abb. 11:	Suchanfragen bei Google während der Finanzkrise (Quelle: Schroiff, in Vorbereitung)	76
Abb. 12:	Taxonomie der Flecken (Chemiker) (Quelle: Schroiff, in Vorbereitung)	81
Abb. 13:	Facets of the determinants (Quelle: Schroiff, in Vorbereitung).........	82
Abb. 14:	The Law of the Lens in the Information Pyramid (Quelle: Barabba & Zaltman 1991)............................	89
Abb. 15:	Innovation Sourcing System (Quelle: Eigene Darstellung)............	93
Abb. 16:	Innovation-Tunnel (Quelle: Eigene Darstellung).....................	98
Abb. 17:	Benchmarking-Systeme (Quelle: Eigene Darstellung)	103
Abb. 18:	Einflussfaktoren zwischen Konzepttest-Ergebnis und Abverkaufsveränderungen (Quelle: Schroiff, in Vorbereitung)	104
Abb. 19:	Limbic Map (Quelle: Häusel (2007))................................	111
Abb. 20:	Entwicklung des Marktanteils: Fairy versus Dawn (Quelle: Schroiff (2012))	114
Abb. 21:	Limbic Map (Quelle: Häusel, 2007)	120
Abb. 22:	Consistent Backboning© (Quelle: Schroiff, in Vorbereitung)	121
Abb. 23:	Die Original-Produktverpackungen in der Reihenfolge Pfanner, Granini, Valensina und Albi (Quelle: www.shop.rewe.deundwww.bringmeister.de)	123
Abb. 24:	Die eigens erstellten Produktverpackungen Pure (links) und Jàna (rechts).................................	123
Abb. 25:	Die Thurstone-Skalierung der sechs Produktverpackungen...........	124
Abb. 26:	Die Marke Gliss Kur – Fokussierte Positionierung für geschädigtes Haar...	127

Abb. 27 und 28:	Werbung mit starken Emotionen (Adidas und Telekom) (Quellen: http://www.horizont.net/aktuell/marketing/pages/protected/showfull.php?p=59159und http://www.horizont.net/aktuell/marketing/pages/protected/showfull.php?p=59001)	142
Abb. 29 und 30:	Entwicklung eines neuen Douglas-Logos (links das alte, rechts das neue Logo)	165
Abb. 31 bis 34:	Entwicklung einer neuen visuellen Markensprache für Douglas (alle vier Fotografien von Peter Lindbergh)	167
Abb. 35 bis 38:	Neue Store-Designs für Douglas-Filialen	169
Abb. 39:	Imagekurve der Marke Douglas im Vergleich zu ihren Wettbewerbern	170
Abb. 40:	Einführungsmonitoring eines Reinigerprodukts in Frankreich (Quelle: Schroiff, in Vorbereitung)	185
Abb. 41:	Geplante und reale Trajektorie (Quelle: Eigene Darstellung)	187
Abb. 42:	Launch-Benchmarking (Quelle: Eigene Darstellung)	188
Abb. 43:	Launch Control Summary – Oriental Bazaar	190

Stichwortverzeichnis

A

Absatzplanung 68, 180, 187
Advocacy System 159
AIDA-Regel 139
Akquisition von Marken 199
analytischer Intellekt 200
Ankerelement 83
Archivierung der Ideen 100
Ästhetik 160, 162
Aufmerksamkeit 15, 26, 37, 139, 160, 195

B

Balance 111, 117
Bedürfnisarchitektur 109, 116, 117, 118
Behaviour Sampling 79
Benchmarking 91, 101, 102, 103, 104, 139, 188, 189
Benefit 42, 49, 52, 53, 60, 62, 64, 108, 118, 122, 132, 135
— emotionaler 109
— funktionaler 109
Big Data 24, 86, 87, 159
Blindtest 36
Bugaboo 29, 79, 115, 118

C

Chancenverwertung im Markt 33
Chief Marketing Officer (CMO) 94, 96, 97, 98, 100, 116, 133, 171, 196, 197, 198, 199, 200, 202, 203
— Persönlichkeitsmerkmale 201
— Selbstüberschätzung 201
Cloud 86
Co-Kreation 35, 90
Composition Writing 79
Consistent Backboning© 119, 121, 122
Consumer Belief 50
Consumer Insight 47, 49, 50, 51, 52, 58, 62, 64, 92, 159, 161
Content-Marketing 159
Controlling 22, 87, 191, 196
Convenience Food 75
Cowboys in der Werbung 165
Crowd-Sourcing 36
Cynic Clinic 77, 78

D

Defizite in der Planung 27
Deutscher Marketingpreis 9
Digital Natives 160
Diversity 201
Dominanz 110, 111, 117, 121
Douglas 165
— Imagekurve 170
— Store-Design 169

E

Einführungskontrolle 44, 182
Einzigartigkeit des Angebots 55, 138, 151, 171
Elbphilharmonie 173
Empathie für die Zielgruppe 201, 206
Entscheidungshygiene im Einführungsprozess 207
Erfolgskontrolle 173
Erfolgsquote 17, 20, 21
Ethnografie 72
Expert Partner 74

F

Facebook 49, 85, 86, 157, 159, 160
Fact Books 72
Fast Follower 33
Fast Moving Consumer Goods (FMCG) 20, 49, 62, 66, 137
Fehlertoleranz 181
Financial Community 15, 20, 43, 44, 176, 207, 208
Finanzplanung 43, 173
First-Mover-Vorteil 91, 92

First to Market 61
Fleckentfernung 39, 42, 82, 109, 121
Floprate 12, 15, 20, 25, 27, 28, 54, 62, 66
Focus Group 74
Forschung und Entwicklung 68
fraktale Marke 107
funktionaler Benefit 109

G
geleitete Kreativität 26, 35, 182, 200, 206
Gender Marketing 160
Gewinnmaximierung 29
Glaubwürdigkeit des Angebots 51, 58, 62, 125, 128, 132, 148, 149, 150, 152, 153, 155, 156, 198
Gliss 60, 126, 127, 128, 134, 145
Globalisierung von Marken 56
Gruppendiskussion 74, 85
guided creativity 35, 200, 206

H
Haarpflegemarke 49, 126, 157
Heimat der Marke 112, 120, 122
Home Visits 73
Hunde und Katzen in der Werbung 164

I
Ideen
— Evaluierung 94, 96
— Generierung 19, 94
— Prämierung 94, 99
Ikea 55
Innovation Sourcing System 93, 94, 96, 97, 98, 100
Innovationsprozess 47, 48, 66, 90, 93, 94, 96, 97, 99, 196, 198
Innovationsrate 20
IT Cosmetics 58

K
kalkulatorisches Risiko 178
Kanonenkugel-Methode 66
Kartoffel-Prinzip 87
Key Performance Indicator (KPI) 22, 98, 199

Keyword-Analyse 158
Kommunikationsbudget 27, 194
Kommunikations-Etat 18, 43, 117
Kommunikationsstrategie 58, 157
Konfidenz 101, 180
Konsumentenorientierung 19, 34, 67, 69, 70, 78, 90, 206, 208
Konsumentensprache 48, 51, 53, 64
Konsumententäuschung 24
Konsumentenwahrheit 29
Konsumentenwissen 35, 200, 206
Konzeptidee 18, 26, 37, 60, 62
Konzeptkreation 48

L
Launch-Kontrolle 18, 44
Launch-Monitoring 186, 193, 208
Launch-Prozess 27
Lead User 74
Learning Plan 70, 71, 72, 88
Leistungsversprechen 51, 52
Lernen
— persönlich 71
— stellvertretend 71
Limbic Map 110, 117, 121, 122, 132
Limbische Landkarte 110
Lindbergh, Peter 166, 169
Line Extension 32, 62, 69, 125, 126, 128
Listening-Ins 71, 76
Little Luxuries 76
Logik des Misslingens 175, 176
L'Oréal 58

M
Make and Sell 67, 68, 70
Managing by Numbers 208
margin dilutive 189
Marke
— als psychologisches Trägersystem für Produkte 18, 25, 26, 40, 107, 119, 122, 125, 129, 132, 134, 198
Markenakquisition 199
Markenartikel 25, 26, 90, 107
Markenaufbau 208

Marken-Benefit 39, 122
Markenbild 39, 131, 165
Markencode 164, 165, 169
Markendach 40, 125, 129, 132, 137, 198
Markenfan 157
Markenidee 47, 49
Markeninszenierung 122, 207
Markenkonzept 47, 153
Markenpositionierung 38, 39, 42, 58, 107, 115, 119, 122, 130, 131, 154, 155
Marken-Relaunch 104
Marken- und Produktkommunikation 136
Markenwahrnehmung 131, 146
Marketingagentur
— Briefing 154
Marketing-Etat 193
Marketing-Mix 41, 47, 48, 57, 65, 66, 91, 94, 102, 107, 119, 129, 130, 137, 164, 165, 170, 171, 178, 197, 198, 201
Marketingplan 184, 186
Marktforschung 9, 10, 22, 25, 28, 48, 66, 68, 71, 73, 77, 94, 128, 152, 162, 166, 193, 196, 202
marktorientierte Unternehmenspolitik 24
Marktorientierung 34, 68, 70, 71
Media Planung 92
Meinungsbildner 156
Meinungs-Blaupause 176
Misserfolgsanalyse 25
Monitoring 16, 98, 182, 187
Motivation 9, 46, 95, 97, 98
Motivationspsychologie 109
Motivstruktur des Konsumenten 110, 111

N

Nähe zum Konsumenten 200
Neueinführung 15, 16, 20, 32, 176, 180, 183, 189, 194
Neuromarketing 112
Nicht-Verwender 77, 78

O

Online-Community 87
Opel 11, 40, 109, 133, 148, 150
Organisationshygiene 45, 195

P

Pantry Checks 74
Performance-Messung 17, 18
Pipeline-Effekt 65
Pipeline-Filling 196, 208
Plakatwerbung 143, 151
Planen als geistiges Probehandeln 173
politische Machtspiele 45, 195
PR-Artikel 156
Präsentation der Werbeidee 155
Preisgestaltung 129, 170
Printanzeige 117, 143, 153
Produktdefinition 47
Produktdesign 50, 54, 64, 129, 130, 134, 135, 136, 137, 163, 168
Produkteinführung 27, 40, 173
— unter Zeitdruck 198
Produktidee 56
Produktinnovation 19, 27, 116, 119, 122, 125, 126, 132, 134, 137
Produktkonzept 33, 39, 41, 47, 49, 50, 54, 64, 65, 107, 129, 134, 138, 153, 154, 170, 171
Produktqualität 27, 130, 133, 149, 181
Produkt-Repertoire 74
Produktverpackung 122
Produktwahrnehmung 131, 133
Promotion 26, 27, 29, 92, 132, 137, 159, 171, 184, 189, 194
Prospektion 72
Prozessoptimierung 28

R

Reason Why 49, 52, 53, 60, 62, 64
Rekrutierungspolitik 19
Retrospektion 72

Return on Investment (ROI) 107, 137
Return on Marketing Investment (ROMI) 22, 203
Risiko-Ignoranz 176, 177
Risikovermeidung 181
Rückwärtsplanung 176
Rumpelstilzchen-Planung 176

S
Schrotflinten-Methode 66
Schwarmintelligenz 35, 90, 93, 96, 175
Search-Engine-Experte 158
selbst-expressiver Nutzen 109
Sense and Respond 68, 70, 76
Sex in der Werbung 144, 160
Shitstorm 133, 157
Smart Watering 186, 193
Snippets 85
Social-Media 41, 49, 72, 157
— Social-Media-Analyse 85, 87
Sortimentsbereinigung 191
Stimulanz 111, 117
Stop-Go-Entscheidungen 186
Store-Design 168
Störer und Claims auf der Packung 135
stretched goals 43

T
Testimonial-Werbung 40, 141, 144, 146, 147, 148, 149, 150, 151, 152, 153, 161
Testmarkt-Simulation 178, 187
Time to market 61, 91, 92
Tonnage 178, 184, 186, 187
Torture Test 143

Trägersystem der Marke 40, 119, 125
Trend Monitoring 83, 94
Truthahn-Illusion 179
TV-Spot 24, 117, 141, 143, 145, 153

U
Ungewissheit 178, 179, 180
Ursachen des Misserfolgs 25
USP 65, 127, 132, 136, 151, 155

V
Verhaltenspsychologie
— Tricks im Marketing 24
Vermarktungshygiene 19
Verpackungsgestaltung 122
Verwendermotiv 77
Visualisierung einer Produktidee 50, 53, 147

W
Web-based Dialogue 76
Wertevernichtung 19, 20, 24, 25, 44, 186, 191, 203
Wertschöpfung 23, 26, 36
— Wertschöpfungskette des Marketings 25
— Wertschöpfungswunder 38
Wettbewerbsfaktoren 34
Wiederkaufsrate 27

Z
Zusatzangaben zum Angebot 49, 53
Zwischenhirn 112, 113

Die Autoren

Hans-Willi Schroiff über Tina Müller

Tina Müller in eine Beschreibungskategorie zu stecken, ist generell nicht einfach. Ich kenne sie nun seit ca. 25 Jahren und muss immer noch darauf verzichten, ihr ein Etikett um den Hals zu hängen, mit dem man sie konvenient und eindeutig kartografieren kann, erscheint mir schlichtweg nicht möglich. Im Übrigen würde sie das mit dem Etikett auch gar nicht mit sich machen lassen.

Nichtsdestotrotz charakterisiert sie ein Bündel von Fähigkeiten, das in dieser Form wohl nicht in der Breite zu finden ist. Hier sind die drei wichtigsten:

Zunächst das Vermögen, in der Wertung von Dingen oder Ereignissen rasch unterschiedliche Perspektiven einnehmen zu können und somit das Thema mental von unterschiedlichen Seiten aus zu beleuchten und zu hinterfragen. Das erscheint mir wichtig – sich eben nicht nur auf einen einzigen standardisierten Leitstrahl zu verlassen, sondern stattdessen die Dinge facettenreich aufzubereiten. Dieser Perspektivenwechsel ist breit gefächert, das Spektrum reicht von der großen wissenschaftlichen Studie bis hin zu einem Gesprächsfetzen aus einer Gruppendiskussion.

Dann die Fähigkeit, Intuition neben der Rationalität als Grundlage für eine Meinungsbildung heranzuziehen. Wenn wir Intuition als die Summe gespeicherter persönlicher Erfahrungen verstehen, dann besitzt Tina Müller eine Menge davon und es wäre vermessen, diese Intuition nicht einzusetzen.

Und schließlich Entscheidungskraft – Dinge, die sich als Opportunität herauskristallisieren, dann auch schnell zu entscheiden und konsequent umzusetzen. Man kann immer noch eine Erkenntnisrunde drehen bzw. *devil's advocate* spielen lassen, aber irgendwann muss entschieden werden.

Also reden wir in diesem Buch über Strategien, wie man unterschiedlichste Perspektiven auf ein Problem einnimmt, warum Intuition kein Teufelswerk ist (auch wenn sie nicht jeder hat) und warum man an bestimmten Punkte einfach aufhören muss, über die zehnte Nachkommastelle zu reden und einfach eine Entscheidung trifft.

Tina Müller über Hans-Willi Schroiff

Hans-Willi Schroiff begleitet mich in meiner beruflichen Karriere seit langer Zeit. Es ist in der heutigen Zeit selten geworden, einen kontinuierlichen Sparringspartner an seiner Seite zu haben, der alle Herausforderungen, die das Geschäft bietet, aus seiner Perspektive durchdenkt und in anschließend vitaler Diskussion bewirkt, dass Entscheidungen eine höhere Qualität aufweisen.

Das Einzigartige ist dabei die Symbiose aus Analytik, Praxisnähe und kommunikativer Stärke, die Hans-Willi Schroiff auf sich vereint.

Daher ist er auch einer der Wenigen, der die akademische Welt hervorragend mit der Anwendung im Business verbinden kann. Die Studenten an der Technischen Hochschule Aachen können sicher sein, dass das Gelehrte von Professor Hans-Willi Schroiff auf Praxistauglichkeit im Marketingalltag geprüft wurde.

Als erster Marktforscher des Jahres ausgezeichnet legt Hans-Willi Schroiff besonderen Wert darauf, Marktforschung und Entrepreneurship zu verbinden. Ein stupides engstirniges Entscheiden auf Basis von Marktforschungsdaten gehört nicht zu seiner Philosophie.

Er sieht sich als Katalysator der Konsumenteneinstellungen und bringt die Markenwahrheiten haarscharf auf den Punkt. Anschließend lässt er den Entscheider nicht alleine, sondern begleitet ihn in seinem unternehmerischen Entscheidungsprozess und trägt dazu bei, dass Probleme zügig gelöst werden können.

Nach seiner langen Karriere als weltweiter Marktforschungschef eines großen Konsumgüter-Unternehmens kann jetzt jeder über sein Unternehmen *InnoChainge* von seiner Erfahrung profitieren.

Ich freue mich, Hans-Willi auch weiterhin an meiner Seite zu wissen. Das gemeinsame Schreiben dieses Buches hat auch mir gedient, mich gedanklich noch einmal auf das Wesentliche in der Marketingarbeit zu fokussieren

HAUFE.

Werden Sie uns weiterempfehlen?

www.haufe.de/feedback-buch

Teilnehmen und eReader gewinnen!

HAUFE.

WIE FUNKTIONIERT INFLUENCER MARKETING?

ca. 200 Seiten
Buch: **€ 39,95** [D] | eBook: **€ 35,99**

Schluss mit Vorurteilen zu Influencer Marketing! Der Leser erhält hiermit einen umfassenden und praxisnahen Leitfaden für ein junges Marketinginstrument, das Trends und Innovationen geschickt in Szene setzen kann.

Jetzt versandkostenfrei bestellen:
www.haufe.de/fachbuch
0800 50 50 445 (Anruf kostenlos)
oder in Ihrer Buchhandlung